Konja Simon Rohde

Ausstieg ins Leben

Wie ich aufhörte,
ein Zeuge Jehovas zu sein

Mit einem Nachwort von Simone Lankhorst

W0194660

Mercator

Die Namen der meisten vorkommenden Personen
wurden geändert.

Lektorat: Susanne Nagels
Korrektorat: Simone Lankhorst
Cover-Foto: wilfried-feder.com
Layout: Sabine Ernat, Dorsten
Druck: Druckhaus Cramer, Greven

Bibliografische Information der Deutschen Bibliothek
Die Deutsche Bibliothek verzeichnet diese Publikation
in der Deutschen Nationalbibliografie; detaillierte
bibliografische Daten sind im Internet über
http://dnb.ddb.de abrufbar.

2. Auflage
© Copyright 2017 by Mercator-Verlag e. K.
www.mercator-verlag.de

ISBN 978-3-946895-05-3

Für Jorim

INHALT

Prolog 9

I. Konja 11

II. Simon 205

III. Konja Simon 257

Nachwort 267

Interview mit dem
Diplom-Psychologen Dieter Rohmann 273

Daten und Fakten zu den Zeugen Jehovas 281

Nachweise 284

Prolog

»Ja.«

So lautete die Antwort meiner Mutter auf meine Frage, ob sie sich darüber im Klaren sei, dass sie mich nicht wiedersehen würde.

Ich hätte damit rechnen müssen. Schon mein Vater hatte etwa zwei Jahre zuvor jeglichen Kontakt zu mir abgebrochen. Aber ihre Antwort hatte mich trotzdem kalt erwischt. Irgendetwas in mir war in diesem Moment kaputtgegangen. Wenn einem Sohn von der eigenen Mutter am Telefon mitgeteilt wird, dass sie in Kauf nimmt, ihn nie wiederzusehen, dann gibt es wohl nichts, was ihn letztlich darauf hätte vorbereiten können.

Wie bringt man eine Mutter, die bereits einen Sohn verloren hat, dazu, ihr anderes Kind aufzugeben? Was muss man ihr sagen, damit sie den Kontakt zum Sohn abbricht und dann auch noch fest davon überzeugt ist, dass dies aus reiner Liebe geschieht, sie keine andere Wahl hat? Wie pflanzt man einer Mutter die Vorstellung ein, sie stünde »zwischen zwei Söhnen«, und müsse den lebenden aufgeben, um nicht auf ewig die Chance zu verspielen, den toten wiederzusehen?

Willkommen in der Welt der Zeugen Jehovas.

Eine Welt, die zweiunddreißig Jahre lang mein Leben bestimmt hat, und zwar in jedem noch so kleinen Detail: welche Musik ich hörte, welche Filme ich anschaute, welche Ausbildung ich wählte, mit welchen Freunden ich mich umgab, was ich als gut und was ich als böse empfand.

Eine Welt, in der sich alles darum dreht, den bevorstehenden großen Krieg Gottes zu überleben, das sogenannte »Harmagedon«, und als »vollkommener Mensch« bis in alle Ewigkeit im Paradies Jehova anzubeten.

Und weil mir diese Welt so unheimlich vertraut ist, verstehe ich meine Mutter. Ich kann nicht sagen, dass ich ihre Entscheidung gutheiße oder akzeptiere, dass sie mich nicht wütend machen würde. Aber ich verstehe sie. Weil ihre Entscheidung das Ergebnis eines irrationalen Gedankenkonstrukts ist, geschaffen von Menschen, die nichts so sehr fürchten wie den Verlust ihrer Macht.

Und ich weiß auch, dass ich ohne die Zeugen Jehovas heute nicht der wäre, der ich bin. Ohne sie würde ich jetzt nicht dieses große Glück der Freiheit empfinden und schätzen, weil sie mir gezeigt haben, was das Gegenteil bedeutet.

Ende 2009 hörte ich auf, ein Zeuge Jehovas zu sein.

Einige Zeit später lernte ich in meiner alten Heimat Duisburg Simone kennen, eine Journalistin. Ich erzählte ihr meine Geschichte, und sie brachte mich auf die Idee, alles aufzuschreiben, vielleicht würde ein Buch draus. Ich war einverstanden, dachte aber auch: Braucht die Welt ein weiteres Aussteigerbuch nach dem Motto »Der Wachtturm-Hölle gerade noch von der Schippe gesprungen«? Will ich mich damit rächen, an meinen Eltern, meinen alten Bekannten, den Zeugen Jehovas im Allgemeinen?

Nichts von alldem. Auch wenn es mir persönlich sicherlich etwas bringt, mich meiner Vergangenheit zu stellen, Gedanken und Gefühle zu sortieren, sie aufzuschreiben und so unschädlich zu machen. Aber dieses Buch hat für mich in erster Linie einen anderen Grund:

Es ist mein persönlicher Akt des »zivilen Ungehorsams«.

Gegen ein totalitäres Gefüge, das mir beinahe den letzten Funken Leben aussaugte, das mich irgendwann kaum noch etwas fühlen ließ, vor allem nicht mich selbst.

Denen, die mir vorgaukelten, ich würde mich gegen Gott stellen, ich würde das Volk Gottes verlassen, ich wäre Satan und den Dämonen schutzlos ausgeliefert, ich würde meines Lebens nicht mehr froh und unweigerlich in »Harmagedon« vernichtet werden, denen will ich mit diesem Buch sagen:

Ihr macht mir keine Angst mehr.

I. Konja

Stellen Sie sich vor, Sie wüssten schon bei der Geburt Ihres Sohnes, dass dieser es wegen seiner Religionszugehörigkeit nicht leicht in der Schule und allgemein unter Gleichaltrigen haben, dass er immer ein Außenseiter sein wird. Was für einen Namen würden Sie ihm geben?

Vielleicht etwas Unauffälliges? Weil der Junge es ja eh schon schwer genug haben wird und er nicht auch noch wegen seines Namens leiden soll? So was wie Peter vielleicht, oder Christian?

Oder würden Sie ihm einen Namen geben, den noch nie ein Mensch gehört hat, einen Namen, der an sich schon eher weiblich als männlich klingt, nämlich so ähnlich wie »Sonja«, der sich anhört wie ein alkoholisches Getränk (Cognac), auf Spanisch so viel wie »Scheiße« bedeutet (coña) und leicht abgewandelt so viel wie »Muschi«, nur noch etwas derber (coño)?

Für meine Eltern war die Antwort klar. Die nannten ihren Sohn Konja. Also mich.

Überhaupt tun das Zeugen Jehovas gerne: ihren Kindern abstruse biblische Namen geben. Konja, Jorim (der Name meines Bruders), Obadja, Benaja – je kurioser desto besser. Dass biblische männliche Vornamen oft auf »a« enden und daher meist für einen weiblichen Vornamen gehalten werden, stellt in keiner Weise ein Hindernis dar. Aufgrund des Namens schief angeschaut zu werden, hilft dem Kind nämlich, stets daran zu denken, dass es etwas Besonderes ist: ein Zeuge Jehovas.

Meine Eltern mussten mir allerdings noch einen zweiten Vornamen geben, da man im Duisburger Standesamt des Jahres 1976 die Auffassung vertrat, man könne den Namen Konja nicht eindeutig dem männlichen Geschlecht zuordnen. Offensichtlich handelte es sich nicht um besonders bibelfeste Standesbeamte. Dass man unter seinen Vornamen den amtlichen Rufnamen selbst auswählen darf, sollte für mich aber erst zweiunddreißig Jahre später eine Rolle spielen.

Mit der Namensgebung wurden also schon früh in meinem Leben die Weichen gestellt für die Laufbahn eines Zeugen Jehovas. Aus Sicht der Zeugen Jehovas das Beste, was einem Menschen widerfahren kann, denn so stehen die Chancen recht gut, irgendwann mit sehr vielen Pandas, Schäfchen und acht Millionen Glaubensgenossen im Paradies auf Erden zu leben. Ohne Ungläubige, ohne Alter und Tod und ohne sich schon im September über Weihnachtsgebäck in den Supermarktregalen ärgern zu müssen. Besser konnte es also zunächst nicht für mich laufen.

~

Aus der Gerhardstraße in Duisburg-Meiderich, wo wir zum Zeitpunkt meiner Geburt wohnten, zogen wir schon bald weg. Und zwar nach Straelen, einem Städtchen mit fünfzehntausend Einwohnern am linken Niederrhein. Meine Eltern hatten dort ein kleines Haus gemietet, mit Garten und einem Kirschbaum darin.

Erinnerungen an diese Zeit habe ich keine mehr, aber nach Fotos zu urteilen war das für mich eine glückliche und unbeschwerte Zeit. Ich sprang so oft es ging nackt durch den Garten, fuhr Kettcar, setzte Mutters Badehaube auf und ließ mich darin ablichten, um mal das Wesentliche zu nennen.

Mein Vater war Sonderschullehrer und arbeitete weiterhin an einer Duisburger Schule. Durch den für den Niederrhein typischen dichten Morgennebel wurde der Weg zur Arbeit für ihn immer beschwerlicher, und so trafen meine Eltern die grandiose Entscheidung, das Häuschen und den Garten und den Kirschbaum aufzugeben, im Tausch gegen eine Wohnung in einem schmuddeligen Mehrfamilienhaus im nicht minder schmuddeligen Duisburger Norden.

Wohl unnötig zu erwähnen, dass meine weitere Kindheit mehr oder weniger kirschbaumfrei verlief, dafür aber zunächst mit freiem Blick auf das Meidericher Hüttenwerk von einer Dachwohnung in der Kolpingstraße aus.

Obwohl wir in Alt-Hamborn wohnten, unterstützten wir eine Gemeinde oder *Versammlung,* wie es bei den Zeugen Jehovas heißt, in Beeck. Jemand von außerhalb hatte mal irrtümlicherweise auf einem der Namensschildchen, die man bei großen Kongressen der Zeugen Jehovas trägt, »Versammlung Duisburg-Beach« statt »Versammlung Duisburg-Beeck« gelesen. Das war lustig, denn nichts konnte der Realität ferner sein.

Die Versammlung Duisburg-Beeck bestand damals aus etwa fünfundfünzig *Verkündigern,* so nennen sich die Zeugen Jehovas intern, und das entsprach auch ungefähr dem Durchschnittsalter. So eine Versammlung war eigentlich eine schöne Sache. Dadurch, dass man sich mindestens dreimal in der Woche im örtlichen *Königreichssaal* traf (damals gab es noch regelmäßig drei Gottesdienste oder *Zusammenkünfte* wöchentlich), wurde man zu einer sehr vertrauten Gemeinschaft. Und dadurch, dass der Altersdurchschnitt in der Versammlung Duisburg-Beeck eben relativ hoch war, war man ständig umgeben von lauter Opas und Omas, die es eigentlich nur gut mit einem meinten.

Kontakt zu anderen Kindern hatte ich in den ersten Jahren meines Lebens eher selten. Das änderte sich erst, als ich in die Schule kam, aber dort brannte ich in Bezug auf soziale Kontakte eher auf Sparflamme, denn der freundschaftliche Umgang mit Gleichaltrigen sollte möglichst gering gehalten werden und im Idealfall dazu dienen, andere von den Vorzügen eines Daseins als Anbeter Jehovas zu überzeugen.

Eine Zeit lang gab es da eine andere Familie in der Versammlung, genauer einen alleinerziehenden Vater mit zwei Töchtern. Der Mann war ein gutes Beispiel dafür, dass man bei den Zeugen Jehovas sehr gut aufgehoben ist, wenn man einen krassen Hau weg hat. Spleens und psychische Auffälligkeiten lassen sich bei den Zeugen Jehovas nicht nur gut ausleben, sie lassen auf besonderen Eifer schließen. Die beiden Töchter durften so gut wie gar nichts, was auch nur entfernt an weltliche Vergnügungen erinnerte. Was Außenstehenden eher verschroben oder befremdlich vorkommen musste, konnte aus Sicht der Zeugen Jehovas nur gutgeheißen werden. Schließlich verstand es der Vater in vorbildlicher Art und Weise, seine Töchter vom Einfluss der Welt im Allgemeinen und des Teufels im Besonderen fernzuhalten.

Die beiden Mädels hatten damals viel auszuhalten, und einige Jahre später, mit etwa sechzehn, siebzehn Jahren, rissen sie von zu Hause aus. Vor nicht allzu langer Zeit traf ich eine der beiden wieder. Sie erzählte mir, dass der Vater sie und ihre Schwester bei Ungehorsam unter anderem mit dem Abschneiden ihrer Haare bestrafte. Von anderen Zeugen Jehovas weiß ich, dass sie ihre Kinder mit Essensentzug bestraften oder ihnen den Mund mit Klebeband zuklebten. Da kann ich eigentlich von Glück reden, dass es bei uns zu Hause lediglich ab und zu eine Tracht Prügel setzte.

Von frühester Kindheit an wurden mein Bruder Jorim und ich an die Aufgaben eines männlichen Zeugen Jehovas innerhalb der Gemeinde herangeführt. Da es nicht viele junge Männer in unserer Versammlung gab, wurden wir schon sehr jung für organisatorische Aufgaben herangezogen. Wir durften die Mikrofone herumreichen bei Programmpunkten, bei denen Fragen gestellt wurden, oder das Mischpult betätigen. Schon mit vier, fünf Jahren, stand ich auch auf der Bühne des Königreichssaals, zunächst als Begleitung meiner Mutter, wenn diese im Rahmen des Programms szenisch den Predigtdienst darstellte. Das reichte mir aber bald nicht mehr, ich wollte auf der Bühne mein eigenes Ding machen.

Als ich sieben Jahre alt war, durfte ich dann alleine kurze Programmpunkte übernehmen, wie zum Beispiel die sogenannte *Bibellesung.* Das war natürlich sehr aufregend, wenn man da vor versammelter Mannschaft am Rednerpult stand, aber gleichzeitig war ich auch sehr stolz auf mein *Vorrecht,* so nennen es die Zeugen Jehovas, wenn man eine Aufgabe in der Versammlung übernehmen darf. Vor allem der Zuspruch und die Bestätigung aus der Gemeinde taten mir gut.

Mein Vater war ein sogenannter *Ältester,* also einer derjenigen, die die geistliche Führung in der Gemeinde innehatten. Da er häufig auf der Bühne stand, saßen wir eigentlich immer in der ersten Reihe. Das machte es doppelt schwierig, während des Programms Unfug zu treiben. Zum einen fühlte sich meine Mutter dazu gedrängt, streng mit uns zu sein, da sie ja die ganze Gemeinde im Nacken sitzen hatte, zum anderen musste ich damit rechnen, auch von den hinter mir Sitzenden zurechtgewiesen zu werden. Wir waren halt eine große Familie, damals in der Versammlung.

Bei den Zeugen Jehovas gibt es kein Extra-Programm für Kinder. Dieselbe Belehrung für alle. Egal, ob es um die Bedeutung »der jüdischen Speisevorschriften für heutige wahre Christen« oder sonstige extrem dröge Dinge ging, als Kind musste man auch alles über sich ergehen lassen, was eigentlich für die Erwachsenen gedacht war. Da war das Stillsitzen für uns Jungs mitunter sehr schwierig, zumal die wöchentlichen Zusammenkünfte insgesamt fast fünf Stunden dauerten: Eine Stunde am Dienstag, eindreiviertel Stunden am Freitag und noch mal zwei Stunden am Sonntag.

Wenn es so gar nicht klappte mit dem Stillsitzen, setzte es, wie erwähnt, auch schon mal eine Tracht Prügel, und zwar gleich vor Ort, im hinteren Bereich des Königreichssaals. Schläge wurden von den Zeugen Jehovas lange als probates Mittel der Erziehung gepriesen. Dementsprechend gab es sie nicht nur im Königreichssaal, sondern auch zu Hause, sowohl von Vater als auch von Mutter. Um kein Missverständnis aufkommen zu lassen: Natürlich wurden mein Bruder und ich nicht rund um die Uhr verdroschen. Unsere Eltern waren im Großen und Ganzen sehr liebevoll zu uns. Aber die Schläge, die wir von Vater und Mutter bekamen, haben sich bei mir tief ins Gedächtnis eingebrannt.

Ich erinnere mich, dass mir mein Vater mal so den Hintern versohlte, dass mir die zugeschnürten Schuhe von den Füßen fielen. Und einmal schlug er mir so hart ins Gesicht, dass ich hinterrücks gegen eine Tür und dann auf den Boden stürzte. Besonders Jorim litt unter den körperlichen Strafen. Einmal bekam er von meinem Vater den Hintern versohlt, doch er jammerte und heulte nicht, sondern blieb stumm, gab keinen Ton von sich, hatte nur Mund und Augen weit aufgerissen. Als mein

Vater von ihm abließ, lag er einfach nur so da, immer noch mit aufgerissenen Augen und offenem Mund, bestimmt noch einige Minuten. Das fand ich gespenstisch. Ich glaube, in solchen Momenten ist immer ein Stückchen in ihm kaputtgegangen.

Um zumindest das Risiko zu minimieren, während der Zusammenkünfte im Königreichssaal eine Tracht Prügel zu beziehen, half es natürlich, einen Grund zu finden, gar nicht erst mitgehen zu müssen. Die einfachste Methode war, die metallene Spitze des Fieberthermometers an einer harten Oberfläche zu reiben. Man musste natürlich darauf achten, nicht mehr als 42° C zu erreichen, da sonst die Anzeige eine Fehlermeldung ausgab. Allerdings waren Temperaturen zwischen 38,5 und 42° C meist ebenfalls zu verdächtig, was ich aber erst spät verstand.

Neben den Zusammenkünften war die Woche auch sonst voll mit Zeugen-Jehovas-Kram. Da war zum einen die Vorbereitung auf die Zusammenkünfte, die mindestens so lange dauerte wie die Zusammenkünfte selbst. Vor allem die Vorbereitung auf das sonntägliche »Wachtturm«-Studium war arbeitsintensiv. Meist saßen Vater, Mutter, Jorim und ich am Samstagnachmittag zusammen am Esszimmertisch zum *Familienstudium,* um den Artikel im »Wachtturm«, der am darauffolgenden Sonntag in der Zusammenkunft behandelt wurde, vorzubereiten. Da konnten dann schon mal zwei Stunden für draufgehen.

So ein Studienartikel im »Wachtturm« besteht aus etwa zwanzig Absätzen mit jeweils mindestens einer Frage. Das »Wachtturm«-Studium folgt immer demselben Schema: Die Absätze werden vorgelesen, dann wird die Frage gestellt und die Antwort auf die Frage direkt im

Absatz ausfindig gemacht. Da kann also aus Zeugen-Sicht nichts schiefgehen!

Bei der Vorbereitung werden die Antworten möglichst farbig markiert und die angegebenen Bibeltexte am Rand der Zeitschrift ausgeschrieben. Wenn man am Sonntag in der Zusammenkunft nicht ohne bunt leuchtenden »Wachtturm« als Loser dahocken wollte, der es nicht geschafft hatte, den Artikel »vorzustudieren«, musste auch schon mal auf dem Weg zum Königreichssaal der Textmarker gezückt werden. Vor allem als männlicher Zeuge Jehovas mit Ambitionen auf Vorrechte oder Dienstämter in der Versammlung konnte man sich einen jungfräulichen »Wachtturm« nicht leisten. Und hatte man es nicht geschafft, den Artikel auf dem Weg zur Zusammenkunft noch schnell anzumarkern, musste man peinlichst darauf achten, dass weder der Sitznachbar noch der Bruder, der für das Reichen der Mikrofone beim Kommentargeben zuständig war, den eigenen »Wachtturm« einsehen konnte. Das sind Probleme, wie man sie wohl nur als Zeuge Jehovas hat.

Und dann war da noch das Predigen, entweder an der Haustür oder in der Fußgängerzone oder an irgendeiner Straßenecke. Kaltakquise ist wohl eine der unangenehmsten Tätigkeiten, die es gibt. Zumal für ein Produkt, das niemand will oder braucht. Predigen fiel mir immer schon schwer, besonders als Kind. Neben dem offiziellen *Von-Haus-zu-Haus-Dienst* und dem *Straßendienst* (bis vor Kurzem der wohl bekannteste Anblick eines Zeugen Jehovas: starr an der Straßenecke stehend, den »Wachtturm« vor der Brust) gibt es noch das *informelle Zeugnisgeben*. Im Grunde bedeutet es, dass man immer wenn man mit einem Nicht-Zeugen in Kontakt kommt, Zeugnis geben sollte. Ob beim Bäcker, in der

Schlange vor der Supermarktkasse oder wenn der Briefträger die Post bringt.

Zeugen Jehovas sind die nettesten Nachbarn und Arbeitskollegen, die man sich wünschen kann: hilfsbereit, höflich, zuvorkommend, selten bis gar nicht fluchend. Aber über eines muss man sich im Klaren sein: Ist ein Zeuge Jehovas zu einem Außenstehenden freundlich und höflich, hat dies im Wesentlichen zwei Gründe. Erstens: Er möchte Jehova glücklich machen. Zweitens: Er möchte, dass diese Person zu einem Zeugen Jehovas wird.

Für einen Zeugen Jehovas ist es vor allem *nützlich,* zu anderen freundlich und hilfsbereit zu sein.[1] Mit aufrichtigem Interesse an den Mitmenschen hat das leider weniger zu tun. An Nützlichkeit nicht zu übertreffen ist die Freundlichkeit Andersgläubigen gegenüber – besonders dann, wenn sie *informelles Zeugnisgeben* einleiten kann. Zum Beispiel, wenn man den Nachbarn an der Haustür antrifft und dieser sich beim Aufschließen mit den Einkaufstüten abmüht. Regel Nummer eins: eine gemeinsame Grundlage schaffen, am besten, indem man ein gesellschaftliches Problem aufgreift:

»Lassen Sie mich Ihnen doch helfen mit den Einkäufen!«

»Ach danke, sehr freundlich, aber das schaff' ich schon.«

»Nein, nein, ich helfe doch gern!«

»Nein wirklich, ich ... Nun gut, jetzt haben Sie die Tüten ja schon in der Hand.«

»Überhaupt kein Problem, ehrlich! Finden Sie nicht auch, dass die Lebensmittel immer teurer werden? Am Ende des Monats bleibt einfach immer weniger im Portemonnaie übrig.«

»Och, wenn man ein bisschen die Preise vergleicht, dann ge...«

»Ja, Sie haben völlig recht. Auch viele Ihrer Nachbarn sind besorgt wegen der steigenden Lebenshaltungskosten.«

»Ach ja?«

»Ja, ja! Aber ist ja auch kein Wunder, denn die Bibel hat das vorhergesagt.«

»Steigende Lebenshaltungskosten?«

»Im Grunde schon. Und Hungersnöte, Kriege und dergleichen. Finden Sie das nicht auch alles teuflisch?«

»Kommt vielleicht darauf an, wie man ›teuflisch‹ defi...«

»Ganz genau. Die einzige Hoffnung, die uns noch bleibt, ist Gottes Königreich. Wussten Sie, dass Christen seit 2000 Jahren um genau dieses Reich im Vaterunser beten? Dein Reich komme ...?«

»Alles andere hätte mich auch gewundert. Verzeihen Sie, ich muss jetzt langsam.«

»Hier haben Sie noch etwas Wochenendlektüre! Und morgen könnte ich Ihnen zeigen, wie man anhand eines Buches die Bibel näher kennenlernen kann!«

»Anhand eines Buches? Reicht denn da die Bibel nicht?«

»Haha, natürlich nicht!«

Undsoweiterundsofort.

~

Was informelles Zeugnisgeben angeht, war mein Vater sehr gesegnet. Nichts und niemand war vor ihm sicher, zu keiner Zeit. Da konnte es passieren, dass wir in einer Bäckerei an der Theke standen, mit einer Menschenschlange im Rücken, und mein Vater das bestellte Brot entgegennahm, daraufhin aber nicht einfach zügig dem nächsten Kunden Platz machte, sondern in den Hosentaschen wühlte, um schließlich ein Zeugen-Jehovas-Faltblättchen rauszunesteln, es der Verkäuferin über die Theke zu reichen und diese mit einer Frage wie: »Können Sie sich vorstellen, dass bald im Paradies jeder sein eigenes Brot backen wird?« in Verlegenheit zu bringen. In solchen Momenten wäre ich am liebsten im Boden versunken. Noch schlimmer war es, wenn er mir dann auch noch den Gefallen tun wollte, mir ebenfalls die Gelegenheit zum Predigen zu geben: »Na, mein Sohn, was meinst du dazu?«

Unvergesslich auch einer der sehr seltenen Kinobesuche zusammen mit meinem Vater und ein paar Freunden aus der Versammlung in einem dieser großen Kinokomplexe. Ich kann mich leider nicht an den Film erinnern, er muss aber auf jeden Fall *safe* für Zeugen Jehovas gewesen sein, also wahrscheinlich ein Kinderfilm. Nach dem Film ergossen sich die Menschenmassen in das Foyer, und ich sehe meinen Vater, wie er sich lächelnd in der Menge umschaut, wie in Zeitlupe in seine Hosentasche greift, seine Faltblättchen herausholt und sie den Kinobesuchern in die Hände drückt. Mein Vater, einfach ein Vollblutverkündiger der guten Botschaft!

Auch meine Familie väterlicherseits – außer meinem Vater alles Nicht-Zeugen – bekam seine Predigtwut zu spüren. Einmal im Jahr gab es ein großes Familientreffen. Die anderen aus der Familie sahen sich auch öfter, aber da dies in der Regel zu Weihnachten, Geburtstagen und dergleichen heidnischen Gelegenheiten geschah, blieben wir diesen Anlässen fern. Sollte zufälligerweise auch zum großen Familientreffen ein verachtenswerter

Anlass vorliegen, wie eine Kommunion beispielsweise, taten wir alles, um das damit in Verbindung stehende Gebaren der Verwandten geflissentlich zu ignorieren. Kaum waren wir eingetroffen, schob mein Vater ein Beistelltischchen an einen möglichst zentralen Ort, um darauf seine mitgebrachten Traktate, Zeitschriften und Bücher auszubreiten. Wie hätte er auch die Gelegenheit versäumen können, den lieben Verwandten die gute Botschaft zu verkündigen! Mir war das immer furchtbar peinlich, und ich fragte mich, warum wir nicht mal als normale Verwandte auftreten und mit den anderen einfach eine schöne Zeit verbringen konnten. Die Verwandten ließen meinen Vater meist gewähren, versuchten aber tunlichst, jedwede Diskussion zu vermeiden, da es meinem Vater eh nie um Austausch, sondern eher um Indoktrination ging. So wie bei Zeugen Jehovas im Allgemeinen.

Manchmal war aber auch der formelle Von-Haus-zu-Haus-Dienst zusammen mit meinem Vater ein Erlebnis. Einmal gingen wir in Duisburg-Bruckhausen predigen, das auch damals schon als sozialer Brennpunkt galt, und mein Vater wurde auf eine Frau aufmerksam, die wartend in einem Hauseingang stand. Sie war auffällig grell geschminkt, mit etwas zu kurzem Rock für einen kühlen Frühlingstag. Die Frau verstand offensichtlich so gut wie gar kein Deutsch, da sie meinen Vater fragend anschaute, während dieser sie mit der guten Botschaft zupflasterte. Erst als er fragte, ob sie lieber von einem Mann oder einer Frau besucht werden wolle, womit er natürlich das gemeinsame Bibelstudium meinte, hellte sich ihre Miene auf und sie erwiderte, dass ihr das gleich sei. Ich würde nicht drauf schwören, aber ich bin ziemlich überzeugt davon, dass die beiden kolossal aneinander vorbeiredeten.

Normalerweise ist man im Predigtdienst immer zu zweit unterwegs. Einmal führten wir jedoch eine besondere Faltblatt-Aktion durch, für die mein Vater und ich uns trennten, um mehr Leute zu erreichen. Wir waren wieder in Bruckhausen, und ich hatte ein Haus vor mir, dessen Eingang mir schon suspekt vorkam: Relativ frische Blutspuren waren deutlich am Treppenabsatz zu sehen. Jedenfalls war es ein riesiges Mehrfamilienhaus, und ich predigte mich eisern von Tür zu Tür. An einer öffnete eine junge Frau. Im Hintergrund war durch dichte Rauchschwaden eine Gruppe junger Männer zu erkennen, alle mit Glatze. Ich fing mit meinem Sprüchlein an: »Guten Tag, ich möchte Sie nicht lange aufhalten. Ich verteile in Ihrer Nachbarschaft dieses kleine Faltblatt, das darüber spricht, wie Gottes Königreich die Probleme der Menschheit lösen wird, und würde auch Ihnen gerne Ihr persönliches Exemplar überreichen.« Die Frau wollte es mir schon aus der Hand nehmen, als aus dem hinteren Bereich der Wohnung so was wie »Der soll sich verpissen« zu hören war. Die Frau meinte daraufhin etwas verlegen: »Nein danke, mein Freund möchte das nicht.« Ich weiß wirklich nicht, was mich in dem Moment geritten hat, vielleicht war es irgendeine Art von verletztem Stolz, aber ich hörte die Worte »Ja, das kann er mir doch auch selbst sagen!« über meine Lippen kommen. Im nächsten Moment stürzte eine der Glatzen aus dem hinteren Bereich der Wohnung in meine Richtung. »Verdammt noch mal, ich hab doch gesagt ...« Kurz bevor mich der Typ erreicht hatte, warf die junge Frau die Tür zu, und ich hörte noch, wie sie beschwichtigend auf ihn einredete. Das war knapp gewesen! Die Glatze hätte mich sicher nach allen Regeln der Kunst auseinandergenommen. Ich war Jehova überaus dankbar, dass er die

25

junge Frau benutzt hatte, um meine Dämlichkeit auszubügeln. Der Predigtdienst war an diesem Tag allerdings für mich gelaufen. Ich wollte einfach niemandem mehr mit Keinhaarfrisur begegnen.

Gern hingegen erinnere ich mich an den Predigtdienst gemeinsam mit meinem Vater in Heimen für Asylbewerber, oder »Asylantenheimen«, wie wir sagten. Vor allem in dem an der Duisburger Straße predigten wir viel. Dort waren besonders englischsprachige Schwarzafrikaner unsere Zielgruppe – aus Zeugen-Jehovas-Sicht eine dankbare Klientel, da viele von ihnen von Haus aus gläubig sind und großen Respekt vor der Bibel haben. Der Predigtdienst dort war eine gelungene Abwechslung zum Klinkenputzen im deutschsprachigen Gebiet. Wir wurden meist freundlich empfangen und bewirtet, und wir konnten in Ruhe unsere religiösen Fantastereien ausbreiten. Manchmal wurden wir sogar bekocht. Ich mochte schon immer pikante Speisen, aber die nigerianische Küche treibt einem zum Entzücken des Gastgebers Rotz und Wasser ins Gesicht. Zudem lohnte sich das Predigen hier sehr: Wir rekrutierten in den Asylbewerberheimen viele neue Brüder und Schwestern.

~

Was uns zu der Frage führt: Warum ist man als Zeuge Jehovas so sehr darauf bedacht, zu jeder Tages- und Nachtzeit und zu jeder sich bietenden oder nicht bietenden Gelegenheit zu predigen?

Ganz einfach: Es geht um nichts Geringeres als um Leben und Tod. Nicht nur für den zu Bekehrenden, sondern auch für den Zeugen Jehovas selbst. Denn zum einen gehen die Zeugen Jehovas davon aus, dass im bevorstehenden Krieg Gottes, *Harmagedon* genannt, alle, die die gute Botschaft von Gottes Königreich missachten, vernichtet werden. Sprich: alle, außer den Zeugen Jehovas. So wird ein Zeuge Jehovas es einem Außenstehenden aber niemals direkt sagen. Er wird etwas von »Es ist nicht unsere Sache, darüber zu urteilen, wer gerettet wird oder nicht«[2] erzählen. Was er nicht sagen wird, ist, dass er eigentlich etwas ganz anderes glaubt. Nämlich, dass man Zeuge Jehovas werden muss, um das bevorstehende *Ende des gegenwärtigen Systems der Dinge* zu überleben.[3]

Zum anderen könnte es auch dem Zeugen Jehovas selbst an den Kragen gehen. In diesem Zusammenhang spielt der Begriff der *Blutschuld* eine entscheidende Rolle. Zeugen Jehovas sind geradezu besessen von der Blutschuld. Kurz gesagt handelt es sich dabei um die Schuld, die man auf sich lädt, wenn jemandes Blut vergossen wird. Ein klassisches und einleuchtendes Beispiel: Mord. Blutschuld kann man jedoch auch durch unterlassene Hilfeleistung auf sich laden. Und *Hilfeleistung* ist aus Sicht eines Zeugen Jehovas vor allem das Predigen der Guten Botschaft. Wenn ein Zeuge Jehovas also den *Bösen* nicht warnt, werden beide von Gott vernichtet. Der Böse, weil er böse ist, der Zeuge, weil er seiner Pflicht zu warnen nicht nachkam. Warnt der Zeuge den Bösen, ist der Zeuge in jedem Fall aus dem Schneider, auch wenn der Böse nicht *umkehrt.*

Man muss das mal selbst gelesen haben, um sich eine Vorstellung machen zu können, wie die Angst vor Blutschuld in der Lehre der Zeugen Jehovas instrumentalisiert wird: »Gottes Volk geht es heute ähnlich wie dem Propheten Hesekiel. Er wurde von Jehova beauftragt, die Israeliten zu warnen. Er sollte Gottes Wort hören und sie von ihm aus warnen. Wäre Hesekiel dabei nachlässig gewesen, hätte Gott ihn *persönlich für den Tod der Menschen bei der Vernichtung Jerusalems verantwortlich* gemacht (Hesekiel 33:7-9). Aber Hesekiel kam seinem Auftrag nach und blieb frei von Blutschuld. Satans komplettes System steht jetzt kurz vor der Vernichtung. Uns Zeugen Jehovas ist es deshalb nicht nur eine Pflicht, sondern auch eine Ehre, die Botschaft vom Königreich und damit auch Gottes *Tag der Rache* zu verkünden (Jesaja 61:2; Matthäus 24:14). Setzt du dich in diesem lebenswichtigen Werk *so gut du kannst* ein? Der Apostel Paulus nahm diese Aufgabe sehr ernst. Deswegen konnte er sagen, er sei rein vom Blut aller Menschen, denn er habe sich nicht zurückgehalten, ihnen den ganzen Rat Gottes mitzuteilen (Apostelgeschichte 20:26, 27). Dadurch hat er für uns wirklich Maßstäbe gesetzt!«[4]

»Setzt du dich in diesem lebenswichtigen Werk *so gut du kannst* ein?« Diese Frage hat die ersten zweiunddreißig Jahre meines Lebens bestimmt. Sie ist extrem effektiv. Sicherlich mussten meine Eltern zuweilen auch Zwang anwenden, damit ich mit in die Zusammenkünfte kam oder in den Predigtdienst ging. Aber letztlich war mir schon als Kind klar: Das Werk, das wir vollbringen, rettet Menschenleben. Gefolgt von der Frage: Setze ich mich in diesem lebenswichtigen Werk so gut ich kann ein? Natürlich gibt man sich in solch einem »lebensrettenden Werk« niemals zufrieden mit dem, was man bereits tut. Kann man nicht noch mehr tun? Mehr Menschen retten? Willst du jetzt lieber spielen oder lieber Menschen retten?

Verständlicherweise entwickelte ich vor allem in jungen Jahren auf diese Art und Weise eine gewisse Angst davor, Blutschuld auf mich zu laden. Die Schuld dafür, dass andere Menschen ihr Leben verlieren. Die Schuld, nicht genug getan zu haben. Und es ist wohl nicht verwunderlich, dass diese Angst mich beständig in Stress versetzte, in einen Zustand von emotionalem Burn-Out in Dauerschleife. Ein Stress, dem man als Kind nicht gewachsen sein kann. Jedoch nahm ich diesen Stress kaum wahr, solange ich von ihm beherrscht wurde. Verspürte ich in irgendeiner Weise unangenehmen Druck, musste das an der Welt liegen, an der Welt außerhalb. An ihren Anfeindungen, an ihrem vom Teufel beherrschten Geist, an meiner menschlichen Unvollkommenheit. Und es war sonnenklar, was man tun musste, wenn man anfing, den Druck zu spüren: mehr, mehr, mehr.

~

Mit der Angst vor Blutschuld wurde ich also sozialisiert. Aber auch die Vorstellung, Gottes Willen zu tun sowie die Aussicht auf ewiges Leben im Paradies motivierten mich schon als kleiner Junge, für Jehova alles zu geben. Wie ich mich in der Schule verhalten musste, um Jehova glücklich zu machen, musste mir niemand mehr groß erklären. Geburtstage, Weihnachten, Ostern, Sankt Martin und sonstige Anlässe, die Jehova und *wahren Christen,* wie die Zeugen Jehovas sich gerne selbst nennen, ein Gräuel waren, mied ich wie die Pest.

Manchmal werde ich gefragt, wie ich das als Kind empfunden habe, bei Feiertagen und damit verbundenen Geschenkaktionen immer außen vor gewesen zu sein. Zum einen war mir diese Schenkerei einfach fremd, weil ich sie nie kennengelernt hatte – ich vermisste also nichts. Die Geschenke, die ich von meinen Eltern im Laufe der Jahre bekam, reichten mir völlig: Ein großer Kassettenrekorder, als ich etwa zehn Jahre alt war, und später zweimal je ein Walkman von Sony. Das sind zumindest die Geschenke, an die ich mich gut erinnern kann. Zum anderen war ich in meinem kindlichen Verständnis davon überzeugt, dass es Jehova erfreute, wenn ich auf Geschenke verzichtete, die mit *unchristlichen* Feiertagen in Verbindung standen.

Der Grund dafür, dass die Zeugen Jehovas diese Feste und Anlässe verurteilen, liegt im Wesentlichen darin, dass sie ihren Ursprung für nicht christlich und damit heidnisch halten. Weihnachten sehen sie als Unterfangen, den ursprünglich heidnischen Brauch des Wintersonnenwendfestes als christlich zu verkaufen. Bei Geburtstagen wiederum sehen sie vor allem das Problem darin, einem Menschen mehr Ehre als Gott zu erweisen.

Einmal verschränkte ich in der ersten Klasse demonstrativ die Arme hinter dem Rücken und schüttelte den Kopf, als meine Klassenlehrerin Frau Mellies mir ein kleines, selbstgebasteltes Geschenk zum Geburtstag überreichen wollte. Und zur Adventszeit, wenn sich alle Schüler im Foyer des Schulgebäudes um einen Weihnachtsbaum herum versammelten, um Weihnachtslieder zu singen, blieb ich alleine im Klassenzimmer zurück. Aber erst im Religionsunterricht sollten bei mir zum ersten Mal echte Märtyrergefühle aufkommen.

In der Offenbarung des Johannes gibt es eine anschauliche Beschreibung einer Frau, die auf einem scharlachroten Tier daherreitet. Sagen wir mal so, sie kommt nicht besonders gut weg. Das verrät schon ihr Name, der ihr praktischerweise auf der Stirn geschrieben steht: »Babylon die Große, die Mutter der Huren und der abscheulichen Dinge der Erde.«[5] Wen mag dieses sympathische Fräulein nach Lesart der Zeugen Jehovas wohl symbolisieren? Ganz klar: Babylon, die große Hure, steht für alle falschen Religionen, also alle Religionen außer den Zeugen Jehovas.

In der Literatur der »Wachtturm-Gesellschaft«, in der es um die Offenbarung geht, wird nicht gespart an bildlichen Darstellungen dieser Dame. Im *Offenbarungs-Buch,* das schon etliche Male in regelmäßigen Zusammenkünften durchstudiert wurde, findet sich eine sehr anschauliche Darstellung. Ich kann nicht sagen, dass ich dieses Bild, wie sich Babylon da lasziv auf dem scharlachroten wilden Tier räkelt, später in meiner Pubertät nicht auch irgendwie geil fand. Aber als Kind hatte es eine eher abstoßende Wirkung auf mich. Das übertrug sich natürlich auch auf meine Sicht auf andere Religionen, also wohl ganz im Sinne des Zeichners.

Und nun sollte ich also im ersten Schuljahr an der Humboldt-Grundschule in Alt-Hamborn am Religionsunterricht teilnehmen. Nur um das klarzustellen: Unterricht, in dem die Lehren und Ansichten der großen Hure propagiert wurden! Für mich als treuen Zeugen Jehovas natürlich ein No-Go. An dieser Art Unterricht teilzunehmen, das würden Jehova und ich mir niemals verzeihen.

Es gab nur ein Problem: An unserer Grundschule gab es damals keine Alternative zum Religionsunterricht, also keinen Ethikunterricht oder dergleichen. Für türkische Kinder wurde Türkischunterricht oder Religionsunterricht in Türkisch angeboten, das weiß ich nicht mehr genau, aber für meinen Fall war ganz einfach nichts vorgesehen. Daher musste ich während des Religionsunterrichts in der Klasse bleiben, setzte mich aber demonstrativ in die hinterste Ecke. Wer jedoch annimmt, damit wäre der Absicht, mich vom Religionsunterricht fernzuhalten, Genüge getan, der kennt meinen

Vater nicht. Um zu verhindern, dass gefährliches Gedankengut aus dem Weltreich der falschen Religion in mein verletzliches Kinderhirn eindringen konnte, gab mir mein Vater Ohrenstöpsel mit, die ich mir natürlich nur zu gern während der Stunde in die Ohren schob. Dem Teufel ein Schnippchen geschlagen! Allerdings: Ich hörte trotzdem alles. Entweder die Stöpsel taugten nichts oder ich hatte sie nicht weit genug ins Ohr gesteckt. Jedenfalls ging es in einer der ersten Religionsstunden um Geister und Gespenster. Und nun wollte die Lehrerin der Klasse weismachen, dass die Existenz von Geistern Humbug wäre. Humbug!

»Ähm, Frau Schulze, Entschuldigung?«

»Ja, Konja?«

»Ja also, wegen dem, was sie gerade über Geister gesagt haben.«

»Ja?«

»Das stimmt nicht. Es gibt wohl Geister.«

»Wie bitte?«

»Dämonen. So heißen die. Das steht in der Bibel. Die können machen, dass sich Sachen bewegen. Oder Leute umbringen.«

Entgeistert – so könnte man den Gesichtsausdruck von Frau Schulze in diesem Moment bezeichnen. Das Fatale dabei aus ihrer Sicht war wohl, dass sich im Laufe der Diskussion immer mehr Kinder aus der Klasse auf meine Seite schlugen.

»Stimmt, Frau Schulze! Das hab ich mal im Fernsehen gesehen!«

Bald war sich die Klasse einig: Es gab sehr wohl Geister, die auch noch einen eigenen Namen hatten – Dämonen. Und Frau Schulze verharmloste die Situation in nahezu sträflicher Weise. Ich sollte noch erwähnen, dass dies meine letzte Stunde im Religionsunterricht von Frau Schulze war.

Was war ich stolz! Aus dem Religionsunterricht geflogen, weil ich die wahre Religion verteidigt hatte! Meine Eltern waren stolz auf mich, die Gemeinde war stolz auf mich, sogar mein großer Bruder war ein bisschen stolz auf mich, und, natürlich am allerwichtigsten: Jehova war stolz auf mich. Dass ich aber wegen meines Eifers noch in klassischer Märtyrermanier zu leiden haben würde, das ahnte ich noch nicht.

Gleich in der nächsten Stunde, als die anderen wieder Religion bei Frau Schulze hatten, musste ich in Ermangelung an Alternativen in die zweite Klasse. Die zweite Klasse! Die Kinder dort waren riesig! Und würden mich lebendig verspeisen und sich mit meinen Rippen die Fleischreste zwischen den Zähnen entfernen. Und sich mit meinem Blut den flaumigen Geschmack von der Zunge gurgeln. Und mit meinen Eiern Murmel spielen. Auf dem Gang zum Klassenzimmer, in dem ich mich einfinden sollte, hatte ich unsagbar Schiss. Das Gefühl kann ich heute noch in der Magengegend spüren.

Nicht nur mein Name hatte bereits für genügend gottgefälliges Leiden in meinem jungen Leben gesorgt, auch mein äußeres Erscheinungsbild trug maßgeblich dazu bei. An diesem Tag, so wie an sehr vielen anderen Tagen, trug ich mein bewährtes »Schau mich an, natürlich kannst du mir eine reinhauen, ohne mit Gegenwehr rechnen zu müssen«-Outfit, das in der Hauptsache aus einer knielangen Latzhose aus dunkelblauem Cord bestand. Mit einem Knopf auf der Brust. An den mein Vater immer meinen Schlüsselbund hängte, damit ich ihn nicht verlor. Und an dem wiederum kleine Lederläppchen zwischen den einzelnen Schlüsseln befestigt waren, damit sie nicht so laut klimperten. Mein Äußeres hätte also kaum besser dafür geeignet sein können, um zum ersten Mal vor eine Horde von fremden Zweitklässlern zu treten.

Beim Klassenzimmer des zweiten Jahrgangs angekommen, öffnete ich die Tür. Panischer Blick zum Lehrerpult: Es war leer. Panischer Blick in das Klassenzimmer: Es war voll. Mindestens fünfundzwanzig Augenpaare warfen mir ungläubige Blicke zu. Dann ein Tsunami aus Gelächter, blankem Hohn und kindlich unbarmherziger Schadenfreude, der mich und meine kleine Zeugen-Jehovas-Seele erbarmungslos packte und wie betäubt einen Schritt zurück machen und die Tür wieder schließen ließ.

Ach, ich warte einfach hier draußen, bis der Lehrer da ist.

Als der dann kam, nötigte er mich wieder in den Klassenraum und setzte mich an einen der hinteren Tische. Ein Schüler bedachte mich kopfschüttelnd und grinsend mit einem Blick, den ich bis heute nicht vergessen kann. Ich kam mir vor wie einer der Christen, die im ersten Jahrhundert von den Römern in die Arena geschickt worden waren, um bei lebendigem Leib von wilden Tieren verspeist zu werden.

»Und ihr werdet um meines Namens willen Gegenstand des Hasses aller Leute sein.«[6]

Alles klar, Jesus. Endlich weiß ich, was du damit meintest.

Einen weiteren Märtyrermoment hatte ich ebenfalls im Alter von sechs oder sieben Jahren. Wegen des Verdachts auf Blinddarmentzündung kam ich in das Krankenhaus in Duisburg-Fahrn. An die genauen Umstände der Einweisung erinnere ich mich nicht mehr, außer dass es Montag war und »Ein Colt für alle Fälle« lief, als ich das Krankenzimmer betrat – eine der grandiosesten Serien aller Zeiten, schon allein aufgrund der schauspielerischen Glanzleistungen, zumindest nach meinem damaligen Empfinden.

Im Zimmer befanden sich noch mindestens drei andere Kinder beziehungsweise Jugendliche, die schnell Wind davon bekamen, dass ich ein braver und unbedarfter Junge war – und sehr leichtgläubig. Irgendwann nachts bekam ich Durst, und mein Mineralwasser war aufgebraucht. Ich fragte die anderen, was ich tun müsste, um neues Wasser zu bekommen. Der eine Junge meinte: »Kein Problem. Drück einfach an der Sprechanlage den roten Knopf, warte kurz, und sag dann: ›Tatütata, ich hab ein Ei gelegt.‹ Dann kommt die Schwester und bringt dir neues Wasser.« Mir kamen diese Anweisungen merkwürdig vor, aber warum sollten mir die anderen Kinder einen Bären aufbinden? Argwohn war mir gänzlich fremd, und so folgte ich dem Rat und sprach den Satz mit dem Ei in die Sprechanlage. Irgendwann tauchte eine Schwester auf und fragte, was ich wollte. Vielleicht hatte sie den Satz akustisch nicht verstanden. Erst als die anderen Kinder in schallendes Gelächter ausbrachen, ahnte ich, dass ich einem üblen Streich aufgesessen war.

Meine christliche Loyalität sollte aber erst am nächsten Tag auf gottgefällige Weise auf die Probe gestellt werden. Ich kam von einer Untersuchung zurück ins Zimmer und stellte fest, dass meine Bettdecke nicht in dem Zustand war, in dem ich sie zurückgelassen hatte. Sie war nämlich nicht zurückgeschlagen, sondern bedeckte die gesamte Liegefläche. Als ich die Bettdecke anheben wollte, meinte der Junge, von dem schon die Idee mit dem Ei gekommen war: »Vorsicht, Junge! Da liegt ein Fieberthermometer unter der Decke!« Inzwischen war ich allerdings aufgrund der nächtlichen Erfahrung schon etwas zurückhaltender mit meinem Vertrauen in die Menschheit und ahnte, dass der Kerl was im Schilde führte. Ich schlug die Bettdecke zurück und starrte auf die Möpse einer Frau – die Jungs hatten ein Nacktblättchen mit ausgeklapptem Ganzkörperbild auf meinem Bett drapiert. Das machte mich echt zornig. Wutentbrannt schnappte ich mir das Heftchen und knallte es quer durchs Zimmer in die Ecke, und zwar so energisch, dass der Besitzer sich lauthals beschwerte, ich solle es nicht kaputt machen. Ich hatte bis zu diesem Zeitpunkt noch nicht viele Erfahrungen mit den Abbildungen nackter Menschen gemacht, doch mir war klar, dass Jehova Nacktheftchen aufs Schärfste verurteilte, wahrscheinlich sogar Nacktheit im Allgemeinen.

Der Verdacht auf Blinddarmentzündung bestätigte sich übrigens nicht. Es hätte mich nicht gewundert, wenn Jehova diesen Krankenhausaufenthalt einfach nur dazu nutzen wollte, um meine Loyalität zu stählen.

~

Für einen Zeugen Jehovas kann es keine größere Bestätigung geben, als für seinen Glauben zu leiden. Und da ein Zeuge Jehovas praktisch alles, was ihm an Negativem widerfährt, auf seinen Glauben zurückführt (entweder ist es die Welt, die es einem schwer macht, oder Satan persönlich oder die eigene Unvollkommenheit, für die wiederum Satan verantwortlich ist), findet er sich auch oft als wahrer Christ bestätigt. Wenn ein Zeuge Jehovas nicht leidet, bekommt er ganz schnell das Gefühl, dass irgendetwas nicht stimmt. Hat etwa der Teufel das Interesse an einem verloren? Vielleicht, weil man nicht genug glaubt? Oder weil man nicht genug tut?

In meiner eigenen Grundschulklasse musste ich bedauerlicherweise wenig leiden. Ich wurde von allen respektiert, was wohl vor allem daran lag, dass ich so vehement meine Religion verteidigte. Alle wussten, dass sie mit Mobbing keine Chance bei mir gehabt hätten. Außerdem gab ich immer gern den Klassenclown, wodurch ich mich auf der allgemeinen Beliebtheitsskala weit vorne platzierte. Außerhalb meiner Klasse hatte ich allerdings häufig Ärger, vor allem mit türkischstämmigen Kindern und deren großen Brüdern, wahrscheinlich wegen meiner äußeren Erscheinung. Ich bekam einige Male fies auf die Nase, manchmal wehrte ich mich auch, was aber selten in einem günstigen Aufwand-Nutzen-Verhältnis stand.

In der Klasse hatte ich zwei, drei gute Kumpels, mit denen ich auch außerhalb der Schule viel Zeit verbrachte. Dass meine Eltern hier relativ engen Kontakt zuließen, war wohl vor allem dem Umstand geschuldet, dass es in unserer Versammlung keine Gleichaltrigen gab. Wenn sie gewusst hätten, welch satanischem Einfluss ich dadurch ausgesetzt war!

Ein besonders wirkungsvolles Instrument des Leibhaftigen waren die »Masters of the Universe«-Figuren. Die Mutter meines Klassenkameraden Stefan schien ihre Zuneigung zu ihrem Sohn glücklicherweise vor allem durch das Kaufen von He-Man-Püppchen zum Ausdruck zu bringen. Sein Kinderzimmer konnte man ohne Übertreibung als »Klein-Eternia« bezeichnen. Natürlich war ich hin und weg von He-Man und seinen Kumpanen. Wobei sein Gegenspieler Skeletor samt Gang auch eine große Anziehung auf mich ausübte. Und besaß der Kampf um Eternia nicht geradezu biblische Züge? Die ewige Auseinandersetzung zwischen Grayskull und Snake Mountain? Konnte man hier, in diesem Kinderzimmer, nicht wunderbar nachempfinden, wie Jehova dem Teufel so richtig auf den Sack haute? Wie sich allerdings She-Ra und Evil-Lyn in ihren knappen Kostümen in die biblische Allegorie einfügten, war mir zum damaligen Zeitpunkt nicht ganz klar. Klar war mir allerdings, dass ich mir den Versuch ersparen konnte, meine Eltern von dem glaubensstärkenden Einfluss der »Masters of the Universe«-Figuren zu überzeugen.

So fühlte es sich also an, ein Doppelleben.

Ich kann nicht mehr genau sagen, ob ich meine Mutter anlog oder einfach nur die halbe Wahrheit sagte, wenn sie mich fragte, was ich bei meinem Kumpel gemacht hatte. Fest steht nur, dass sie von meinem Kampf um Eternia niemals erfuhr. Ich wusste, Jehova war weder glücklich über meine Heimlichtuerei noch über das Spielen mit spiritistischem Spielzeug. Alles, was mit Zauberei und magischen Kräften zu tun hat, bezeichnen Zeugen Jehovas als *spiritistisch*, und es wird als direktes Werkzeug des Teufels angesehen. Doch was konnte ich schon tun gegen die Anziehungskraft von heroischen und extrem cool aussehenden Spielzeugpuppen in einem absolut schlüssigen und nachvollziehbaren Plot?

Jehova half mir. Auf die harte Tour.

Mein Kumpel besaß nämlich auch »Masters of the Universe«-Hörspielkassetten. Eine davon hatte ich mir ausgeliehen und hörte sie mir in meinem Kinderzimmer an. Wahrscheinlich war meine Mutter nicht zu Hause oder ich war mir aus einem anderen Grund sicher, dass sie nicht davon erfahren würde. Jedenfalls kam in dieser Episode ein Dämon vor. Mir war damals schon klar, dass die Macher des Hörspiels wahrscheinlich eine andere Vorstellung von einem Dämon hatten als ich. Aber an einer Stelle fing er an zu reden, und ich wusste: Ja, so klingt ein Dämon. Natürlich war das Hörspiel an dieser Stelle für mich beendet. Es hatte nicht viel gefehlt, und ich hätte die Kassette im hohen Bogen aus dem Fenster geworfen. Bloß keinen Dämon im Haus lassen. Schlimm genug, dass ich ihn reingelassen hatte. Der Schreck saß, und ich habe den restlichen Tag mit nichts anderem verbracht, als Jehova um Vergebung zu bitten.

Zeugen Jehovas sind geradezu besessen von Dämonen. Dämonen sind Engel, die sich von Jehova abgewandt haben und seitdem mit dem Teufel gemeinsame Sache machen. Sie sind wie der Teufel abgrundtief böse. Sie können sich nichts Schöneres vorstellen, als Menschen zu quälen, sie in den Wahnsinn zu treiben und sie zu töten.

Dämonen sind mächtig. Zwar nicht so mächtig wie Jesus, aber mitunter mächtiger als Jehovas Engel. Es gibt eine Stelle in der Bibel, in der berichtet wird, wie sich ein Dämonen-Fürst dem Engel Gottes in den Weg stellt und ihn am Weiterkommen hindert.[7] Ein Dämon versperrt einem Engel Gottes den Weg! Also einem Engel, den Gott eigentlich schicken soll, wenn man Ärger mit einem Dämon hat. Au weia!

Natürlich handelt es sich bei Dämonen um unsichtbare Geistwesen. Was die Zeugen Jehovas nicht davon abhält, ihre Publikationen ausgiebig mit ihren »künstlerischen Vorstellungen« von Dämonen zu versehen. Und die auf einen Jungen wie mich damals gehörigen Einfluss hatten. Besonders die Abbildungen von Dämonen im Buch »Du kannst für immer im Paradies auf Erden leben«, auch kurz *Paradies-Buch* genannt, haben sich damals in meinen Kopf gebrannt. Wie sie da mit gespenstisch verzerrten Gesichtszügen und verkrampften Händen aus dem Himmel geworfen werden. Es wurde später aber noch viel besser. In der *Böse-Geister-Broschüre,* wie wir sie passenderweise nannten, wimmelt es nur so von Abbildungen von Dämonenfratzen.[8] Zum Zeitpunkt des Erscheinens dieser Broschüre war ich allerdings schon vierzehn, also alt genug, um zu wissen, dass Dämonen entsetzlich entstellte Fratzen besitzen und mich schon längst auf bestialische Weise ermordet hätten, wäre ich nicht so eng mit Jehovas Organisation verbunden.

Was Dämonen betrifft, neigen die Zeugen Jehovas also zu ausgeprägter Paranoia. Gesundheit wünschen, wenn jemand niest? Mit Gläsern anstoßen? Keine Chance, wenn man ein vorbildlicher Zeuge sein will, denn diese Bräuche gehen auf den Dämonenglauben zurück. Warum die Zeugen Jehovas allerdings davon ausgehen, sie hätten die Angst vor Dämonen für sich gepachtet, weiß kein Mensch. Es geht nicht nur um die Dämonen selbst, sondern auch um Gegenstände, um Musik, um Filme, durch die Dämonen Einfluss auf uns Menschen haben können. Es kursierten haarsträubende Geschichten, von denen niemand es auch nur gewagt hätte, sie anzuzweifeln, egal wie abstrus sie auch klangen. *Don't fuck with the demons.* Da gab es Geschichten von Schlumpf-Figuren, die ein Kind mit in den Königreichssaal gebracht hatte, und die während des Programms anfingen, sich von selbst zu bewegen. Schlümpfe waren Kobolde – und galten damit als Ausgeburten der Hölle. Ein Ehepaar berichtete davon, dass die Augen einer Porzellanfigur in ihrer Wohnung im Dunkeln rot zu leuchten anfingen, allerdings erst, seit sie in ihrer Wohnung eine Bibel aufbewahrten, die sie kurz zuvor auf einem Flohmarkt erstanden hatten. Sie vermuteten, dass die Bibel vor ihrer Veräußerung Gegenstand von satanistischen schwarzen Messen gewesen sein könnte. Stephen King wäre sicher ganz ihrer Meinung gewesen.

Manche Musikbands galten als durchweg dämonisch, besonders seit einige von ihnen mit »backward masking« in Verbindung gebracht wurden. Das Buch »Rock im Rückwartsgang«[9] schlug bei Zeugen Jehovas, zumindest bei denen in meinem direkten Umfeld, ein wie eine Bombe. Darin wird die These geäußert, dass einige Bands aus offensichtlich satanistischen Beweggründen okkulte Botschaften in ihrer Musik verstecken, die allerdings nur hörbar sind, wenn man die Musik rückwärts abspielt. Über Sinn oder Unsinn dieser These möchte ich mich hier nicht auslassen, jedoch verbrachten mein Bruder und ich nach der Veröffentlichung des Buchs viel Zeit damit, Kassetten mit den dort geouteten Songs auseinanderzunehmen und das Band umzudrehen, um dann gebannt zu lauschen, ob die im Buch angegebenen Botschaften tatsächlich zu hören waren. Natürlich waren sie das, für unsere geschulten Zeugen-Jehovas-Ohren.

Zu den eindeutig dämonischen Bands gehörten »Led Zeppelin«. Deren Song »Stairway to Heaven« war laut »Rock im Rückwärtsgang« eine wahre Ode an den Fürsten der Finsternis. Und es war eines der ersten Lieder, die ich auf Gitarre spielen konnte. Ich hatte es im E-Gitarren-Unterricht gelernt, ohne zu ahnen, welchem diabolischen Einfluss ich mich damit aussetzte. Eines Tages war ich zusammen mit einigen anderen Zeugen Jehovas bei einem Bekannten zu Besuch, und ich sollte etwas auf der Gitarre vorspielen. Ich wählte »Stairway to Heaven«, weil es nicht sonderlich schwierig zu spielen ist, aber einiges her macht. Nachdem ich fertig war, erzählte einer der Anwesenden, die Gitarre eines Bekannten hätte die ersten Akkorde von »Stairway to Heaven« gespielt – von ganz allein. Ich versicherte den Anwesenden, den Song nie wieder zu spielen, denn dass Dämonen ihre wahre Freude an dem Stück hatten, war einfach zu offensichtlich.

Es war ein bisschen wie bei der Hexenverfolgung im Mittelalter. Es reichte, dass jemand eine Geschichte in den Raum warf oder einfach nur einen Namen, und schon war ein Song und in den meisten Fällen gleich die Band verbrannt – unhörbar für einen Zeugen Jehovas bis in alle Ewigkeit. Einer Glaubensschwester verleidete ich Meat Loaf, indem ich ihr erzählte, dass eines seiner Alben »Bat out of Hell« hieß und darauf ein ziemlich diabolisch wirkendes Bild zu sehen war. Erst war sie stinksauer, da sie sich partout nicht vorstellen konnte, wie der Sänger von »I'd Do Anything For Love« mit dem Teufel im Bunde stehen konnte. Ein paar Tage später kam sie in der Zusammenkunft auf mich zu und sagte mir, ich hätte recht gehabt und sie hätte die CD bereits entsorgt. Gern geschehen, liebe Schwester!

Verrückterweise verurteilen Zeugen Jehovas Aberglauben aufs Schärfste als Ausdruck der Verehrung böser Geister. Aus meiner heutigen Sicht jedoch zählen sie zu den abergläubischsten Menschen überhaupt. Sie werden beherrscht von panischer Angst vor Dämonen und allem, was auch nur im Entferntesten mit ihnen in Verbindung stehen könnte. Ich glaube, vor allem deshalb, weil die Angst vor Dämonen von der Organisation geschickt genutzt wird, um ihre Anhänger am Verlassen der eigenen Reihen zu hindern. Denn draußen lauern ja die Dämonen, und denen will man schließlich nicht ohne den Schutz von Jehova begegnen! Natürlich war auch ich beherrscht von dieser Paranoia. Es ist noch gar nicht so lange her, dass ich regelrecht Todesangst vor Dämonen hatte.

Neben »Masters of the Universe« waren für mich als Kind auch die »Star Wars«-Figuren tabu – mit der MACHT konnte man schließlich Dinge wie mit Geisterhand bewegen, und das war natürlich nichts anderes als Magie, ergo spiritistisch. Da ich die Filme aber erst lange nachdem ich mit dem Spielzeug in Kontakt gekommen war, gesehen hatte, wusste ich zunächst nichts von der MACHT. Irgendwann hatte ich mir nichtsahnend die Figuren vom kleinen Ewok Wicket und General Madine gekauft. Was dazu führte, dass mich mein Kumpel Tunçay in die unglaubliche Spielzeugwelt von »Star Wars« einführte. Sein Kinderzimmer konnte man ohne Übertreibung als »Klein-Dagobah-System« bezeichnen, so vollgepackt war es mit Figuren und Fahrzeugen aus dem »Star Wars«-Universum. Irgendwann später gab es dann Ärger mit meiner Mutter. Sie hatte offensichtlich schon mal was von »Star Wars« gehört. Zwar nicht von der MACHT, aber sie ahnte, dass es in den Filmen nicht mit rechten Dingen zuging. Ich glaube, ich konnte sie irgendwie beschwichtigen, ohne meine zwei Figuren entsorgen zu müssen. Es wäre wahrscheinlich ein ganz brauchbarer Jedi aus mir geworden.

~

»Ja und? Sieht doch genauso aus wie bei mir!« Dieser Gedanke schoss mir durch den Kopf, als wir beide da standen, an einem Sommertag, im Flur unseres Hauses in der Kolpingstraße in Alt-Hamborn: Dani, das Nachbarsmädchen, die mit bedeutungsschwangerem Blick das Oberteil ihres Kleidchens beiseite geschoben hatte und mir nun eine ihrer noch völlig flachen Brüste zeigte. Bei diesem ersten im weitesten Sinne erotischen Erlebnis meines Lebens war ich etwa fünf Jahre alt. Das Thema Brüste erschien mir danach nicht weiter erschließenswert und sollte auch erst einige Zeit später wieder in meinem Leben eine Rolle spielen.

Aufgeklärt wurde ich von meinem Vater, als ich acht, vielleicht auch neun Jahre alt war. Im Wesentlichen beschränkte sich diese Aufklärung auf ein einziges Gespräch. Mein Vater und ich saßen auf dem elterlichen Ehebett und führten gerade das *Studium* (so nennen es die Zeugen Jehovas, wenn man eine ihrer Schriften systematisch und regelmäßig durcharbeitet) anhand des Buchs »Mache deine Jugend zu einem Erfolg« durch. Daraus las mir mein Vater vor: »Wenn ein Junge so weit herangereift ist, dass er Kinder zeugen kann, sondert sein Geschlechtsorgan eine Flüssigkeit ab, die Samen genannt wird. Diese Flüssigkeit ist schwerer als Wasser und enthält, obwohl nicht viel davon produziert wird, Millionen winziger Samenzellen. Der Körper stößt diese Samenflüssigkeit mehr oder weniger regelmäßig aus. Gewöhnlich findet der Erguss während des Schlafens beim Träumen statt.«[10]

Man hätte mir genauso gut erzählen können, dass in einer Höhle unter unserem Haus Lebewesen namens »Fraggles« wohnen, die sich von Radieschen ernähren und in friedlicher Koexistenz mit den »Doozers« leben, was mir wahrscheinlich sogar noch deutlich glaubwürdiger erschienen wäre.

Interessant und greifbar wurde es erst, als mir mein Vater den Aufbau der angeblichen Samenzellen genauer erklärte. Dass sie im Wesentlichen aus einem kleinen

Kopf mit einem Schwänzchen dran bestünden. Ich weiß nicht genau, ob es an der mangelhaften Erklärungsarbeit meines Vaters oder meiner blühenden Fantasie lag oder ob es sich ganz einfach um ein Missverständnis handelte: Jedenfalls schlich ich kurz nach diesem Gespräch wieder zurück ins elterliche Bett, um die Seite, auf der mein Vater immer schlief, nach diesen winzigen Tierchen mit den kleinen Schwänzchen abzusuchen. Ich fand keine. Entweder hatte mein Vater geschwindelt oder er hatte versäumt zu erwähnen, wie listig und lichtscheu diese kleinen Racker waren.

Die Unklarheiten auf diesem Gebiet ließen mich noch nach Beginn meiner Pubertät einige Jahre später glauben, wenn man den erigierten Penis nur lange genug reiben würde, müsse man aus unerfindlichen Gründen urplötzlich ganz dringend auf Toilette, nur dass der Urin dabei gar nicht mehr wiederzuerkennen sei. Ehrlich, es hat einige Zeit gedauert, bis ich die ganzen Zusammenhänge verstanden hatte. Vor allem dauerte es etwas, bis ich begriff, dass ich einem äußerst teuflischen Laster anheim gefallen war: der Masturbation! Wie Gott über diese verwerfliche Gewohnheit dachte, das war mir zumindest theoretisch schon längst klar gewesen: Selbstbefriedigung fördert ichbezogenes Denken, da man dabei auf die eigenen körperlichen Empfindungen fixiert ist, und führt verständlicherweise zu gottgefälligen Schuldgefühlen.[11]

Nachdem ich zu spät realisierte, dass es tatsächlich Masturbation war, was ich da gelegentlich betrieb, hatte ich ein großes Problem: Ich wollte mich im Alter von dreizehn Jahren als Zeuge Jehovas taufen lassen, war aber in einer unreinen, von Gott verurteilten Gewohnheit gefangen. Was tun? Sich jemand anderem anvertrauen und zugeben, dass man sich nichts Schöneres vorstellen konnte, als sich ab und zu einen zu rubbeln? Natürlich war dies keine Option. Mir blieb nichts anderes übrig, als mir das Wichsen abzugewöhnen. Was mir auch gelang, und zwar am 13. September 1990, einige Monate nach meiner Taufe im April desselben Jahres. Den Tag weiß ich so genau, weil ich nach meinem Entschluss, der Masturbation abzuschwören, jeden »Rückfall« in meinem Taschenkalender mit einem dicken roten Strich beim entsprechenden Datum markierte. Mein Ziel war es, möglichst viel Platz zwischen den roten Strichen entstehen zu lassen. Irgendwann empfand ich Ekel vor den Markierungen – und ganz nebenbei auch vor mir selbst – und wollte einfach nie wieder solch einen Strich in meinen Kalender machen müssen. Um mit für Gott verabscheuungswürdigen Gewohnheiten zu brechen, funktioniert die »Rote-Strich-Methode« wie eine Eins!

Im Alter zwischen dreizehn und achtzehn Jahren habe ich nicht ein einziges Mal masturbiert. Auch nicht, als mir mein Hausarzt Folgendes empfahl, nachdem ich ihn wegen Hodenbeschwerden aufgesucht hatte: »Herr Rohde, entweder Sie besorgen sich fünf Frauen oder Sie benutzen fünf Finger! Sie essen ja auch nicht gut zu Mittag und sagen hinterher: ›Ich geh jetzt nicht kacken!‹« Trotz dieser überaus einleuchtenden Argumentation blieb ich dabei: Ich wollte Jehova durch meinen Entschluss erfreuen, auf keinen Fall mehr der unreinen Gewohnheit des Masturbierens zu frönen.

Erst als ich im Alter von achtzehn Jahren meinen ersten eigenen Internetanschluss bekam, machte dies meinen frommen Absichten einen Strich durch die Rechnung. Die plötzlich frei und unkontrolliert zugängliche Pornografie ermöglichte es mir, in Sachen Selbstbefriedigung einiges nachzuholen. Was nicht bedeutete, dass dies ohne Schuldgefühle geschah, im Gegenteil. Nun hatte mich der Teufel gleich doppelt in der Zange: Pornografie und Masturbation waren eine geradezu diabolische Kombination. In den darauffolgenden Jahren habe ich mehr als einmal aus Wut über meine eigene »Schwäche« mein Modem mit einem Hammer demoliert. Nur um mir kurz darauf wieder ein neues zu besorgen.

Welch ein Segen, dass ich so wenig Kontakt zu Vertreterinnen des weiblichen Geschlechts hatte! Wobei ich mich schon in jungen Jahren relativ schnell und oft verliebte. Hatte sich doch einmal ein Mädchen in unsere Versammlung verirrt, war es in der Regel gleich um mich geschehen. Auch auf den größeren Zusammenkünften der Zeugen Jehovas, *Kongresse* genannt, zu denen sich mehrere Tausend Besucher in Stadien und an ähnlich großen Örtlichkeiten versammeln, verlor ich regelmäßig mein Herz. Den Großteil des Programms, das im Wesentlichen aus Vorträgen und Interviews mit Vorzeige-Zeugen-Jehovas bestand, verbrachte ich mit Fantasien, in denen hübsche Glaubensschwestern zentrale Rollen spielten.

Das erste Mal richtig verliebt war ich jedoch in ein weltliches Mädchen. *Weltlich* ist bei den Zeugen Jehovas alles, was sich außerhalb ihrer Organisation befindet. Das Mädchen, nennen wir sie Manuela, war mit seiner Mutter nach Duisburg gezogen und kam erst im vierten Schuljahr in unsere Klasse. Was Manuela an sich natürlich schon interessant machte. Abgesehen davon war sie einfach das süßeste und hübscheste Mädchen, das ich bis dahin gesehen hatte. Sie trug immer einen Zopf und so einen niedlichen Pony. Und sie mochte mich auch. Ein paarmal war ich bei ihr zu Hause gewesen, wo ich feststellen musste, dass ihre Mutter mindestens genauso heiß war wie sie. Irgendwie landeten Manuela und ich zusammen mit Meik, meinem ersten richtig guten Kumpel aus der Grundschule, und dessen Freundin mal in einem Hinterhof in der Alleestraße in Alt-Hamborn. Ich kann nicht mehr genau sagen, worum es bei den Spielchen ging, die wir da spielten, aber es wurde auch geküsst. Auf die Wange, aber immerhin. Später wechselten sie und ich auf die Gesamtschule, und obwohl wir in Nachbarklassen waren, verloren wir uns aus den Augen. Sie hatte sich aber auch sehr stark verändert. Sie trug keinen Zopf mehr. Und hatte oft einen neuen Freund.

In den Jahren in der Gesamtschule fühlte ich mich besonders zu Rebekka aus meiner Klasse hingezogen. Sie war ein eher ungewöhnliches Mädchen, sportlich, spielte Fußball, hatte eine liebenswert große Klappe und vor allem: Sie hatte tolle lange, glatte Haare. Letzteres allerdings nur bis zu dem Tag, an dem plötzlich gefühlt alle Mädchen mit Dauerwelle in die Schule kamen. Ich möchte wirklich wissen, wer sich diesen Schmarrn ausgedacht hat.

Es muss im fünften Schuljahr gewesen sein, da bekam ich den ersten und für lange Zeit einzigen Liebesbrief meines Lebens, so einer im klassischen Stil: Willst du mit mir gehen? Ja, nein, vielleicht. Unterzeichnet war er von Rebekka, überbracht wurde er allerdings von einer Klassenkameradin. Was natürlich meine Alarmglocken läuten ließ: Offensichtlich handelte es sich um eine Finte, um mich bloßzustellen. Abgesehen davon, dass es meine Loyalität zu Jehova ausschloss, eine Liebesbeziehung mit einem weltlichen Mädchen einzugehen, wollte ich den Mädels, die diese Liebesbrief-Farce ausgeheckt hatten, nicht auf den Leim gehen. Ich ignorierte den Brief. Etwa fünfundzwanzig Jahre später fragte ich Rebekka auf einem Klassentreffen, ob sie den Brief geschrieben hatte oder ob er nur ein übler Scherz von Klassenkameradinnen gewesen war. Sie konnte sich nicht erinnern.

~

In der Gesamtschule hatte ich immer gute Kumpels. Unsere Clique bestand aus einem Deutsch-Algerier, einem Türken, einem Vietnamesen und mir. Multikulti in Reinkultur! Besonders Ali, der Deutsch-Algerier, und ich waren eng befreundet und sind es noch immer. Erst viele Jahre später sollte ich erfahren, wie wertvoll solche langjährigen Freundschaften doch sind, unabhängig von Religion oder sonstigen Oberflächlichkeiten.

Ali und ich durchlebten mehr oder weniger gemeinsam die Pubertät. Uns verband auf jeden Fall, dass wir beide sehr »brav« waren, was Mädchen und Alkohol und Exzesse in jedweder Form anging. Bei mir war dies natürlich der Religion geschuldet, Ali lag einfach nichts daran. Das hieß jedoch nicht, dass wir nicht entsprechende Fantasien hegten, und so sorgte einer unserer Beiträge in der Schülerzeitung für einen Eklat: Eine Sex-and-Crime-Bildergeschichte aus unserer Feder war Ursache dafür, dass der Verkauf einer Ausgabe auf Veranlassung der Schulleitung gestoppt und die Seite mit unserer Geschichte aus allen Heften nachträglich entfernt werden musste. In meinem Fall lag es wohl auch daran, dass mir so völlig das Gespür dafür fehlte, wo die Grenze dessen verlief, was »sich gehörte« und was nicht, da ich nie einen normalen Umgang mit Themen wie Sex und Gewalt gelernt hatte. Beides war für mich tabu, außer natürlich es ging um Sex und Gewalt in der Bibel. Beides kommt darin nicht zu knapp vor und oft in extremer Art und Weise. Hier eine kleine Auswahl:

König Davids Sohn Absalom etwa vergewaltigte die zehn Nebenfrauen seines Vaters in aller Öffentlichkeit.[12] Oder: Eine Frau mit Namen Jael trieb einem schlafenden Feldherrn mit einem Hammer einen Zeltpflock durch die Schläfe.[13] Diese Szene ist übrigens recht anschaulich auf einem Bild im Kinderbuch der Zeugen Jehovas »Mein Buch mit biblischen Geschichten« zu sehen. Mit Gewaltdarstellungen wie dieser wurden ich und eine ganze Generation heranwachsender Zeugen Jehovas sozialisiert. Auch gut: Pinehas tötet einen Mann und eine Frau mit einem Speer, letztere durch ihr Geschlechtsorgan.[14] Ehud tötet den moabitischen König Eglon mit einem Schwert, wonach sich dessen Fett um die Klinge schließt »und die Fäkalien [...] herauszukommen [begannen]«.[15] Unvergesslich auch die Szene, in der ein Mann seine jungfräuliche Tochter und seine Nebenfrau einer Meute zum Geschlechtsverkehr anbietet, damit diese seinen männlichen Gast verschont und schließlich die Nebenfrau zu Tode vergewaltigt wird, woraufhin der Mann sie in zwölf Stücke zerteilt und mit der Post verschickt.[16] Da könnte man sich fragen, warum die Bibel nicht längst auf dem Index für jugendgefährdende Schriften gelandet ist.

Wenn hingegen in weltlichen Filmen Sex und/oder Gewalt zu sehen war, wurde konsequent von den Eltern weggeschaltet. Totale Vermeidung war also die Taktik, nicht kritische Auseinandersetzung.

Jedenfalls hatten Ali und ich mit unserer Geschichte in der Schülerzeitung für einen handfesten Skandal gesorgt. Überhaupt fühlten wir uns veranlasst, moralische Grenzen auszuloten, oft gepaart mit Nicht- oder im besten Falle Halbwissen und pubertären Fantasien. Eine

Zeitlang kritzelten wir unsere Schulbücher mit Hakenkreuzen voll – keine Ahnung, warum. Oder wir äfften Behinderte nach und lachten uns darüber kaputt. Oder malten uns aus, wie wir es mit einer ganz bestimmten Lehrerin trieben. Oder verbrachten einen halben Tag damit, aus Filmzeitschriften Bilder von halbnackten Frauen und Sexszenen auszuschneiden. Als mein Bruder mir auf die Schliche kam, weil er stapelweise Filmzeitschriften mit an entsprechenden Stellen fehlenden Bildern in meinem Zimmer fand, schob ich alles auf Ali und meinte, ich wüsste auch nicht, was ihn da getrieben hätte. (Sorry, Ali.)

Mit Ali hatte ich übrigens auch zusammen das Fach »Deutsch für Ausländer«, das an der Gottfried-Wilhelm-Leibniz-Gesamtschule in Alt-Hamborn, die wir besuchten, die einzige Alternative zum Religionsunterricht darstellte. Das war zwar keine Ideallösung, mir allerdings deutlich lieber, als da mit Ohrenstöpseln zu sitzen oder gar in den Jahrgang über uns zu müssen.

Zurück zum Thema: Irgendwann im sechsten Schuljahr fing ich an, nackte Frauen zu zeichnen und die Bilder an Klassenkameraden zu verkaufen. Meine Kenntnisse der weiblichen Anatomie waren noch eher beschränkt, und die Zeichnungen wiesen deshalb einige Ungereimtheiten auf. Mir wurde zum Beispiel erst einige Zeit später klar, dass der weibliche Bauchnabel nicht direkt etwas mit der Vagina zu tun hat. Trotzdem gingen die Bilder weg wie warme Semmeln, was allerdings auch am viel zu niedrigen Preis von zehn Pfennig pro Bild gelegen haben könnte. Ich bekam sogar Bestellungen für bestimmte Posen, die ich zeichnen sollte. Schließlich wurde es mir allerdings zu viel Arbeit, und ich stellte den Betrieb ein. Wäre dieses Projekt meinen Eltern oder jemandem in der Versammlung zu Ohren gekommen, hätte es natürlich einen Mordsärger gegeben. Aber Jehova war gnädig mit mir.

~

Allen sündigen Neigungen zum Trotz wollte ich mich mit dreizehn Jahren Jehova hingeben und taufen lassen. Aus meiner Sicht gab es keine andere Option. Die Zeugen Jehovas waren alles, was ich kannte. Wenn ich Harmagedon überleben und das Paradies erleben wollte, führte kein Weg an der Taufe vorbei.

Für den Fall, dass man selbst oder jemand anders Zweifel an der Organisation bekäme, zitierte man gerne Petrus, wie er auf Jesu Frage, ob seine Apostel ihn auch wie einige der Jünger verlassen wollten, antwortete: »Herr, zu wem sollen wir gehen? Du hast Worte ewigen Lebens!«[17] Für einen echten Zeugen Jehovas ist es überhaupt kein Problem, Petrus' Antwort eins zu eins auf die Organisation der Zeugen Jehovas umzumünzen, denn Jesus und die »Wachtturm-Gesellschaft« sind ja praktisch dasselbe: Wo sollte man denn sonst hin? Zu den Katholiken? Für die Zeugen Jehovas die Schlimmsten unter den »falschen Christen«. Oder zu den Evangelen? Nicht ganz so schlimm wie die Katholiken, aber immer noch schlimm genug.

Nur in Jehovas Organisation gab es das ewige Leben. Und selbst wenn bei den Zeugen Jehovas nicht alles perfekt laufen mochte, es gab aus meiner damaligen Sicht keine Alternative. Dass es mir dreizehn Jahre lang systematisch vorenthalten wurde, mir überhaupt ein Bild von irgendwelchen anderen Optionen machen zu können, diese gewissenhaft abzuwägen und mit einer Laufbahn bei den Zeugen Jehovas zu vergleichen, war mir damals nicht bewusst. Mir war auch nicht klar, dass man auch einfach *gar nichts* sein konnte. Ich dachte, ich müsste *etwas* sein. Und was hätte ich sonst sein sollen, wenn nicht ein Zeuge Jehovas?

Zudem gab es auch so viele Menschen, deren Erwartungen ich nicht enttäuschen wollte, und das waren nicht nur die eigenen Eltern. Die Versammlung war ja voll von Freunden, Bekannten, Opas und Omas, die einen hatten aufwachsen sehen, die den geistigen Fortschritt beobachtet hatten, der sich bei mir vollzog (sprich: die Ideologie der Zeugen Jehovas zu verinnerlichen). Ich würde weiter Fortschritte machen, würde Verantwortung in der Versammlung übernehmen und irgendwann ebenfalls zu den geistlichen Führern gehören. So lief es seit Generationen in der Versammlung, wie in allen anderen Versammlungen auch, und so würde es auch in Zukunft laufen. Wahrscheinlich sogar noch bis nach Harmagedon, bis in die neue Welt hinein.

Es konnte also nicht klarer sein: Ich würde mich als Zeuge Jehovas taufen lassen. Was passieren würde, sollte ich irgendwann einmal entscheiden, kein Zeuge mehr sein zu wollen, davon hatte ich natürlich gelesen und gehört. Von der liebevollen Vorkehrung des *Gemeinschaftsentzuges,* einer Erziehungsmaßnahme, die einem Abweichler durch totale soziale Isolation die Rückkehr in die Organisation Jehovas nahelegen soll. Niemand in den Reihen des Volkes Gottes dürfte mehr mit mir ein Wort wechseln, nicht mal die eigenen Eltern. Aber da musste natürlich schon einiges passieren, bis es so weit kam. Vor allem musste man ein »reueloser Sünder« sein, ein böser Mensch, verblendet vom Satan und beherrscht von den eigenen Begierden. Der Gemeinschaftsentzug war für mich in diesem Moment so fern wie einem Bräutigam die Scheidung am eigenen Hochzeitstag. Beziehungsweise die Kosten des Scheidungsanwalts.

Will man Zeuge Jehovas werden, muss man bereits dem Regelwerk der »Wachtturm-Gesellschaft« entsprechend leben. Also kein außerehelicher Sex, kein Rauchen, kein Feiern von Geburtstagen, Weihnachten, Ostern, Silvester, keine Zugehörigkeit zu Organisationen in Politik, »falscher Religion« oder Militär, die Ablehnung von Bluttransfusionen und -spenden, um mal die wesentlichen Dinge zu nennen. Diese Voraussetzungen muss man bereits in der Vorstufe zur Taufe erfüllen, nämlich wenn man ungetaufter Verkündiger werden will.

Natürlich hatte ich wenig Probleme, diesen Ansprüchen gerecht zu werden. Mehr als Wangenküsse war mit Mädchen nicht gelaufen, sämtliche Feiertage waren mir ohnehin fremd, und ich war so erfüllt vom »heiligen Geist« und der »Wachtturm«-Ideologie, wie man es nur sein konnte. Zu guter Letzt werden noch die sogenannten »Tauffragen« mit den Ältesten der Versammlung besprochen, um sicherzustellen, dass man auch die dümmste Lehre noch nachplappern kann, aber auch da war bei mir alles in trockenen Tüchern.

Am 21. April 1990 wurde ich als Zeuge Jehovas getauft, im Alter von dreizehn Jahren. Die Taufe wird vollzogen, wie sich die Zeugen Jehovas die Taufe zu biblischen Zeiten vorstellen: mit dem völligen Untertauchen im Wasser. Damit nehmen sie es sehr genau. Vor einigen Jahren habe ich erlebt, dass eine Frau noch einmal getauft werden musste, da ihr Ellbogen bei der Zeremonie aus dem Wasser geschaut hatte, und man sicherstellen wollte, dass die Taufe »gültig« war und nicht irgendwann angefochten werden könnte. Kontrollwahn und Aberglaube. Typisch Zeugen Jehovas halt.

Getauft wurde ich auf einem sogenannten *Tagessonderkongress* in Gelsenkirchen. Gemeinsam mit etwa achthundert Menschen lauschte ich der *Taufansprache*, in der der Redner uns acht Taufanwärter auf »den wichtigsten Tag im Leben« einschwor sowie auf den widrigen Kampf eines Soldaten Jehovas. Er versäumte nicht zu betonen, wie wichtig es sei, sich eng an Jehovas Organisation zu halten. Der Satan schlafe schließlich nicht! Höhepunkt der Ansprache waren zwei Fragen, zu denen wir uns für alle Anwesenden gut sichtbar hinstellen und laut und deutlich mit »Ja!« antworten mussten.

Es ging bei den Fragen im Wesentlichen darum, ob man sich im Klaren darüber sei, dass man mit der Taufe seine Hingabe an Jehova und dessen Organisation symbolisiere. Den Umständen entsprechend war mir das natürlich klar gewesen. Man hätte aber genauso gut einen dreizehnjährigen Pimpf fragen können, ob er sich darüber im Klaren sei, dass er sich soeben offiziell Führer und Vaterland verpflichtet habe – wahrscheinlich eine ähnlich »gut« fundierte Entscheidung.

Die Taufe selbst ging fix vonstatten. Mit der rechten Hand die Nase zuhalten, mit der linken den rechten Arm umfassen, und dann rücklings untertauchen. Plitsch, platsch! Schon war ich ein nasser und glücklicher Zeuge Jehovas.

~

Im selben Jahr trennten sich meine Eltern.

Das mit Trennung und Scheidung ist bei den Zeugen Jehovas so eine Sache. Eine Trennung kann nur in besonders krassen Fällen stattfinden, wenn zum Beispiel ein Ehepartner den anderen schlägt oder willentlich nicht für den Lebensunterhalt sorgt oder mit Gewalt verhindert, dass der andere Partner der wahren Anbetung nachgeht. Trennung wohlgemerkt, nicht Scheidung. Letztere ist nur dann möglich, wenn Ehebruch, also Sex außerhalb der Ehe, vorliegt. In diesem Fall hat der betrogene Partner das Recht, die Scheidung einzureichen. Ließe man sich scheiden, ohne dass ein Ehebruch vorliegt, wäre man in Gottes Augen noch verheiratet und würde im Moment der Wiederverheiratung Ehebruch begehen.

Das klingt bescheuert, kompliziert und realitätsfern? Nicht, wenn man genug Glauben hat!

Jedenfalls war im Falle meiner Eltern schon die Trennung fragwürdig, da keiner der zuvor genannten Gründe zutraf. Und in Ermangelung eines gültigen Ehebruchs war an Scheidung nicht zu denken.

Meine Eltern hätten wahrscheinlich einfach nie heiraten dürfen. Das passte hinten und vorne nicht. Abgesehen davon, dass die beiden aus meiner Sicht kaum etwas gemeinsam hatten, hatte meine Mutter vor allem ein Problem mit der großen Leidenschaft meines Vaters für das Sammeln von – Dingen. Hierzu zählte alles, was sich mit »Das kann man doch nicht wegwerfen« zusammenfassen ließ: Schrauben, Muttern, Draht, Eissstiele (!), einfach alles, mit dem man etwas befestigen oder reparieren oder basteln konnte. Streckenweise war es kaum möglich, zwanzig Meter zurückzulegen, ohne dass sich mein Vater mit ungläubigem Seufzen hinunterbeugte, um eine Schraube aufzuheben, sie mir unter die Nase zu halten und mit einer Frage wie: »Weißt du eigentlich, was man beim Eisen Kübel [einem örtlichen Eisenwa-

56

rengeschäft] dafür bezahlen würde?« dankbare Bewunderung zu entlocken.

Auch wenn diese Sammelleidenschaft, die übrigens nicht nur Kleinteile einschloss, liebenswert verschroben wirken mag: Für die Ehe meiner Eltern stellte sie eine ernsthafte Bedrohung dar. Die drei riesigen Kellerräume, die zu der Wohnung in der Beecker Straße in Alt-Hamborn gehörten, waren derart mit Holzbrettern und ähnlichem Gut gefüllt, dass man sich nur seitwärts durch die Gänge zwängen konnte. Lediglich jeweils in der Mitte der Räume gab es eine Lichtung, in der man endlich wieder zur Bauchatmung zurückkehren konnte.

Meine Mutter hatte das alles geduldet, solange sich das Sammelparadies meines Vaters räumlich auf den Keller beschränkte. Als er aber begann, aus schierer Platznot das Holz auch in unseren Garten auszulagern, platzte meiner Mutter der Kragen. Eines Tages packte sie meinen Bruder und mich, verfrachtete uns hektisch ins Auto und flüchtete mit uns Hals über Kopf zu ihrer Halbschwester nach Hessen. Für mich war das natürlich aufregend, vor allem auch, weil mein Bruder und ich einige Tage nicht in die Schule mussten. Aber mir war nicht klar, dass solche Ereignisse schließlich die Sargnägel für die Ehe meiner Eltern waren. Zwar stimmte mein Vater in der Folge zähneknirschend einer umfassenden Entrümpelungsaktion zu, aber das Grundproblem war damit nicht beseitigt.

Zusätzlich als belastend für das Familienleben erwies sich die Neigung meines Vaters, sich über Gebühr für andere zu verausgaben, aus Sicht meiner Mutter aber im Verhältnis dazu zu wenig für die Familie zu tun. In der Tat war mein Vater immer viel unterwegs, um bei finanziell minderbemittelten Mitgliedern der Gemeinde

Regale anzubringen, elektrische Geräte zu reparieren oder sonstige Dinge instand zu setzen. Manchmal waren es auch nur sogenannte *Interessierte,* also Personen, die die Versammlung besuchten, ohne selbst offiziell Zeugen Jehovas zu sein, für die mein Vater stets zu Diensten war. Gestrandete Persönlichkeiten, die keine nennenswerten sozialen Kontakte außer zur Zeugen-Jehovas-Gemeinde und insbesondere zu meinem Vater hatten.

Bezeichnenderweise war es solch eine *Interessierte,* für die mein Vater eines Sommertages Brennholz an einer Kreissäge schnitt und dabei die halbe linke Hand verlor. Er sammelte die verlorenen Finger ein und ging damit ins St. Barbara-Hospital, das nicht weit entfernt war. Es konnten zwar Finger wieder angenäht werden, aber seine linke Hand ist seitdem im Großen und Ganzen hin – eine Tragödie für einen Cello- und Gitarrenspieler wie ihn.

In Sachen Hilfsbereitschaft schoss mein Vater jedoch den Vogel ab, als er eines Tages einen frisch entlassenen Ex-Häftling mit nach Hause brachte, damit dieser sich mal so richtig satt essen konnte – ohne es vorher mit meiner Mutter abgesprochen zu haben. Sie spielte zwar mit, bis der gesättigte Herr wieder gegangen war, aber danach machte sie meinem Vater die Hölle heiß.

Es gab sicherlich noch weitere Gründe für die Trennung meiner Eltern, über die ich mich an dieser Stelle nicht auslassen möchte. Jedenfalls zog mein Vater im Herbst 1990 aus der Familienwohnung aus und nahm sich ein paar Straßen weiter eine eigene Wohnung. Mein Bruder und ich blieben bei unserer Mutter und bewohnten weiterhin zwei Mansardenzimmerchen, in denen wir so ziemlich tun und lassen konnten, was wir wollten.

Dass sich meine Eltern getrennt hatten, war für meinen Bruder und mich die logische Entwicklung der letzten Jahre gewesen und überraschte uns daher wenig. Da wir weder zu unserem Vater noch zu unserer Mutter ein sonderlich inniges Verhältnis hatten, warf uns die Abwesenheit des Vaters kaum aus der Bahn. Vielmehr wurde es zu Hause endlich etwas ruhiger, weil es keinen Streit mehr gab. Spätestens mit Vaters Auszug wurde Jorim zum Mittelpunkt meines Universums und zum Vaterersatz.

~

Als frisch getaufter Zeuge Jehovas war ich natürlich vom Eifer für Jehova und seine Organisation erfüllt. Sehr früh bewarb ich mich für den sogenannten *Hilfspionierdienst,* bei dem man sich verpflichtete, sechzig Stunden in einem bestimmten Monat im Predigtdienst zu verbringen. Am ersten Tag des Monats hatte ich bereits elf Stunden absolviert – so große Angst hatte ich davor, »das Ziel« nicht zu erreichen.

Zeugen Jehovas sind wie besessen von »Zielen«. *Geistige Ziele,* so werden sie gern genannt. Dazu kann alles Mögliche gehören: mehr Stunden im Predigtdienst verbringen, mehr Zeit in das »Wachtturm«-Studium investieren, mehr Kommentare in den Zusammenkünften geben, mehr Bibellesen, einfach von allem: mehr, mehr, mehr.

Neben diesen Feinzielen steuerte man vor allem als männlicher Zeuge Jehovas auch immer Ziele an, die einen auf der theokratischen Laufbahn voranbrachten. *Theokratisch,* so bezeichnen die Zeugen Jehovas alle Tätigkeiten oder Vorkehrungen, die mit Zeugen Jehovas in

Verbindung stehen, also praktisch alles. Einer der Meilensteine dieser Laufbahn war die Taufe; die hatte ich ja schon abgehakt. Der nächste wäre die Ernennung zum *Dienstamtgehilfen*, vergleichbar einem Diakon. Die Voraussetzungen hierfür sind im Wesentlichen das männliche Geschlecht – da Frauen bei den Zeugen Jehovas nur neue Mitglieder werben, aber keine Ämter bekleiden dürfen –, Vorbildlichkeit im »christlichen Lebenswandel« – natürlich nach Zeugen-Jehovas-Interpretation –, besonderer Eifer im Predigtwerk, aber vor allem die hundertzehnprozentige Loyalität zur Organisation.

Selbstredend war mein nächstes großes »geistiges Ziel«, Dienstamtgehilfe zu werden. Es gab da aber auch noch andere interessante Dinge für einen aufstrebenden, jungen Bruder wie mich: der Betheldienst zum Beispiel. Das *Bethel* ist so etwas wie das Kloster der Zeugen Jehovas. In Deutschland befindet es sich in Selters im Taunus. Dort leben und arbeiten um die eintausend männliche und weibliche Zeugen Jehovas in einer ordensähnlichen Gemeinschaft. Der Großteil der Literatur für die europäischen Länder wird dort gedruckt, und die geistliche Führung der Zeugen Jehovas in Deutschland thront dort. Das Bethel (hebräisch für »Haus Gottes«) übte schon früh eine große Anziehungskraft auf mich aus.

Es faszinierte mich, dass man sich durch die Arbeit dort von früh bis spät der »wahren Anbetung« widmen konnte. Das Bethel ist wie eine kleine Welt für sich. Man grüßt sich auf den Wegen, alle lächeln, alle sind freundlich. Auch Besitzlosigkeit fand ich immer anziehend; die Betheliten bekommen neben Kost und Logis nur ein kleines Taschengeld. Dafür arbeiten sie an sechs Tagen in der Woche an unterschiedlichster Stelle: im Speisesaal, in der Druckerei, in der Wäscherei und so weiter. Mit achtzehn, neunzehn Jahren war ich mehrere Wochen dort zur sogenannten »Ferienmitarbeit«. Es fühlte sich immer ein bisschen an wie ein Vorgeschmack auf das Paradies. Was könnte es Schöneres geben? Außer man war homosexuell. Ich weiß von mindestens zwei ehemaligen Brüdern, die im Bethel gedient hatten und Höllenqualen litten, da sie wussten, was ihnen bei einem Coming-out geblüht hätte. Für Schwule und Lesben ist im Jehova-Haus kein Platz. So wie generell in Jehovas Organisation nicht.

Jedenfalls war der Betheldienst schon früh für mich als getaufter Zeuge Jehovas eine erstrebenswerte Option. Auf den großen Sommerkongressen, die zu meiner Zeit damals im Dortmunder Westfalenstadion und später im Duisburger Wedaustadion stattfanden, war ich immer überaus stolz, in der Mittagspause der Zusammenkunft für Bethel-Interessierte beizuwohnen. Man fühlte sich so besonders, also noch besonderer, als man sich als Zeuge Jehovas eh schon fühlte.

Noch war es jedoch nicht so weit. Ich stand mit dreizehn Jahren ja erst am Anfang meiner Zeugen-Jehovas-Karriere. In meiner Versammlung war ich ein geachtetes Mitglied. Ich durfte vermehrt »Vorrechte«, also Arbeit, in der Gemeinde übernehmen und als Gehilfe des sogenannten Gebietsdieners fungieren. Das Areal, das einer Versammlung zur »Bearbeitung« mit der guten Botschaft der »Wachtturm-Gesellschaft« zugeteilt wurde, ist in viele kleine Gebiete unterteilt. In Großstädten wie Duisburg sind das in der Regel ein oder mehrere Häuserblöcke, in ländlichen Gebieten können das auch schon mal ganze Landstriche sein. Man holt sich also als Verkündiger beim Gebietsdiener eine Gebietskarte und gelobt, diese möglichst innerhalb des nächsten halben Jahres durchzuarbeiten. Besonders eifrige Verkündiger holten sich natürlich mehr als eine Karte. So wie ich, wenn ich zum Beispiel den Hilfspionierdienst durchführte.

Rückblickend war diese Bestätigung innerhalb der Gemeinde für mich als jungen Menschen natürlich ganz wichtig. Man bekam Verantwortung übertragen, bemühte sich, dieser gerecht zu werden und erhielt dafür wiederum Anerkennung. Zweifel gab es in dieser Zeit für mich nicht im Geringsten. Mir war klar, dass ich mein Leben Jehova widmen und alles für seine Organisation tun würde. Ich wusste schon bei meiner Taufe, dass ich auf Abitur und Studium verzichten und einen Beruf ergreifen würde, der mir ein Maximum an Einsatz für »die Theokratie« ermöglichte.

Wobei ich schon immer ein guter Schüler war. Es machte mir auch Spaß zu lernen, aber warum in ein System investieren, das dem Untergang geweiht war? Würde man sich bemühen, auf einem sinkenden Schiff die Karriereleiter zu erklimmen? Eben. Ich bin sicher, diesen Satz so oder so ähnlich Dutzende Male in der Zeugen-Jehovas-Literatur gelesen zu haben, auch schon in meiner Jugendzeit.

~

In der Gesamtschule war ich so wie in der Grundschule (außer bei Frau Schulze vielleicht) bei Lehrern und Mitschülern beliebt und respektiert. Auch hier war es wohl von Vorteil, dass ich meine Glaubensansichten so offensiv vertrat. Da kam es schon mal vor, dass ich mich vor versammelter Mannschaft mit der Bio-Lehrerin anlegte, wenn es um die Evolution ging. Einmal hatte ich es allerdings so weit getrieben, dass sogar meine Mitschüler genervt waren. »Boah, Konjaaaa! Is ja guuut!«, hieß es da. Gewisse Dinge konnte ich einfach nicht so stehen lassen. Ich hatte erst viel später begriffen, dass man auch als »wahrer Christ« nicht zu jeder satanischen Irrlehre seinen Senf dazugeben musste. Bei einer anderen Bio-Lehrerin hatte ich einen recht provokanten Aufsatz zum Thema »Urpferd« geschrieben, in dem ich die Evolutionstheorie lächerlich machte, und ich hoffte, sie würde mich zum Vorlesen aufrufen. Was sie jedoch nicht tat. Vielleicht aus weiser Voraussicht.

Ein anderes Mal ging es wieder um die Evolutionstheorie, die Lehrerin erzählte überzeugt davon, wie sich in grauer Vorzeit irgendwas irgendwie entwickelt hatte, und Marco, ein Mitschüler mit ohnehin kesser Lippe, meldete sich und fragte: »Woher woll'n Sie das wissen, war'n Sie dabei?«, woraufhin ich applaudierte und einige andere in den Applaus einstimmten. Manchmal musste ich also nicht einmal selbst etwas sagen. Die Bio-Lehrer hatten es wahrlich nicht leicht mit mir.

Mein Kumpel Thien hatte in der fünften oder sechsten Klasse eine Sammlung für mich organisiert, aus Mitleid darüber, dass ich bei den Weihnachtsfeiern in der Schule nie ein Geschenk abbekam. Alle hatten zusammengeschmissen, um mir einen Modellbausatz zu schenken, eine Spitfire Mk II. Über zweierlei Dinge sah ich bei dieser Gelegenheit in einem Moment der Schwäche hinweg: Ich hatte etwas zu Weihnachten geschenkt bekommen und dann auch noch ein Militärflugzeug.

Vor anderen Glaubensprüfungen drückte ich mich erfolgreicher. Als zwei Kumpels vorhatten, zusammen mit mir am Wochenende in einem Garten der Jungs zu zelten, um sich dabei mit Bier vollzuschütten, gab ich zu bedenken, dass meine Eltern das wohl nicht erlauben würden. »Lüg doch!«, lautete der ebenso pragmatische wie einleuchtende Rat meiner Kameraden, aber das brachte ich nicht übers Herz. Also fragte ich meine Mutter, ob ich an der geplanten Wochenendaktivität teilnehmen dürfte. Ich war nicht einmal in der Lage, den Kasten Bier zu verschweigen, den die Jungs besorgen wollten. Natürlich sagte meine Mutter nein. Und insgeheim war ich heilfroh. Sich gemeinsam mit Weltmenschen zu besaufen, das überstieg die Grenzen meines biblisch geschulten Gewissens.

Als meine Klasse im neunten Schuljahr eine Fahrt nach Frankreich plante, entstand natürlich die Frage, ob ich mich und meinen Glauben einer so geballten Ladung an weltlichen Versuchungen und schlechtem Umgang aussetzen sollte. Schließlich bedeutet »Freundschaft mit der Welt Feindschaft mit Gott«.[18] Verblüffenderweise kamen meine Eltern zu dem Schluss, dass sie bereit wären, das Risiko einzugehen. Klassenfahrten per se waren zwar nicht verboten, gehörten aber zu den sogenannten »Gewissensentscheidungen«. Und die Teilnahme daran galt nicht gerade als vorbildlich. Jedenfalls durfte ich mitfahren – was für ein Segen!

Zunächst ging es für eine Nacht nach Paris. Damals dachte ich, dass ich noch nie so viele schöne Frauen an einem Ort gesehen hatte wie dort. Ziel war aber der Ort La Turballe in der Bretagne. Ich weiß nicht, wie man sich eine Klassenfahrt eines neunten Jahrgangs im Allgemeinen so vorstellt, aber unsere Klasse war verdammt ... brav. Dass es an meinem positiven Einfluss lag, kann ich nicht ausschließen. Die allerwenigsten rauchten beispielsweise. Einen Jungen schauten wir alle ein wenig entsetzt und vor allem schief an, weil er ständig mit Zigarette am Strand rumlief. Von Drogen ganz zu schweigen. Auch sittliche Unmoral hielt sich stark in Grenzen. An einem Abend ließ eine besoffene Klassenkameradin in der Gruppe verlauten, dass sie gern mit jemandem poppen würde, aber ihr Wunsch fand keinen Anklang.

Grandios war jedoch der letzte Abend, für den ein großes Abschiedsbesäufnis geplant war, bei dem ich mich natürlich vornehm zurückhalten wollte. Ein paar Jungs hatten im Supermarkt einige Paletten Dosenbier und zwei oder drei Flaschen Rotwein besorgt, ohne dass die Lehrer davon Wind bekamen. An jenem Abend sollte sich jedoch bitter rächen, dass niemand aus der Klasse bis dahin Französisch belegt hatte. Denn erst nach einigen geleerten Bierdosen wurde den ersten meiner Klassenkameraden so langsam klar, was »sans alcool« bedeutete. Es blieb der Rotwein – den keiner mochte. Außer einem Jungen, der die Flaschen fast alleine leerte, um dann später am Abend seinen Bungalow mit rötlicher Soße vollzureihern. Herrlich! Ich kann mich zwar nicht mehr genau erinnern, aber es würde mich nicht wundern, wenn ich den Verlauf des Abends als göttliche Fügung betrachtet hätte.

~

Da ich stets ein guter Schüler war, waren meine Lehrer entsprechend schockiert, als sie hörten, dass ich nicht vorhatte, nach dem zehnten Schuljahr in die Oberstufe zu wechseln, um das Abitur anzusteuern. Ich wollte Schornsteinfeger werden. Mein Bruder hatte einen Ausbildungskollegen, der einen Bezirksschornsteinfegermeister zu seinem Freundeskreis zählte. Schornsteinfeger! Natürlich einer der coolsten Berufe, die es überhaupt gab. Vor allem, weil mein Bruder das fand.

Diese Klamotten! Und auf Häusern rumkraxeln und sich dafür bezahlen lassen? Ein absoluter No-Brainer! Über den Bekannten fand sich auch schnell ein Meister, der mich in die Lehre nehmen wollte.

Bei meiner Entscheidung gegen Abitur und Studium hatte ich den Bibeltext aus Jeremia 45,5 im Ohr, der gern von den Zeugen Jehovas in Zusammenhang mit der Berufswahl zitiert wird. Dort gibt Jeremia seinem Sekretär Baruch den Rat: »Du suchst für dich ständig nach großen Dingen. Suche nicht weiter.« Dies sollte ihm das Überleben der bevorstehenden Vernichtung Jerusalems sichern. Natürlich eine Steilvorlage für die »Wachtturm-Gesellschaft«! Denn die Parallele zur Vernichtung des gegenwärtigen Systems Satans, also der Welt, in der wir uns gerade befinden, drängt sich geradezu auf. »Was machte Baruch deiner Meinung nach glücklicher: auf große Dinge zu hoffen oder als treuer Diener Gottes die Vernichtung Jerusalems zu überleben?«[19] Eben. Und deshalb sollte man genauso wie der treue Baruch auf »große Dinge« in diesem System, das ja wie Jerusalem damals vor der Vernichtung steht, verzichten. Also auch auf Berufe, die einem Spaß machen, insbesondere akademische Berufe. Was Abitur und Studium natürlich obsolet werden lässt. Hauptsache, man verdient genug Geld, um möglichst viel Zeit im Predigtdienst zu verbringen. »Ja, machen wir uns bitte alle bewusst, dass es für diejenigen, die im gegenwärtigen System nach ›großen Dingen‹ für sich suchen, keine Zukunft gibt.«[20] Nicht notwendig, höhere Bildung ausdrücklich zu verbieten. Wer genug Glauben hat, der trifft bei der Berufswahl sicherlich die richtige Entscheidung. Für mich hieß das, Schornsteinfeger zu werden.

Obwohl dies also schon relativ früh feststand, nahmen mich mindestens zwei Lehrer nacheinander beiseite, um mir ernsthaft ins Gewissen zu reden. Mit meinen Leistungen kein Abitur? Ob ich denn wüsste, was ich da tat? Ich ergriff die Gelegenheit und gab den beiden *Zeugnis,* so nennen die Zeugen Jehovas ihr Predigen zuweilen. Ihnen fehlte einfach die geistige Sichtweise! Ich versuchte ihnen klarzumachen, dass es wenig sinnvoll war, in einem dem Untergang geweihten System noch eine berufliche Laufbahn anzustreben. Einer der Lehrer fragte mich daraufhin, ob diese Sichtweise nicht etwas zu fatalistisch sei. Leider verstand ich das Wort damals noch nicht. Vielleicht wäre ich sonst weiter zur Schule gegangen.

~

Bis ins Teenageralter hatten mein Bruder Jorim und ich ein relativ normales Großer-Bruder-kleiner-Bruder-Verhältnis, das durchaus auch Spannungen beinhaltete.

Wir waren beide kreative Geister. Während meine Kreativität eher in der Musik und im Schreiben ihren Ausdruck fand, war Jorims Talent das Zeichnen. Schon sehr jung zeichnete er ganze Comics, die ich als sehr fein und detailreich in Erinnerung habe und für die ich ihn immer bewunderte. Nicht zuletzt wegen seiner zeichnerischen Fähigkeiten war er insbesondere in der Schule sehr beliebt. Seine Karikaturen von Lehrern, die er für die Schülerzeitung anfertigte, waren gleichermaßen geschätzt und gefürchtet.

Jorim war wie ich völlig in der Zeugen-Jehovas-Ideologie aufgegangen. Trotzdem hatte es wohl immer einen Unterschied gegeben, der mir erst viel später bewusst wurde. Während ich in jungen Jahren alles weitgehend kritiklos annahm, sah Jorim die Dinge immer sehr differenziert, was einer totalitären religiösen Ideologie natürlich zuwiderläuft. Nicht, dass er das Gedankenkonstrukt der Zeugen Jehovas angezweifelt hätte; er sah vielmehr seine Rolle darin kritisch. Während unserer Kindheit und frühen Jugend jedoch waren wir augenscheinlich beide einfach aufstrebende, junge Zeugen für Jehova, schon damals sehr umfangreich involviert in die Aktivitäten der Gemeinde.

Fantasien, die Jehova wohl nicht besonders erfreut haben dürften, lebten wir als Kinder hauptsächlich mit Lego und Playmobil aus. Tagelang hatten wir an einer Stadt aus Lego gebaut; damals gab es noch nicht diese Fertigteile wie heute, da musste man die Häuser noch richtig aus einzelnen Legoteilen zusammenbauen. Jorim deklarierte mal ein Haus in der fertigen Stadt als »Puff«; ich würde mich wundern, wenn mir damals schon klar war, worum es sich dabei handelte. Aber ich ahnte, was passierte, wenn die kleinen Legomännchen und -weiblein in diesem Haus verschwanden.

Mit Playmobil hatten wir einige Zeit später mal eine Western-Stadt errichtet. Besonders gut ist mir der Galgen im Gedächtnis, den wir aus einem Hauspfosten und einer Schnur bastelten. Hinrichtungen wurden von uns gerne ausgiebig dargestellt, rückblickend muss ich allerdings sagen, dass da die Initiative eher von Jorim ausging. Jedenfalls kam es uns schon sehr zupass, dass wir in der Beecker Straße unsere Zimmer unter dem Dach hatten, vier Stockwerke von der elterlichen Wohnung entfernt. Abgesehen von unserer Lego- und Playmobilphase verbrachten wir aber zunächst eher wenig Zeit miteinander. Das änderte sich erst, als sich unsere Eltern getrennt hatten.

Erst vor einigen Jahren erzählte mir meine Mutter von einer Episode aus Jorims Leben, die wohl sehr vielsagend war in Bezug auf das, was in ihm als Kind vorging. Einmal hatten wir ein kleines Sommerfest bei uns im Garten veranstaltet, zu dem einige Freunde aus der Versammlung gekommen waren. Irgendwann war mein Bruder plötzlich verschwunden, und meine Mutter suchte den Garten und die Wohnung ab, bis sie Jorim in seinem Bett fand, versteckt unter der Bettdecke. Er war ganz aufgelöst und sagte Dinge wie: »Mama, ab morgen mach ich alles anders, ab morgen fang ich ein neues Leben an.« Da war er keine zehn Jahre alt.

Die Leichtigkeit, die der Kindheit zu eigen sein sollte, schien nie in sein Leben Einzug gehalten zu haben.

Zwei Wochen nach mir ließ sich auch Jorim als Zeuge Jehovas taufen, im Alter von sechzehn Jahren. Das war die Phase, in der er in den Aktivitäten der Organisation sehr aufging. Er war eng befreundet mit zwei Ehepaaren aus der Versammlung und traf sich jedes Wochenende mit ihnen, um sich gemeinsam stundenlang auf das »Wachtturm«-Studium am darauffolgenden Sonntag vorzubereiten. In seinem »Wachtturm« war dann oft nicht ein Zentimeter weißes Papier mehr zu erkennen, alles war bunt markiert und mit Bibeltexten vollgeschrieben. Inwieweit sich Jorim im Predigtdienst betätigt hat, kann ich nicht mehr sagen. Aber da das Predigen zu den wichtigsten Pflichten eines jeden Zeugen Jehovas gehört, war er gewiss in dieser Zeit auch viel von Haus zu Haus unterwegs.

Kurz nach seiner Taufe fing er eine Ausbildung zum Schilder- und Lichtreklamehersteller an, heute heißt das Werbetechniker. Hier konnte er sein Faible für Schriften, Grafiken und Farben gut ausleben. Sogar seine Comicfiguren kamen zum Einsatz – er durfte einmal die Gestaltung eines Kirmeswagens übernehmen, da war er mächtig stolz drauf.

Aber letztlich war die Ausbildung eine große Belastung für ihn. Ob es das gespannte Verhältnis zum Chef oder der Leistungsdruck war oder etwas anderes, kann ich nicht mehr genau sagen. Sein Alltag während der Ausbildung sah aus meiner Erinnerung heraus im Wesentlichen so aus, dass er von der Arbeit heim kam, sich ins Bett legte, Musik hörte und Bier trank, sicherlich zwei, drei Flaschen am Tag. In dieser Zeit entfernte er sich auch immer mehr von den Leuten aus der Versammlung. Er hatte gute Freunde durch den Beruf gefunden, lauter »coole« Typen, Lebens- und sonstige Künstler, philosophisch angehaucht denkende Freigeister. Mit Sicherheit fing er auch durch diesen Umgang an, sein bisheriges Weltbild zu hinterfragen. Ein Paradebeispiel für die Gefahren, die »schlechter Umgang« mit sich führt: »Lasst euch nicht irreführen. Schlechte Gesellschaft verdirbt nützliche Gewohnheiten.«[21] Einer der wichtigsten Bibeltexte, den Zeugen Jehovas heranziehen, um jedweden sozialen Kontakt außerhalb der Organisation auf ein Minimum zu beschränken oder am besten ganz auszuschließen.

Jorim sagte mal: »Lieber geh ich mit meinen Freunden drauf, als mit sechs Millionen Arschlöchern bis in alle Ewigkeit im Paradies zu leben.« Er bezog sich damit auf die Annahme, dass seine weltlichen Freunde im bevorstehenden Harmagedon umkommen würden, während die (damals noch) sechs Millionen Zeugen Jehovas die Aussicht hätten, ewig auf einer paradiesischen Erde zu leben. Für mich ein Indiz, dass er nicht das Gedankengebäude der Organisation per se ablehnte, aber seinen Platz darin nicht mehr erkennen konnte.

Die Welt der Zeugen Jehovas ist schwarz-weiß. Gerne stützen sie dieses Verständnis mit Bibeltexten, die genau das zu belegen scheinen: »Wer nicht auf meiner Seite ist, ist gegen mich.«[22] »Ihr könnt nicht den Becher Jehovas und den Becher der Dämonen trinken.«[23] »Wißt ihr nicht, daß die Freundschaft mit der Welt Feindschaft mit Gott ist?«[24] Solche Aussagen in der Bibel werden eins zu eins auf die Organisation übertragen. Entweder du gehörst zu Gottes Volk, also den Zeugen Jehovas, oder du bist des Teufels. Dazwischen gibt es nichts. Man kann nicht *nichts* sein.

Es war genau diese »Tatsache«, die Jorim an den Rand der Verzweiflung brachte, soweit ich das, nach unseren damaligen Unterredungen zu urteilen, sagen kann. Er sah sich nicht als »wahren Christen«, aber dem Teufel dienen, das wollte er auch nicht. Für ihn gab es nur eine logische Möglichkeit, sich diesem Dilemma zu entziehen.

~

Samstags frühstückten Jorim und ich oft gemeinsam, wenn wir nicht predigen gingen. Dann war der komplette Esstisch voll mit leckeren Sachen, wir tranken Kaffee, bis wir Magenschmerzen bekamen, und hörten Musik. Sehr oft war das »The United Jazz and Rock Ensemble«, und mir ist besonders der Soundtrack von »Il piccolo diavolo« in Erinnerung, wirklich schön, und das Album »Snow Goose« von Camel.

Jedenfalls war es bei einem dieser gemeinsamen Frühstücke, als Jorim mir sagte, was mit seiner Musikanlage, mit seiner CD-Sammlung und mit seinem Geld geschehen sollte, nachdem er sich das Leben genommen hätte. Wir hatten schon oft über den Tod und das Sterben gesprochen, aber als er so konkret wurde, da wurde

71

mir schon anders. Es gab nur eine Person, von der ich wusste, dass sie in die Pläne meines Bruders ebenfalls eingeweiht war, einen jungen Zeugen Jehovas in unserer Versammlung, nennen wir ihn Stefan. Man hätte damals sicher Alarm schlagen müssen, professionelle Hilfe holen, Personen hinzuziehen sollen, die sich mit so etwas auskannten. Aber damals war ich eingeschüchtert von Jorims Autorität und Unbeirrtheit in seinem Entschluss, sein Leben zu beenden. Ich sah mich nicht befugt, gegen seinen Willen aufzubegehren. Und so erzählte ich niemandem davon.

Trotzdem versuchte ich oft, ihn vom Leben zu überzeugen. Dass er doch einfach noch mal von vorne anfangen könne. Dass er alles hinschmeißen, auswandern und sich ja immer noch umbringen könne, wenn es doch nicht klappte mit dem Neuanfang. So wie es die Bremer Stadtmusikanten auf den Punkt brachten: »Etwas Besseres als den Tod findest du allemal.« Aber von alldem wollte Jorim nichts wissen.

Absurd wurde es, als er mir von seinem Schwur erzählte, sich umzubringen, wenn er es nicht bis zum Alter von achtzehn Jahren geschafft hätte, die »unreine« Gewohnheit der Masturbation abzulegen. So als wäre es ja sozusagen sein Todesurteil, dass er es eben nicht geschafft hatte.

Wahrscheinlich spielte auch sein Hang zur Selbstverletzung eine Rolle. Einige Zeit zuvor hatte er sich ein Zitat aus Matthäus 5,14 in den linken Oberarm geritzt: »Sein Licht unter den Scheffel stellen«.

Es gibt doch dieses Spielchen, bei dem man zügig mit seinem Finger durch eine Kerzenflamme fährt. Das spielte er sehr gern, nur dass er dabei seinen Finger nicht *durch* die Flamme führte, sondern *in* die Flamme hielt.

Jorim erzählte mir von seinem ersten Selbstmordversuch, von dem ich aber seinerzeit nichts mitbekommen hatte. Ich kann auch nicht mehr genau sagen, wie dieser ausgesehen haben soll. Aber an seinen zweiten Versuch, an den kann ich mich noch gut erinnern.

Es gibt in Obermarxloh, direkt an Alt-Hamborn grenzend, einen stillgelegten Förderturm, der früher zum Schacht 6 der Zeche Friedrich Thyssen gehörte. Heute ist um den kleinen Park, in dem er steht, eine Wohnsiedlung gebaut, aber damals gab es nur den Turm und den Park. Der Zugang nach oben war natürlich abgesperrt, aber mit ein bisschen Klettern war es kein Problem, hinaufzugelangen. Ein paar Mal hatten Jorim und ich uns oben auf die Plattform gesetzt und mit Blick auf den Sternenhimmel und die Duisburger Skyline ein paar Bierchen getrunken. Da oben redeten wir meist nicht viel, wir genossen einfach die andere Perspektive und das Kribbeln, das man verspürt, wenn man sich an einem verbotenen Ort aufhält.

Am Abend des 22. Dezember 1992 machte ich mich auf den Weg zum Turm. Es war ein Dienstag, und zuvor war ich bei einer Zusammenkunft gewesen, dem sogenannten *Versammlungsbuchstudium*. Mein Bruder war nicht mitgekommen, er hatte gemeint, er bräuchte frische Luft und würde auf dem Turm ein Bierchen trinken. Als ich schließlich dort ankam und auf die oberste Plattform geklettert war, stand Jorim dort, mit beiden Händen auf das metallene Geländer gestützt. Er wirkte weder erfreut noch überrascht, mich zu sehen. Wir wechselten ein paar Sätze, Belangloses. Irgendwann bemerkte ich dunkle Linien an seinem linken Handgelenk. Ich brauchte einen Moment, um zu begreifen, dass es Blut war, das von seinem Arm tropfte. Man sollte meinen, dass ich daraufhin in helle Aufregung verfiel, aber ich ließ mir nichts anmerken. Wir redeten einfach weiter. Neben dem Park, in dem der Förderturm stand, war ein Verwaltungsgebäude von Thyssen, und irgendwann gingen dort die Lichter aus. Das nahm mein Bruder zum Anlass, mich nach Hause zu schicken. Ich kann nicht mehr sagen, welche Worte genau wir wechselten. Was er sagte, als er mich entließ. Was ich erwiderte. Ob wir überhaupt beim Namen nannten, was nun passieren würde. Ich weiß nur noch, dass ich auf Umwegen nach Hause radelte, unterwegs eine Gruppe Passanten anblaffte, sie sollten nicht so glotzen, und daheim in mein Zimmer unterm Dach ging und mich in mein Bett legte. Ich rief niemanden an, ich sagte meiner Mutter nicht Bescheid, ich legte mich einfach ins Bett. Und betete. Nicht oft in meinem Leben habe ich eine solche Last auf mir verspürt wie in dieser Nacht.

Es waren vielleicht zwei Stunden vergangen, seit ich mich von Jorim auf dem Turm verabschiedet hatte, als ich ihn die Treppe raufkommen hörte. Er öffnete meine Zimmertür und meinte, er wäre wieder da. Er hätte mit einem Strick um den Hals auf dem Geländer der Plattform gestanden, wäre abgerutscht und hätte sich gerade noch festhalten können, und dann sei ihm die Lust vergangen. Den Arm hatte er sich nach seinen Angaben nur aufgeschlitzt, um nicht zurück zu können, aber selbst der blutete inzwischen nicht mehr. »Ich geh jetzt pennen«, damit verabschiedete sich Jorim in sein Zimmer. Ich war froh und dankbar, dass meine Gebete erhört worden waren.

Am nächsten Tag ging er mit seinem Arm zur Ambulanz im St.-Johannes-Hospital und ließ ihn dort verarzten. Später sagte er meiner Mutter, so wie jedem anderen, der ihn darauf ansprach, er sei in eine Flasche gefallen und hätte sich dabei verletzt. Auch ich blieb bei dieser Version. Niemandem gegenüber machte ich Andeutungen, was wirklich in der Nacht geschehen war.

Die Tage darauf waren sehr bizarr: Einerseits war ich froh, dass die Episode auf dem Förderturm glimpflich verlaufen war. Andererseits war mir klar, dass damit der Kampf um Jorims Leben nicht gewonnen war, im Gegenteil: Es schien nur eine Frage der Zeit, bis er wieder irgendwo hoch oben stand oder mit der Klinge in der Hand oder mit dem Strick um den Hals oder alles gleichzeitig.

Ich schlug keinen Alarm, ich erzählte niemandem, in welcher Gefahr Jorim schwebte. Nur Stefan in unserer Versammlung wusste auch, was los war. Doch der war, denke ich, genauso überfordert wie ich, und verlor kein Wort darüber, wie es um meinen Bruder stand. Vielleicht dachten wir auch einfach, durch Beten ginge das Problem einfach weg. Nicht professionelle Hilfe, sondern mehr Glaube wären hier vonnöten. Natürlich würde Gott, die mächtigste Person im Universum, nicht zulassen, dass sich mein Bruder das Leben nehmen würde. Nicht wahr?

~

Anderthalb Wochen später, am 01. Januar 1993, einem Freitag, hatte ich abends die Zusammenkunft besucht. Als »wahre Christen« feierten wir kein Silvester, und deshalb war auch der erste Januar ein ganz gewöhnlicher Tag für uns. Meine Mutter war für ein paar Tage zu Freunden nach Hamburg gefahren, mein Bruder und ich waren also allein zu Hause. Jorim war nicht mitgekommen in die Zusammenkunft, und ich hatte ihn seit dem Nachmittag nicht gesehen. An dem Abend hatte ich unten in der Wohnung »Tango & Cash« im Fernsehen geschaut, das damals zum ersten Mal im Free-TV zu sehen war – nicht ganz tadellose Unterhaltung für einen Zeugen Jehovas! Aber insbesondere wenn es um Filme ging, ließ ich die christlichen Fünfe auch mal ganz gerne gerade sein.

Als der Film zu Ende war, hörte ich, wie Jorim die Wohnungstür aufschloss, zum Kühlschrank ging (der aus Platzgründen im Flur stand) und sich in der Küche zu schaffen machte. Ich ging rüber, um ihm zu erzählen, dass Stefan in der Zusammenkunft am Abend zum Dienstamtgehilfen ernannt worden war, was ja ein nicht unbedeutendes Ereignis im Leben eines männlichen Zeugen Jehovas darstellte.

»Hey, rat mal, wer heute zum Dienstamtgehilfen ernannt worden ist!«

Jorim stand an der Arbeitsplatte und schmierte sich ein Brot. Dabei war er halb abgewandt von mir, und er blickte auch nicht auf.

»Keine Ahnung. Wer denn?«

»Stefan.«

»Na, das war ja klar, so vorbildlich wie der ist.«

»Ey Jorim, was hast du da?«

»Nichts.«

»Doch, lass mal gucken.«

In seinem Hals steckte eine Rasierklinge. Der Kragen seines Rollkragenpullovers war durchnässt von Blut und hing schlaff herab. Dieses Mal konnte ich nicht so tun, als wäre nichts.

»Jorim, spinnst du? Das ist doch jetzt nicht dein Ernst, oder?«

»Wieso, was willst du?«

»Du kannst dir doch hier nicht den Hals aufschneiden! Bei uns zu Hause! Du hast doch echt ein Rad ab!«

»Lass mich einfach.«

Er nahm sein Brot, stellte den Aufstrich zurück in den Kühlschrank und verließ daraufhin die Wohnung, um wieder nach oben in den vierten Stock zu gehen.

Man sagt so, man war »wie betäubt«, und das war ich für einen kurzen Moment im wahrsten Sinne des Wortes. Dann eine Mischung aus »Passiert das wirklich gerade?«, »Was soll ich denn jetzt machen?« und einem wütenden »Das kann er mir doch nicht antun!«. Wie eine Gerade von Mike Tyson auf Speed mitten ins Gesicht parallel zu einer Atombombenexplosion hinter meinen Augen.

Ich weiß, es klingt verrückt, aber mein erster Impuls war nicht, den Notarzt anzurufen. Es blitzte sogar ganz kurz der Gedanke auf, Jorim einfach machen zu lassen. Es war ja seine Entscheidung, nach wie vor. Aber ich war erschüttert, abgrundtief, unsagbar erschüttert, dass er das hier zu Hause machte. Und dann auch noch so, dass ich es mitbekommen musste. Und von mir verlangte, ich solle ihn gewähren lassen. Oder wollte er von mir, dass ich es verhinderte? Wer schmiert sich denn bitteschön in aller Seelenruhe eine Stulle, während er versucht, sich mit einer Rasierklinge die Halsschlagader aufzuschneiden?

Im nächsten Moment hatte ich den Telefonhörer in der Hand, nicht um »112« zu wählen, auch nicht die Nummer meines Vaters, sondern die von Günther, einem Ältesten aus meiner Versammlung, zu dem ich ein sehr gutes Verhältnis hatte, der wie ein Opa für mich war. Ich brauchte ganz dringend jemanden, der mir jetzt sagte, was ich zu tun hatte. In meiner Naivität hielt ich es sogar für möglich, dass er mir raten würde, gar nichts zu tun, es einfach geschehen zu lassen.

Günther meldete sich höflich wie immer mit seinem Namen und einem freundlichen »Guten Abend«, auch wenn ich ihn gerade aus dem Bett geklingelt haben musste, denn es war bereits mitten in der Nacht.

»Hallo, hier ist Konja. Hab ich dich geweckt?«

»Konja, was ist los?«, fragte er, ahnend, dass etwas nicht stimmte und in genau dem besorgt-gütigen Tonfall, den ich jetzt überaus nötig hatte.

»Jorim läuft hier mit 'ner Rasierklinge im Hals herum. Der will sich umbringen.«

»Leg auf und ruf sofort die 112 an.«

»Eins eins zwei?«

»Sofort.«

Was ich dann endlich auch tat.

Es waren bange Minuten bis zum Eintreffen des Rettungsdienstes, um es gelinde zu formulieren. Als die zwei Sanitäter eintrafen, wollte ich aus irgendeinem Grund besonders erwachsen wirken, abgeklärt.

»Da oben im vierten Stock will sich mein Bruder umbringen. Ich bring Sie rauf.«

Gemeinsam gingen wir nach oben. Jorim stand im Flur vor unseren Zimmern vor einem Spiegel an der Wand, den Kopf nach oben gestreckt, mit der Rasierklinge im Hals rumstochernd. Der Schalter für das Flurlicht war mit Klebeband fixiert, zusätzlich hatte Jorim einen Deckenfluter aus seinem Zimmer geholt, um bessere Sicht zu haben. Als er endlich aufschaute und mich zusammen mit den Rettungssanitätern sah, verdrehte er genervt die Augen.

Die Sanitäter klärten Jorim über die Sachlage auf. Sie würden ihn jetzt mitnehmen, wenn er sich weigerte, würden sie die Polizei zu Hilfe holen, und das wäre doch sicher nicht in seinem Sinne. Sie versuchten so sachlich wie möglich zu klingen, aber ihre Stimmen zitterten vor Aufregung.

Schließlich willigte mein Bruder widerstrebend ein mitzukommen. Wir gingen die Treppe runter, ich holte schnell meine Jacke aus der Wohnung und rief Jorim beim Rausgehen zu: »Hast du deine Blutkarte dabei?«

Blutkarte nennen Zeugen Jehovas ihr notariell beglaubigtes »Dokument zur ärztlichen Versorgung«, das festlegt, dass dem Inhaber auch bei dessen Bewusstlosigkeit aus »religiösen Gründen« unter keinen Umständen Blut übertragen werden darf. Dieses Dokument hat man immer dabei, am besten direkt am Körper, vor allem natürlich, wenn man ins Krankenhaus muss.

Das war in dem Moment eine meiner größten Sorgen. Dass sie Jorim Blut verabreichten.

Ich stieg mit in den Rettungswagen, Jorim setzten sie auf die Liege. Als wir losfuhren, zog Jorim geräuschvoll die Nase hoch und rotzte auf den Boden des Wagens, wohl um seiner Verachtung für die Rettungsmaßnahme Ausdruck zu verleihen. Ich sagte so was wie: »Du hast doch wohl nicht geglaubt, dass ich dich in unserem Haus verbluten lasse«, aber ansonsten redeten wir während der Fahrt kein Wort.

Kurz darauf erreichten wir das St.-Johannes-Hospital. Während Jorim ärztlich versorgt wurde, wartete ich draußen. Einige Zeit später kam mein Vater den Gang entlang; Günther hatte ihn benachrichtigt. Er war so aufgelöst, wie ein Vater, der soeben zum ersten Mal von einem Selbstmordversuch seines Sohnes erfährt, nur sein kann. Schließlich kam noch eine Dame vom Ordnungsamt dazu, die Jorims Einweisung in die geschlossene

Psychiatrie im Johanniter Krankenhaus in Oberhausen-Sterkrade anordnete.

Ich war erleichtert. Endlich jemand, der sich um Jorim kümmerte. Vielleicht würde doch alles gut werden. Vielleicht müsste er doch nicht sterben.

~

Als ich Jorim das nächste Mal sah, war er kaum wiederzuerkennen. Er lächelte. Aber es war kein freudiges Lächeln, kein Lächeln, bei dem man mitlächeln muss, keines, das ansteckt. Es war ein maskenartiges, krampfhaftes Lächeln, so starr, dass er nicht verhindern konnte, dass ihm der Speichel aus den Mundwinkeln floss. Ich musste unweigerlich an die Schlussszene von »Einer flog über das Kuckucksnest« denken. Wie der Häuptling Jack Nicholson in dessen Bett findet, nicht mehr er selbst. Ganz so schlimm war es bei Jorim zum Glück nicht; außerdem fehlte die Narbe quer über der Stirn. Aber es war ernüchternd zu sehen, was Medikamente mit einem Menschen machen können. Dass sie einen zum Lächeln bringen können. Dass sie einen »glücklich« machen können. Doch alles war recht, wenn Jorim nur diese Gedanken loswerden könnte, diesen unerschütterlichen Wunsch, nicht mehr da zu sein.

Er verbrachte einige Wochen auf der geschlossenen Station. Ich kann nicht mehr sagen, wie oft ich ihn in dieser Zeit besuchte. Es war vielleicht einmal wöchentlich, nicht öfter. Wahrscheinlich forderte schließlich die permanente Überforderung der Wochen zuvor ihren Tribut. Ich wollte mich ausklinken. Ich war nicht mehr verantwortlich. Jetzt mussten auch mal die anderen ran.

80

Irgendwann hieß es, die Behandlung zeige Fortschritte. Jorim dürfe an den Wochenenden nach Hause, natürlich immer unter Aufsicht. Ich kann mich an zwei, drei Wochenenden erinnern, die er daheim verbrachte. Besonders an eines, an dem ich allein mit meinem Bruder zu Hause war.

»Konja, ich gehe heute nicht zurück in die Klinik.«

Es ging alles wieder von vorne los. Keine Besserung, keine Fortschritte. Es war alles wie vorher: Jorim wollte nicht mehr leben. Ich hatte zuvor den Strick versteckt, den er damals auf dem Förderturm dabeihatte. Es gab an unserem Haus einen Kellereingang vom Garten her, den nie jemand benutzte. Dort hatte ich den Strick in einer Tüte unter Gerümpel gestopft. Abgesehen davon war Jorim körperlich geschwächt, und ich denke, ich hätte ihn dieses Mal physisch daran hindern können, etwas zu unternehmen. Aber es kam nicht dazu. Ich konnte ihn überreden, wieder zurück in die Klinik zu gehen. Hab ich daraufhin bei den Ärzten Alarm geschlagen? Ich weiß es ehrlich gesagt nicht mehr. Falls ich es getan hätte, wäre Jorim sicherlich der Ausgang bis auf Weiteres gestrichen worden. Das wurde er aber nicht.

Man mag sich vielleicht fragen: Was war mit den Eltern? Wo waren die Eltern in der ganzen Zeit? Ich denke, dass sie wohl wie gelähmt waren, in einem Zustand aus Hilflosigkeit und falschem Optimismus (»Das wird schon wieder irgendwie werden!«). Mein Bruder und ich hatten vor den Ereignissen um Jorim keinen guten, innigen Kontakt zu ihnen, und das änderte sich auch währenddessen nicht. Ich will natürlich nicht sagen, dass sie sich nicht kümmerten. Aber davon kam bei meinem Bruder offensichtlich nicht viel an.

~

Wie Jorim die Tür zur Klinik öffnet und hineingeht, nachdem wir einen gemeinsamen Spaziergang im Klinikpark gemacht hatten, an diesen Moment erinnere ich mich gut. Ich wünschte, er hätte sich noch einmal umgedreht und mich angeschaut, bevor er im Gebäude verschwand.

~

Der 9. März 1993 war ein Dienstag. Ich kam von der Schule und setzte mich an den Tisch im Esszimmer, unten in der Wohnung. Wir nahmen zu der Zeit in Deutsch gerade Lyrik durch, und für den nächsten Tag sollten wir ein eigenes Gedicht schreiben. Ich saß da und überlegte und brachte schließlich etwas zu Papier. Es waren die Gedanken von jemandem, der irgendwo hoch oben steht, mit Blick auf die Wolken, und mit Metall unter den Füßen. Seitdem bin ich mir sicher, dass mein Bruder und ich eine besondere Verbindung hatten, etwas Ungewöhnliches, kaum Erklärbares. An diesem Tag war ich Jorim so nahe, als fühlten wir beide dasselbe, obwohl wir nicht ein Wort miteinander wechselten.

Später kam meine Mutter heim. Irgendwann gegen halb sechs rief mein Vater an. Ob er Jorim wieder in die Klinik fahren solle.

»Jorim? Zurück in die Klinik?«, hörte ich meine Mutter sagen.

Wir wussten nichts von Jorim. Wir hatten ihn an diesem Tag überhaupt nicht gesehen. Als ich die Worte meiner Mutter am Telefon hörte, stellte sich in mir schlagartig eine fürchterliche Gewissheit ein und ich spürte, wie sich mein Inneres verkrampfte. Ich ging nach oben in den vierten Stock. Die Schränke im Flur standen offen und waren durchwühlt. Ich ging hinunter in den Keller. Das Licht war noch an; keine Ahnung, ob mir da schon auffiel, dass das lange schwarze Verlängerungskabel fehlte, das sonst immer an einer bestimmten Stelle hing. Wie in Trance holte ich mein Fahrrad aus dem Garten und radelte Richtung Förderturm. Als ich darauf zu fuhr, sah ich erst eine Gruppe von Menschen und dann einen Rettungshubschrauber. Ich näherte mich der Gruppe und fragte: »Was ist passiert?«

»Da ist jemand runtergesprungen!«

»Mein Bruder«, hörte ich mich sagen.

Der Parkplatz des Thyssen-Verwaltungsgebäudes, rechts neben dem Förderturm, war durch einen Grünstreifen abgegrenzt. Erst jetzt fiel mir das rege Treiben dort auf: Polizei, Sanitäter, ein Krankenwagen. Ich ließ mein Fahrrad fallen und lief auf einen Polizisten zu.

»Mein Bruder«, kam mir wieder über die Lippen. Der Polizist sagte etwas von einem Elektrokabel, das der Heruntergesprungene um den Hals hatte, das aber gerissen war und so den freien Fall in fünfunddreißig Meter Tiefe nicht verhindern konnte. Einige Minuten später öffnete sich die Seitentür des Krankenwagens, und ich konnte einen Blick hineinwerfen. Jorim lag unter einer Decke, die Sauerstoffmaske noch auf dem Gesicht. Einer der Ärzte schüttelte den Kopf in Richtung des Polizisten. So wie im Film.

»Wir haben hier den Bruder«, sagte der Polizist. Der Arzt legte mir eine Hand auf die Schulter und sagte etwas wie: »Wir haben alles getan.« Er war sichtlich bewegt. Der Polizist bot mir an, mich nach Hause zu fahren. Das Fahrrad könnte ich mir später von der Dienststelle abholen. Ich weiß noch, wie ich dachte, dass ich mir ja schon immer mal gewünscht hatte, in einem Streifenwagen mitzufahren.

Wir kamen zu Hause an, ich schloss die Wohnungstür auf, meine Mutter stand im Wohnzimmer.

»Mutter, die wollen dir was sagen.«

»Frau Rohde, es tut uns leid, Ihnen mitteilen zu müssen ...«

Arme Mutter. So einen Satz sollte keine Mutter und kein Vater jemals hören müssen.

Wir umarmten uns und weinten. Es war mir etwas unangenehm, meiner Mutter so nah zu sein, das war ich nicht gewohnt. Aber an diesem Tag machte ich eine Ausnahme.

Schließlich war soeben ihr Sohn gestorben.

Und mein Bruder.

~

Zu Jorims Beerdigung kamen eine Menge Leute, so viele, dass einige in der Friedhofskapelle stehen mussten. Das beeindruckte mich sehr. Wenn Jorim gewusst hätte, wie viele Menschen ihn vermissen würden, hätte er es sich vielleicht noch mal anders überlegt. Aber wer kann das schon mit Sicherheit sagen.

Die Gedenkansprache hielt Günther, den ich damals nachts angerufen hatte. Traueransprachen bei Zeugen Jehovas drehen sich vor allem um ihre Vorstellung, dass die Verstorbenen nach Harmagedon, dem Krieg Gottes, im Paradies auferstehen werden. Zumal solch eine Beerdigung auch als gute Gelegenheit angesehen wird, »Zeugnis zu geben«, vor allem natürlich, wenn viele

»Weltmenschen« anwesend sind, so wie bei der Beerdigung meines Bruders.

Ich habe viel geweint an dem Tag, das tat gut. Die Frau des Chefs meines Bruders kam zu mir, umarmte mich, und ich fing an, Rotz und Wasser zu heulen. Ich hatte die Frau vorher noch nie gesehen, aber ihre Umarmung betätigte wohl den »Lass-alles-raus-Schalter« in mir.

Jorims Leichnam wurde eingeäschert und anonym beerdigt, irgendwo auf dem Friedhof Lange Kamp in Duisburg-Beeck. Das war sein Wille gewesen, den er mir in seinem mündlichen Testament mitgeteilt hatte. Seine heißgeliebte Musikanlage hatte er mir zugedacht, nicht ohne sich von mir das Versprechen geben zu lassen, diese niemals zu verkaufen, höchstens zu verschenken, was ich natürlich auch eingehalten habe. Außerdem sollte ich seine umfangreiche CD-Sammlung bekommen. Tage später hockte ich in meinem Zimmer, sortierte »dämonische« Musik aus und schmiss so gewiss hundert CDs weg, die ich von meinem Bruder geerbt hatte. Schon der geringste Anschein von Dämonismus bewegte mich dazu, die entsprechende CD wegzuschmeißen. Wer konnte schon ausschließen, dass es nicht Jorims Musik gewesen war, die ihn in den Tod getrieben hatte?

Bald danach beschäftigte mich die Frage, ob ich Jorim in der Auferstehung wiedersehen würde. Der Selbstmord per se hatte ihn dafür nicht zwingend disqualifiziert, aber er hatte zu Lebzeiten einige Dinge von sich gegeben, die man durchaus als blasphemisch hätte auslegen können. Das war eine große Sorge für mich – Jorim nicht in der neuen Welt wiedersehen zu dürfen. Würde Jehova Gnade walten lassen und über Jorims Unglauben hinwegsehen?

Eines Abends zog ich mich in mein Zimmer zurück, kniete mich auf den Boden und betete zu Jehova, er möge mir ein unmissverständliches Zeichen senden, ob Jorim auferstehen würde oder nicht. Ich musste es einfach wissen, sonst würde ich keine Ruhe finden.

Zu meiner Taufe hatte ich von meiner Tante eine Bibel geschenkt bekommen, so eine richtig wertvolle, mit echtem Goldrand. Dieses Exemplar verwendete ich sonst nie, aus Angst, es zu beschmutzen oder den Goldrand zu beschädigen. Nun aber schien es mir gerade recht, um ein Zeichen von Jehova zu empfangen. Ich nahm die Bibel zur Hand, betete noch einmal, schloss die Augen und blätterte die Seiten mit dem Daumen durch. Ich stoppte an einer Stelle irgendwo in den Psalmen, also ungefähr in der Mitte. In der Hoffnung, eine eindeutige Passage zu finden, die mich von meiner Ungewissheit erlösen würde, las ich die Doppelseite komplett durch. Enttäuscht musste ich feststellen, dass auf diesen zwei Seiten selbst mit gutem Willen nichts über Tod oder Auferstehung zu lesen war. Ich wollte schon aufgeben und die Bibel wieder zur Seite legen. Im letzten Moment fiel mein Blick auf das Lesezeichen, das ich zuvor niemals benutzt hatte, und ich schlug die Seite auf, die es markierte. Es war Johannes 11, das Kapitel, das von der Auferweckung des Lazarus berichtet. Allein diese Tatsache bewegte mich schon zutiefst, aber beim Durchlesen der Passage stieß ich auf Vers dreiundzwanzig. Ich las ihn und las ihn gleich noch mal. Und noch mal. »Dein Bruder wird auferstehen!«, stand da. Ich traute meinen Augen nicht. Ein deutlicheres Zeichen hätte ich mir nicht wünschen können. Das waren so Momente, wo Jehova und ich sehr eng zusammenrückten.

~

Einige Wochen nach Jorims Tod dachten meine Eltern, es sei eine gute Idee, mich mal zum Psychotherapeuten zu schicken. Es gab dann ein, zwei Sitzungen zusammen mit meinen Eltern. Ich markierte den starken Mann: Nein, nein, alles in Ordnung, da war halt nichts zu machen bei meinem Bruder, ich komm schon damit klar. Im Nachhinein frage ich mich, warum da niemand gesagt hat: Nein, das steckt man nicht so einfach weg, du brauchst jetzt dauerhafte professionelle Hilfe. Das einzig Gute an den Sitzungen war, dass die Therapeutin meinem Vater verbot, mir Vorwürfe zu machen, weil ich nichts von Jorims Selbstmordabsichten erzählt hatte. Ich sei völlig überfordert von der Situation gewesen, das dürfe man mir nicht vorwerfen. Da hatte sie auch völlig recht, die gute Frau.

Dann spielte mein Körper verrückt. Eines Tages, nicht lange nach Jorims Tod, wurde ich krank und ging zur Hausärztin, weil ich dachte, ich hätte mir womöglich eine schwere Erkältung zugezogen. Die Ärztin nahm mir Blut ab, mir wurde schwindelig, und ich sollte mich hinlegen. Einige Minuten später kam sie wieder und meinte, sie müsse mich wegen des Verdachts auf Hirnhautentzündung ins Krankenhaus einliefern lassen. So wurde ich direkt aus der Praxis vom Krankenwagen abgeholt und ins Fahrner Krankenhaus gebracht. In der Nacht wurde eine Lumbalpunktion durchgeführt; hätte man mir gesagt, dass ich davon drei Monate Kopfschmerzen bekommen würde, hätte ich dankend verzichtet. Vor allem da sich herausstellte, dass ich gar keine Hirnhautentzündung hatte. Die behandelnde Ärztin kam irgendwann zu mir und sagte, ich sei gesund, sie würden mich wieder entlassen, aber ihr fiele auf, dass mir der »Kawupp« fehlte, den man normalerweise in meinem Alter hätte.

Der »Kawupp«. Die Unbeschwertheit, die Leichtigkeit, die Energie, all das war aus mir gewichen.

Irgendwann später im selben Jahr hatte ich meinen ersten Hexenschuss. Mit sechzehn.

Ich bekam ständige Gliederschmerzen, ich fühlte mich wie siebzig. Ein Heilpraktiker meinte, ich hätte Rheuma. Ich ging zum Rheumatologen, der aber sagte, das wäre Quatsch.

Ich denke, das war die Zeit, in der meine Depressionen begannen. Und mein Körper war der einzige, der sich traute, das auszusprechen.

Kurz vor Ende des zehnten Schuljahres war ich einige Wochen krankgeschrieben, damit ich mich von den Ereignissen um Jorim erholen konnte. Dann aber fing im September desselben Jahres meine Ausbildung zum Schornsteinfeger an, der Beruf, den ich ergreifen wollte, weil mein Bruder meinte, dass er »cool« sei. Und das war er ja auch, aber – das sollte sich allerdings erst mit der Zeit herausstellen – das Schornsteinfegerhandwerk war mir einfach nicht in die Wiege gelegt worden. Meine Eltern hatten nicht den geringsten Einfluss auf meine Berufswahl. Ich machte weiterhin »mein Ding«, so wie ich es gewohnt war.

Das Klettern auf den Hausdächern machte am meisten Spaß. Und wenn wildfremde hübsche Frauen auf der Straße auf mich zukamen, mich berührten und dabei lachten: »Das bringt Glück!«

Da zu unserem Kehrbezirk auch alte Zechensiedlungen gehörten, in denen noch mit Kohle geheizt wurde, machte man sich noch richtig schmutzig bei der Arbeit.

Wir fuhren deshalb meistens mit dem Fahrrad und boten dabei also den klassischen Anblick eines Schornsteinfegers. Wenn wir allerdings Heizungsmessungen durchführten, hielten uns die Leute mitunter für Beschäftigte eines Bestattungsunternehmens, weil wir dann im schwarzen Kittel unterwegs waren.

Mein Meister war schon eine richtige Marke. Natürlich wusste er, dass ich ein Zeuge Jehovas war, denn das war meist mit das Erste, worauf ich die Leute aufmerksam machte. Ich versuchte nicht direkt, ihn zu bekehren, aber unsere Themen in den Pausen drehten sich oft um meine Religion. Jedoch wohl hauptsächlich deshalb, weil mein Meister sich einen Spaß daraus machte, mich deswegen auf die Schippe zu nehmen. Wenn ich bei unseren Gesprächen mal aus der Bibel zitierte, meinte er oft: »In einem Jahr zitierst du nicht mehr die Bibel, sondern das Schornsteinfegergesetz!«

Einmal wollte er mich zur Trinkhalle schicken, um für ihn Zigaretten zu kaufen. Für mich damals undenkbar, schließlich hätte mich jemand dabei sehen können und ich hätte Schmach über Jehovas Namen gebracht! Die Zeugen Jehovas lehnen das Rauchen als verwerfliche »Befleckung des Fleisches« ab, und selbst eine Zigarettenpackung zu berühren wäre für mein biblisch geschultes Gewissen zu viel gewesen. Als ich mich also hartnäckig weigerte, war er für einen Moment wütend und nannte mich durch die Zähne zischend »Ratte« und »Sackgesicht«. Aber er beruhigte sich schnell wieder. Und bat mich nie wieder, für ihn Zigaretten zu kaufen.

Mit der Zeit hatte er eine Vorstellung davon, wie Zeugen Jehovas zur Sexualität eingestellt sind. Dass ich erst eine Freundin haben würde, wenn ich vorhatte, sie zu heiraten. Nein, ich hatte noch nie ein Mädchen geküsst (außer das Mädchen mit den braunen Haaren in meiner Grundschulklasse auf die Wange), geschweige denn mit einem geschlafen. Nein, ich schaute mir keine Pornos an und masturbierte auch nicht. Sex wurde dann schnell sein Lieblingsthema.

Eines Tages schickte er mich alleine in einen Keller, um die Heizung abzulesen. Sein schiefes Grinsen dabei erschien mir schon ein wenig merkwürdig, aber natürlich ging ich los, um den Auftrag auszuführen. Ich kam in den Raum, in dem die Heizung aufgestellt war, und es gab weder an den Wänden, noch an der Decke (!) einen einzigen Quadratzentimeter, der nicht mit dem Bild einer nackten Frau bedeckt war. Der komplette Raum war mit Postern beklebt, auf denen sich nackte Frauen räkelten. Da stand ich also, in einem Meer aus Brüsten und Vaginas. Und ermittelte die Heizungswerte. *Jehova, steh mir bei!* Als ich wieder zurückkam, war das Grinsen meines Meisters noch breiter als zuvor, aber ich ließ mir nichts anmerken.

»Na, wie lief's?«

»Die Werte waren okay.«

Wenn wir beide eine Heizung ablasen und warteten, bis das Messgerät die Werte ausspuckte, malte er gern im Stil eines Dreijährigen mit dem Finger Penisse und Vaginas in den Staub auf dem Heizungsgehäuse und grinste vor sich hin.

Eine Kundin hatte einen italienischen Namen, Mastrantonio oder so ähnlich. Wenn er von ihr sprach, sagte er immer »Masturbazioni« – wie lustig! Fast ununterbrochen stellte er meine christliche Frömmigkeit auf die Probe, aber ich erduldete alles, ohne mir jemals eine Blöße zu geben. Außer vielleicht einmal, als wir auf einem Dachboden auf eine Pornosammlung stießen.

Mein Meister nahm ein Heftchen, blätterte kurz darin und drückte es mir grinsend in die Hand. Natürlich hätte ich das Teufelszeug gleich von mir weisen müssen, aber die Bilder mit der jungen Frau und den zwei jungen Männern darauf fesselten mich zugegebenermaßen sofort und in ziemlich ungebührlicher Art und Weise für jemanden, der unbedingt Jehovas Herz erfreuen will.

Abgesehen von solchen vorübergehenden Schwächen meines Fleisches war ich mehr als je zuvor ein Zeuge Jehovas. Es war, als wäre der Tod meines Bruders wie ein Warnschuss für mich gewesen: Konja, wenn du deinen Bruder wiedersehen willst, musst du dich noch mehr im Dienste des Herrn verausgaben. Mehr, mehr, mehr!

Auch in der Berufsschule scheute ich mich nicht, meinen Ausbildungskollegen Zeugnis zu geben. Einem Kumpel in meiner Klasse erklärte ich, dass ich nicht damit rechnen würde, das Ende meiner Ausbildung zu erreichen, da vorher aller Wahrscheinlichkeit der Krieg Gottes eintreten würde. So überzeugt war ich davon, dass »das Ende« praktisch vor der Tür stand. Das war jedoch nicht auf meinem Mist gewachsen; die Organisation verstand und versteht es einfach sehr geschickt, ein ständiges Gefühl der »Dringlichkeit« bei ihren Untergebenen hervorzurufen.

In meinem Eifer für die Organisation meldete ich mich, während ich noch in der Ausbildung zum Schornsteinfeger war, als freiwilliger Helfer für den Königreichssaalbau. Immer wenn ein neuer Königreichssaal im Großraum Ruhrgebiet gebaut wurde, stellte ich mich zur Verfügung. Ich wurde im Trockenputz im Rohbau angelernt. In solch einer Bauphase konnte es durchaus sein, dass ich alle zwei Wochenenden meine Freizeit auf dem Bau verbrachte, natürlich unentgeltlich, alles für die

Königreichsinteressen! Ich genoss diese Arbeit sehr: Man setzte endlich auch mal seine Muskelkraft für Jehova ein und wurde zudem auch noch von hübschen Schwestern bekocht. Dass ich dann allerdings durch diese Plackerei am Montagmorgen völlig fertig zum Schornsteinfegen antrat, fiel natürlich auch meinem Meister auf. Er meinte, die »Wachtturm-Gesellschaft« würde mich als kostenlosen Bauhelfer missbrauchen – und das auch noch auf Kosten meiner Ausbildung. Wie ihm doch der Blick für die geistigen Dinge fehlte! Was man ihm als Weltmenschen natürlich auch nicht übel nehmen konnte.

Wie gesagt, das Schornsteinfegen war mir nicht in die Wiege gelegt worden. Handwerkliches Geschick musste ich mir mit Mühe und Not aneignen, wobei mir mein kaum vorhandener Orientierungssinn ebenfalls keine große Hilfe war. Mehr als einmal verlief ich mich in irgendwelchen Kellergängen, und auch auf dem Dach den richtigen Schornstein zu erwischen, war nicht immer ganz einfach. Zudem war ich häufig krank; besonders im Winter tat mir der ständige Wechsel zwischen kalter Luft draußen und warmer Luft in den Heizungskellern nicht gut. Kurz nach Ende der Probezeit bekam ich Knieprobleme; die Belastungen der Kletterbewegungen auf dem Dach war ich nicht gewöhnt. Von den zwölf Monaten des ersten Ausbildungsjahres war ich sicher zwei Monate krankgeschrieben.

Außerdem wurde mir eine Tatsache erst im Laufe der Ausbildung bewusst: Man hatte als Schornsteinfeger so gut wie keine Chance darauf, nur teilzeitbeschäftigt zu werden. Jeder Bezirksschornsteinfegermeister hatte einen Gesellen, der die ganze Arbeit machen musste; da waren keine Arbeitszeitmodelle mit einer 20-Stunden-Woche vorgesehen. Und ich strebte doch die Laufbahn eines Vollzeitverkündigers, eines sogenannten *Pioniers*, an – das ging nur mit dem passenden Teilzeitjob.

Daher hängte ich kurzerhand meine Karriere als Schornsteinfeger an den Nagel. Mein Klassenlehrer in der Berufsschule war sichtlich geschockt, als ich ihm das nahende Ende meiner Ausbildung mitteilte, ich war nämlich auch in der Berufsschule ein sehr guter Schüler. Aber die Welt brauchte jetzt Pioniere, keine Schornsteinfeger! Das sagte ich ihm so nicht. Er hätte es wohl nicht verstanden.

Eine Glaubensschwester in meiner Versammlung arbeitete bei der Stadtverwaltung in Duisburg und meinte, ich solle eine Laufbahn als Verwaltungsfachangestellter erwägen. Nirgendwo sonst gab es so gute Möglichkeiten für eine Teilzeitbeschäftigung. Das klang sehr schlüssig und reichte mir völlig als Entscheidungsgrundlage. Nie kam die Frage auf, wo eigentlich meine Stärken und Vorlieben lagen. Die Berufswahl war für mich eine rein pragmatische Entscheidung. Auf einem Kongress der Zeugen Jehovas wurde ich einmal auf der Bühne interviewt, als aufstrebender junger Bruder. Da hatte ich gesagt: »... und da die Tätigkeit bei der Stadtverwaltung mir eine Teilzeitbeschäftigung ermöglichen wird, ist der Job mein Traumjob.« Genauso wollte es der Bruder hören, der das Interview führte. Und die etwa achthundert Brüder und Schwestern, die dem Interview lauschten. Und Jehova. Und ich meinte es damals auch so.

Allerdings hatte ich nach Abbruch der Ausbildung zum Schornsteinfeger knapp den Bewerbungsschluss bei der Stadtverwaltung verpasst. Zur Überbrückung meldete ich mich bei der Höheren Handelsschule in Duisburg-Hamborn an. Auch hier waren meine Leistungen wieder sehr gut, aber das Abitur anzustreben, kam mir nicht im

Entferntesten in den Sinn. Bildung war immer nur Mittel zum Zweck, nämlich Jehova mehr und besser dienen zu können. Diesen Gedanken führte ich dann schließlich so weit, dass ich nicht einmal mehr die zwingende Notwendigkeit einer Berufsausbildung sah.

Ich war inzwischen fast achtzehn; mit neunzehn könnte ich mich für den Betheldienst – die Arbeit in der Deutschland-Zentrale der Zeugen Jehovas – bewerben. Warum also jetzt noch eine dreijährige Ausbildung beginnen? Würde man nicht irgendwann im zukünftigen Paradies in der Neuen Welt zurückdenken und sagen: »Hättest du damals doch nur die Zeit besser genutzt und nicht mit einer Berufsausbildung verschwendet, damals, so kurz vor Harmagedon.«

Dass ich dann letztlich überhaupt die Ausbildung bei der Stadtverwaltung antrat, war nur Günther zu verdanken. Er hatte mich im Grunde erpresst: In einem Gespräch deutete er an, dass er meine Bewerbung für den Betheldienst nicht unterschreiben würde, wenn ich auf die Ausbildung verzichtete. Seinem gesunden Menschenverstand sei Dank.

Ich war in dieser Phase in der Zeugen-Jehovas-Ideologie so aufgegangen wie eine Brausetablette. Ganz ehrlich, wenn mir jemand einen Sprengstoffgürtel um den Leib geschnürt und mich in eine katholische Kirche geschickt hätte, um mit einem »Jehova ist groß!« auf den Lippen möglichst viele »falsche Christen« in die ewige Vernichtung zu schicken: Ich hätte es getan.

~

Nach dem Tod meines Bruders hatte ich mein Zimmer oben unterm Dach aufgegeben und war in die Wohnung meiner Mutter im Erdgeschoss gezogen. Ich fühlte mich im vierten Stockwerk einfach nicht mehr wohl. Es klebte immer noch etwas von Jorims Blut am Lichtschalter im Flur; ich weiß nicht, warum ich es nicht einfach entfernte. Wenn ich früher abends an seinem Zimmer vorbeigekommen war, drang immer Musik durch Jorims Tür. Nach seinem Tod geschah es mehr als einmal, dass ich zu meinem Zimmer gehen wollte und mir so war, als hörte ich wieder seine Musik. Dass mir das unheimlich war, brauche ich wohl nicht zu betonen.

Um nicht völlig durchzudrehen, fragte ich schließlich meine Mutter, ob ich runterziehen dürfe. Ich rechne ihr hoch an, dass sie einwilligte. Es bedeutete nämlich, dass Sie ihr Zimmer für mich räumen und ein Schrankbett anschaffen musste, um im Esszimmer Quartier zu beziehen – dafür durfte sie die Türrahmen pink streichen lassen.

Auf Dauer war diese Wohnsituation aber kein Zustand; nun fühlte sich auch meine Mutter bald nicht mehr wohl in ihren eigenen vier Wänden. Dies lag neben den beengten Platzverhältnissen wahrscheinlich auch daran, dass ich nicht aufhörte, sie zum Besuch der Zusammenkünfte anzuhalten, wenn sie den Sonntag daheim verbringen wollte. Meine Mutter hatte schon einige Jahre zuvor das Predigen eingestellt und war damit *untätig* geworden, wie die Zeugen Jehovas es nennen. Die genauen Gründe dafür kannte ich nicht. Es lag jedenfalls nicht daran, dass sie »schwach im Glauben« geworden war. Sie war nach wie vor felsenfest von den Lehren der Organisation überzeugt, niemals äußerte sie den geringsten Zweifel. Jetzt, da Jorim nicht mehr am Leben war, blieb ihr wohl auch nichts anderes übrig als am Glaubensgebäude der Zeugen Jehovas festzuhalten:

Nur so konnte sie sich an die Hoffnung klammern, ihren verstorbenen Sohn im Paradies wiederzusehen.

Jedenfalls fragte mich meine Mutter, wie es denn wäre, wenn ich ausziehen würde. Über die Firma, wo sie als Sekretärin arbeitete, hatte sie von günstigen Appartements gehört, sie könne mal schauen, ob sich da was machen ließe. Ich willigte sofort ein. Die Vorstellung, von zu Hause rauszukommen und damit auch das Konfliktpotenzial zwischen meiner Mutter und mir zu verringern, klang sehr verlockend.

So zog ich mit achtzehn in meine eigene Wohnung am Hamborner Altmarkt, zeitgleich mit dem Beginn meiner Berufsausbildung bei der Stadt Duisburg zum Verwaltungsfachangestellten. Mein Vater bezahlte die Miete, wofür ich ihm sehr dankbar war. Ganz aufgeregt schlug ich das Telefonbuch auf und las meinen Namen darin. Es mag verrückt klingen, aber in diesem Moment hatte ich zum ersten Mal das Gefühl, *da* zu sein und es auch *beweisen* zu können.

Abgesehen von dem Hochgefühl beim Blick ins Telefonbuch bekam mir das Alleinewohnen jedoch überhaupt nicht gut. Ich fühlte mich einsam und versank immer weiter in meinen Depressionen. In der Versammlung lief es wie immer, ich war ein geschätzter und beliebter junger Bruder. Bei der Ausbildung in der Stadtverwaltung hatte ich keine Probleme, in der Berufsschule verstand ich mich gut mit meinen Ausbildungskollegen. Augenscheinlich gab es also gar keinen Grund dafür, dass ich mich so schlecht fühlte. Trotzdem war es um meine Psyche nicht gut bestellt. Vielleicht lag es an meinen Lebensumständen, vielleicht tat ich noch nicht genug für Jehova. Das Weltsystem steuerte dem sicheren Untergang entgegen, und ich musste mich mit Staatsrecht und Haushaltskassenrechnungswesen herumschlagen.

Das Bethel war übrigens mittlerweile als Option in den Hintergrund gerückt. Im Sommer vor Ausbildungsbeginn war ich wieder einige Wochen zur Ferienmitarbeit dort gewesen, und hatte in der Gärtnerei gearbeitet. Was es dort an internen Intrigen und Geschwätz gab, hatte mich tief erschüttert. Der Geist der Welt, an solch heiligem Ort!

Kurzerhand steckte ich mir ein neues Ziel: Die Schule zur Dienstamtlichen Weiterbildung, abgekürzt SDW. Hier wurden junge, ledige Brüder in einer achtwöchigen Intensivschulung in der Zeugen-Zentrale in Selters dafür ausgebildet, in einer Versammlung im In- oder Ausland als Werkzeug der Organisation zu dienen. Voraussetzung war die Vollendung des dreiundzwanzigsten Lebensjahres, ein Dienstamt als Dienstamtsgehilfe oder Ältester und: keine Freundin beziehungsweise Ehefrau. So was schwebte mir vor! Völliges Vertrauen in Jehova und die Organisation. Als Teil einer Elite zur Speerspitze des Volkes Gottes gehören. Für eine höhere Berufung dem weiblichen Geschlecht entsagen.

Doch bis zur SDW war es noch ein langer Weg. Vor allem musste ich erst einmal die Berufsausbildung hinter mich bringen. Alles in mir sträubte sich gegen diese aus völlig pragmatischen Beweggründen gewählte Laufbahn, was sich vor allem darin niederschlug, dass ich sehr häufig krank war. Grippale Infekte wurden sozusagen nur vorübergehend von meiner Anwesenheit im Büro unterbrochen. Hinzu kamen Hexenschüsse im Abstand von jeweils etwa sechs Monaten.

Nach dem ersten Ausbildungsjahr verbrachte ich meinen Pfingsturlaub auf einem Campingplatz am

Edersee in Hessen, der von Zeugen Jehovas betrieben wird. Im Wesentlichen ist er nicht von anderen Campingplätzen zu unterscheiden, außer vielleicht durch den Umstand, dass unverheiratete Paare nicht in einem Zelt schlafen durften. Jedenfalls trafen sich besonders zu Pfingsten dort vor allem junge Zeugen Jehovas aus ganz Deutschland.

Gleich am ersten Tag war ein Volleyballspiel anberaumt, an dem ich in erster Linie wegen der hübschen Schwestern teilnahm. Bei einer Bagger- oder Pritschbewegung passierte es: Irgendwas hatte sich in meinem Rücken getan. Als ich kurz darauf unglücklich aus meinem Zelt ausstieg, nachdem ich mich darin umgezogen hatte, haute es mich komplett um und ich konnte nur noch liegen. Den anderen und mir wurde klar, dass zumindest der Tag für mich gelaufen war, und man rief den Notarzt.

Per Krankenwagen kam ich dann in das fantastische Krankenhaus in Korbach, wo ich die nächsten zwei Wochen mit Verdacht auf Bandscheibenvorfall verbrachte. Was für eine herrliche Zeit! Nicht lange nach meiner Einlieferung verliebte ich mich in eine Krankenschwester. Nach etwa einer Woche fühlte ich mich gedrängt, ihr auf irgendeine Weise meine Gefühle zu offenbaren. Ich schrieb ihr ein Gedicht auf einen Zettel, den ich ihr mit einem schiefen Lächeln übergab: »Wenn ich eine Urinflasche wäre, wäre ich immer voll, nur um von dir geleert zu werden.« Ich kann leider nicht mehr genau sagen, was ich mir dabei dachte. Wollte ich witzig sein? War dies damals der größtmögliche Ausdruck meiner romantischen Gefühle? Oder wollte ich ihr einerseits meine Zuneigung zeigen, andererseits die Sache aber im selben Atemzug wieder kaputt machen, damit aus uns kein Liebespaar werden konnte, was ja aufgrund ihrer Ungläubigkeit nicht sein durfte? Ich weiß es wirklich nicht.

Man brauchte in Korbach zwei Wochen, um festzustellen, dass ich wohl höchstwahrscheinlich doch nicht an einem Bandscheibenvorfall litt. Daher überwies man mich an die Uni-Klinik Essen, wo mich mein Vater hinfuhr. Am nächsten Tag wurde ich entlassen, da man berechtigterweise nicht den geringsten Grund sah, mich weiter dort zu behalten. Lediglich ein heftiger Hexenschuss hatte mich außer Gefecht gesetzt, und nur meine Angst, ich hätte einen Bandscheibenvorfall und würde bei einer falschen Bewegung im Rollstuhl landen, hatte die Beschwerden so lange anhalten lassen.

Abgesehen von den unvergesslichen Stunden mit der Krankenschwester meines Herzens hatte der Klinikaufenthalt noch einen anderen positiven Effekt: Genau in diesem Zeitraum war mein erster Musterungstermin gefallen.

Meine wiederkehrenden Rückenprobleme ließen eine Ausmusterung sehr wahrscheinlich werden, zudem wurde ich zu einem etwa dreistündigen Psychotest geschickt, wohl aufgrund meiner vorherigen kurzen psychotherapeutischen Behandlung. Jedenfalls wurde ich ausgemustert, was zwar für einen jungen männlichen Zeugen Jehovas eigentlich einen großer Segen bedeutet hätte, ich jedoch bedauerte es. Zu gern hätte ich meinen Zivildienst nach meinen zuvor gemachten positiven Erfahrungen in einem Krankenhaus abgeleistet.

Zeugen Jehovas verweigern den Wehrdienst, allerdings wohlgemerkt nicht aus pazifistischen Beweggründen, da sie zum Beispiel den Krieg Gottes gegen alle Nicht-Zeugen ausdrücklich begrüßen. Lange war es in Deutschland so, dass Zeugen Jehovas sowohl den Wehr-, als auch den Zivildienst verweigerten. Da dies nicht selten zu Gerichtsverfahren und Haftstrafen führte, wurde extra für die Zeugen ein eigener Paragraf ins Zivildienstgesetz aufgenommen. Dieser besagt, dass man als anerkannter Kriegsdienstverweigerer als Alternative zu Wehr- und Zivildienst ein freies Arbeitsverhältnis in einem Krankenhaus oder einer ähnlichen Einrichtung absolvieren darf, das mindestens acht Monate länger als der reguläre Zivildienst dauern muss.

1996 änderte sich die Position der »Wachtturm-Gesellschaft« zum Zivildienst, was dazu führte, dass Zeugen Jehovas diesen fortan ohne Furcht vor Konsequenzen leisten durften. Schön blöd für all jene Brüder, die zuvor Haft- und hohe Geldstrafen aus Treue zur Organisation in Kauf genommen hatten und nun zusehen mussten, wie ihre jüngeren Glaubensgenossen lockerflockig ihren Zivildienst absitzen durften. Die Wege des Herrn sind einfach oft unergründlich!

All dies blieb mir durch meine Ausmusterung erspart. Ich konnte mich also weiterhin mit voller Kraft dem Fortkommen meiner theokratischen Karriere widmen. Wobei es, theokratisch gesehen, durchaus auch heikle Phasen gab.

Zu Beginn meiner Berufsausbildungszeit hatte ich einen Bruder aus einer Nachbarversammlung näher kennengelernt, nennen wir ihn Alex. Wir kannten uns zwar schon vom Sehen, so richtig zusammen kamen wir jedoch erst durch die Musik. Alex und ein anderer Bruder suchten nämlich noch jemanden für ihre Band, und ich empfahl mich durch ausgesprochene Basiskenntnisse im Spiel der Gitarre und des Keyboards. Letztlich sollte ich dann Schlagzeuger werden. Aus Ermangelung an Brüdern, die bereit waren, sich an die nicht ungefährliche

Laufbahn eines angehenden Rockstars zu wagen, musste Alex halt Kompromisse machen, um die Band voll zu kriegen.

Alex führte mich nicht nur in die Welt des gemeinsamen Musizierens ein, sondern auch in den exzessiven Genuss von Alkohol. Zwar hatte ich durch meinen Bruder schon früh, mit etwa dreizehn oder vierzehn Jahren, begonnen, Bier zu trinken, aber mit Alex sollte ich in ganz neue alkoholische Sphären vordringen. Wie oft besoffen wir uns im örtlichen Brauhaus, um dann durch Schrebergärten und Friedhöfe polternd heim zu Alex zu wanken und dort die Nacht bei weiteren Bieren und Keksen mit Senf, »The Smiths«-Videos und Frauen-Catchen-Filmchen zu verbringen!

Einmal war ich nachts so besoffen, dass ich beinahe einen Klapphocker im Bad mit der Kloschüssel verwechselte. Nur Alex' Mutter konnte mich gerade noch durch die geschlossene Tür hindurch auf mein Versehen hinweisen. Überhaupt war sie überaus schockiert, weniger von ihrem Sohn, der übrigens auch wie ich Dienstamtgehilfe war und damit Vorbildfunktion hatte, als vielmehr von mir, vor allem was das Schauen von Alex' Frauen-Catchen-Filmen anging. So etwas gehörte sich doch wohl für einen guten Christen nicht! Genauso wenig wie mein Gebaren beim Junggesellenabschied eines der Bandmitglieder. Alex, er und ich hatten uns bei einem weiteren Freund zum gemeinsamen Saufen getroffen, was sich als schlechte Idee erwies, da die Ehefrau des Letzteren ebenfalls zu Hause war. Freundlicherweise wies sie mir rechtzeitig den Weg, damit ich mich ordnungsgemäß auf dem Gästeklo erbrechen konnte. Am nächsten Tag ahnte ich jedoch, dass diese Aktion nicht ohne Folgen bleiben würde. Da ich davon ausging, dass die Ältesten meiner Versammlung ohnehin Wind davon bekommen würden, kontaktierte ich Günther, den Ältesten meines Vertrauens, und gestand meine Verfehlung, um einer Rüge zuvorzukommen. Es folgte ein offizielles, ernstes Gespräch mit ihm und einem weiteren Ältesten. Ich befürchtete, meine sämtlichen Vorrechte in der Versammlung zu verlieren, doch es blieb bei einer mündlichen Verwarnung, vor allem, weil ich geständig gewesen war und versprach, niemals wieder so negativ aufzufallen. Da Alex und der andere Bruder jedoch nie auf den Abend angesprochen wurden, hätte ich mir wahrscheinlich mein Geständnis auch sparen können. Mein schlechtes Gewissen hatte sich aber merklich beruhigt, und das war mir den Ärger wert gewesen.

Alex und ich waren dicke Freunde, auch wenn es in unserer Freundschaft deutliche Aufs und Abs und auch komplette Eiszeiten gegeben hat. Ihm habe ich auf jeden Fall einen großen Teil meiner Trinkfestigkeit, gewisse Grundkenntnisse im Frauen-Catchen und einen unvergesslichen Finnland-Urlaub zu verdanken.

~

Durch die vielen Erkältungen und regelmäßige Hexenschüsse hatte ich in meiner Ausbildung beträchtliche Fehlzeiten angehäuft, was das Personalamt auf den Plan rief. Man legte mir nahe, mich dem Psychosozialen Beratungsdienst anzuvertrauen. Mit einem Mitarbeiter hatte ich in der Folge einige Sitzungen, die eigentlich ganz guttaten. Sich mal den ganzen Quatsch von der Seele reden, ohne ein Stirnrunzeln des Gegenübers befürchten zu müssen, falls man einen nicht ganz lupenreinen theokratischen Gedankengang äußerte.

Trotzdem war dies nur ein Tropfen auf den heißen Stein. Eigentlich hätte ich eine anständige Psychotherapie gebraucht, vor allem, um mit dem Tod meines Bruders besser umgehen zu können. Das Thema war eine mehr als wunde Stelle. Oft reichte es, dass jemand nur das Wort »Geschwister« in den Mund nahm, um bei mir einen Weinkrampf auszulösen. Jedenfalls genügte die Beratung durch den psychosozialen Kollegen nicht, um meine Krankheitszeiten nennenswert zu reduzieren. Irgendwann wackelte dann sogar meine Übernahme nach der Ausbildung, aber die Jugendvertretung des Personalrats legte sich für mich ins Zeug, wodurch sie mir den Hintern rettete.

Für mich stand fest, dass ich nach der Berufsausbildung die Laufbahn eines *Allgemeinen Pioniers* einschlagen würde. Damit verpflichtete ich mich, in einem Jahr eintausend Stunden im Predigtdienst zu verbringen, also gut dreiundachtzig Stunden pro Monat, wobei ich aber neunzig Stunden im Monat anvisierte, um auch mal freinehmen zu können. Das war natürlich nur möglich, wenn ich Teilzeit arbeitete, wobei ja die Aussicht auf eine sichere Teilzeitstelle das Hauptargument für mich gewesen war, überhaupt die Ausbildung bei der Stadtverwaltung zu machen. Nicht dass ich mich danach sehnte, durchschnittlich drei Stunden täglich meine Mitmenschen mit der guten Botschaft der Zeugen Jehovas zu beglücken, aber die Entscheidung für den Pionierdienst war für mich die logische Konsequenz meines biblisch geschulten Gewissens: Es gab einfach keinen Grund, nicht Pionier zu werden. Welche Entschuldigung hätte ich denn Jehova gegenüber vorbringen sollen? Ich war davon überzeugt, dass die Beteiligung am Predigtwerk die mit Abstand sinnvollste

Tätigkeit war, die es gab. Es ging schließlich um Menschenleben!

Trotzdem war es unter Zeugen Jehovas – zu meinem Unverständnis – nicht gerade üblich für einen jungen Mann, die Arbeit zu reduzieren, um als Pionier dienen zu können. Der Pionierdienst ist eher eine Frauendomäne, da dem Mann bei den Zeugen doch eher die Rolle des Versorgers zufällt. Wenn man sich also als männlicher Zeuge zum Pionierdienst entschließt, wird dies in der Regel als außerordentlich vorbildlich und glaubensstark gewertet. Entsprechend groß war in der Versammlung der Zuspruch, den ich für meinen Entschluss erhielt, den Allgemeinen Pionierdienst aufzunehmen. Und es fühlte sich einfach unheimlich cool an. Jetzt gehörte ich zur Elite!

Relativ früh fing ich an, mit meinen Stunden zu schummeln. Wie jeder andere normalsterbliche Verkündiger musste ich natürlich auch als Pionier peinlich genau am Monatsende einen Predigtdienstbericht abgeben, aus dem die Anzahl der geleisteten Stunden, der abgegebenen Bücher, Zeitschriften und Broschüren sowie noch einige andere Angaben hervorgingen. Verfehlte man als Pionier öfter als einmal deutlich sein Monatsziel, gab es ein ernstes Wort vom *Dienstaufseher* der Versammlung. Ernste Worte gab es aber auch so recht schnell. Einmal wurde ich darauf aufmerksam gemacht, dass die Zahl meiner Rückbesuche im Verhältnis zur Anzahl der geleisteten Stunden deutlich höher sein müsste. *Rückbesuch* wird es genannt, wenn man ein- und dieselbe Person ein weiteres Mal antrifft und ihr zumindest eine kurze Zeugen-Jehovas-Botschaft hinterlässt. Speziell diese Zahl war mir schnell relativ wurscht, da sie rein gar nichts über die Qualität des Predigens aussagte. Nach dem Rüffel musste ich die Zahl der Rückbesuche also »anpassen«. Die Predigtdienstberichte gingen mir mächtig auf den Zeiger. Schon als normaler Verkündiger waren sie allgegenwärtig. Oft hatte ich am Monatsletzten noch ein paar Stunden Predigtdienst heruntergerissen, um wenigstens *etwas* auf den Berichtszettel schreiben zu können.

Zeugen Jehovas sind wie besessen von Zahlen und Berichten. Natürlich vor allem, weil diese ein geeignetes Mittel darstellen, um sich ein Bild vom Eifer des Schäfchens machen und es gegebenenfalls durch ein ernstes Wort zu mehr Einsatz anspornen zu können. Nur hatten sie nicht einkalkuliert, dass mein Gewissen – zumindest was die Predigtdienstberichte anging – nicht immer ganz christlich tickte. Ich korrigierte also die Zahl meiner geleisteten Predigtdienststunden regelmäßig großzügig nach oben, um nicht negativ aufzufallen. Allerdings erreichte ich dennoch in den vier Jahren Pionierdienst mein Stundenziel nicht ein einziges Mal. Ganz so abgebrüht war ich dann doch nicht!

Ich stand mit meiner stellenweise untheokratischen Gesinnung allerdings nicht ganz alleine da.

In meiner Versammlung gab es noch einen anderen Pionier, einen verheirateten Mann und Ältesten in der Versammlung, etwa fünfzehn Jahre älter als ich, nennen wir ihn Paolo. Wir verstanden uns sehr gut und verbrachten viel Zeit im Predigtdienst miteinander, da wir ja beide demselben Stundenziel hinterherhechelten. Wir hatten allerdings noch etwas anderes gemeinsam – die Vorliebe für Abbildungen von nackten Frauen, idealerweise beim Geschlechtsakt.

Meistens holte Paolo mich in Walsum, wo ich inzwischen von Alt-Hamborn hingezogen war, für den gemeinsamen Predigtdienst ab. Oft war ich nachmittags total übermüdet, da ich am Abend zuvor viel zu lange am Computer gesessen hatte und für meine Verhältnisse viel zu früh zur Arbeit im Straßenverkehrsamt erscheinen musste. Ich arbeitete immer bis Mittags, fuhr heim, aß etwas und legte mich hin. Dann kam Paolo, und in der Regel fing ich erst dann an, mich für den Predigtdienst umzuziehen und bereit zu machen. Eines Tages setzte er sich, während er auf mich wartete, mal an meinen PC und begann, im Windows Explorer jede einzelne Datei anzuklicken.

»Hey Paolo, was soll der Quatsch! Sag mir einfach, was du suchst!«

»Ja komm, Junge, gib's zu, du hast doch hier irgendwo auch Bilder von nackten Weibern gespeichert!«

Da klickte Paolo also jede einzelne Datei auf meinem Computer an, um Bilder von nackten Frauen zu finden. Als geklärt war, dass er grundsätzlich an solchen Fotos interessiert war, schmiss ich mein Modem an und eröffnete ihm die schillernde Welt der Pornografie. Paolo kam aus dem Staunen nicht mehr heraus. Mich verwunderte etwas, dass er sich so gar nichts dabei dachte, sich mir gegenüber zu offenbaren. Entweder es war großes Vertrauen oder übersteigerte Naivität aufgrund zu hoher sexueller Frustration – jedenfalls hätte ein Hinweis von mir an die entsprechenden Leute gereicht, und Porno-Paolo hätte mächtig Ärger bekommen. Nicht nur von seiner Frau, ihm wären auch sämtliche Vorrechte in der Versammlung abgesprochen worden, insbesondere sein Status als Allgemeiner Pionier sowie als Ältester. Ich wäre natürlich mit ihm untergegangen. Wir bewegten uns auf dünnem Eis.

Es dauerte nicht lange und unsere »Predigtdienst«-Sessions an jedem Mittwoch sahen so aus: Paolo klingelte, ich öffnete ihm, legte mich wieder aufs Ohr, und nach ein, zwei Stunden zog ich ihn dann vom PC weg, damit wir zumindest ein kurzes Predigtdienst-Pflicht-programm absolvieren konnten.

Irgendwann wurden wir nachlässig. Eines Mittwochs sparten wir uns den kompletten Predigtdienst, Paolo vergnügte sich am PC und ich schlief mich aus. Am Abend waren wir bei Paolos Frau zum Essen eingeladen. Da wir an diesem Tag nicht predigen gewesen waren, hatte ich auch keine Predigtdienst-Klamotten angelegt: Anzughose, Hemd und Krawatte. Ich hätte mich natürlich umziehen müssen, bevor wir zu Paolo fuhren, aber selbst dazu war ich zu faul an dem Tag. Es dauerte nicht lange, bis Paolos Frau Lunte roch: »Moment mal, sagt bloß, ihr wart heute gar nicht im Predigtdienst!«

»Richtig, liebe Claudia, dein Mann hat sich bei mir am PC stundenlang Pornos reingezogen, weil er dich wahrscheinlich seit Monaten nicht mehr nackt gesehen hat, geschweige denn Hand an dich legen durfte, und ich hab mich endlich mal wieder ausgeschlafen.« Hab ich natürlich nur gedacht.

Was für ein Zirkus! Im Rückblick natürlich schon irgendwie lustig, aber letztlich muss man es wohl als recht jämmerlich bezeichnen, zu welchen Verrenkungen wir uns hinreißen ließen, nur um den Schein zu wahren. Ich bin mir nicht sicher, ob man es Porno-Paolo wünschen sollte, dass er sich irgendwann einen eigenen PC mit Internetanschluss angeschafft hat.

~

Manchmal war der Predigtdienst auch lustig, vor allem in Problembezirken wie Bruckhausen. Bevor man dorthin zum Predigen fuhr, musste man immer die Krawatte ablegen, weil man sonst ständig gefragt wurde, ob man von der Polizei wäre.

Das Predigen in Bruckhausen war anders als in anderen Stadtteilen. Vielleicht weil die Probleme eine andere Qualität hatten als die der Leute in »reicheren« Ecken Duisburgs. Wir trafen oft Menschen an, die einfach nur froh waren, wenn überhaupt jemand mehr als zwei Sätze mit ihnen redete, in denen es nicht um Geldforderungen ging. Traurig war es mitunter mitzuerleben, wie Kinder und Jugendliche unter oft sehr ungünstigen Umständen groß werden mussten. Eine Zeitlang traf ich regelmäßig den etwa dreizehn Jahre alten Andreas zum Bibelstudium; jemand aus der Versammlung hatte dies in die Wege geleitet und dann an mich weitergegeben. Die verwahrloste Wohnung, in der Andreas mit seiner Mutter und seinen Geschwistern hauste, ließ nichts Gutes ahnen in Bezug auf die Umstände, unter denen Andreas aufwachsen musste. Jedes Mal, wenn ich ihn besuchte, schwirrten mindestens zwei Männer in der Wohnung herum, immer andere. »Halt die Fresse!« und »Geh fernseh'n!« waren die Standardsätze der Mutter ihren Kindern gegenüber.

Die Aufmerksamkeit, die ich Andreas schenkte, schien ihm sichtlich gut zu tun. Ein ausgesprochen pfiffiger und aufgeweckter Junge. Ein Jammer, dass sein Potenzial aufgrund seiner Lebensumstände höchstwahrscheinlich niemals die Entfaltung finden würde, die es verdiente.

Manchmal sorgte Andreas für echt witzige Lacher. Einmal lasen wir einen Bibeltext, in dem davon die Rede war, dass »Jehova die Bösen wegtilgen« würde. »Also, Andreas, was wird Jehova mit den Bösen machen?« –

»Wegkillen!« Was ja durchaus auch den Kern der Aussage traf.

Unvergesslich ist mir auch eine andere Szene aus Bruckhausen. Ein älterer Herr knallte mit dem Fahrrad hin, da sich sein Schnürsenkel in den Speichen verheddert hatte, und bei dem Sturz gingen einige Bierflaschen in der Plastiktüte am Lenker zu Bruch. »Das schöne Bier!« war seine erste Reaktion – was schließlich bei einem Freund aus der Nachbarversammlung, mit dem ich an diesem Tag predigen war, und mir zu einem geflügelten Wort wurde.

Überhaupt lernte man mit der Zeit überaus interessante Menschen kennen. Ein Mann in Ruhrort, den ich regelmäßig besuchte, tischte mir immer die unglaublichsten Geschichten auf. Besonders beeindruckt war ich von der Erzählung, wie er als Söldner bei der Befreiung des gekaperten Flugzeugs in Mogadischu 1977 dabei war und es ihn immer noch wurmte, dass die GSG 9 die ganzen Lorbeeren für die Befreiung der Geiseln eingeheimst hatte. Der Mann vertickte regelmäßig einen Teil seiner Medikamente, und manchmal, wenn meine Predigtdienstbegleitung und ich bei ihm im Wohnzimmer saßen, kamen Kunden zu Besuch, die panisch gleich wieder kehrt machen wollten, wenn sie zwei Herren mit Schlips und Kragen da sitzen sahen.

Es gab auch Momente im Predigtdienst, in denen ich mich nicht gerade mit Ruhm bekleckerte. Etwa die Sache mit dem kleinen Reihenhaus in Beeck, an dem es zwei Klingeln gab. In dem einen Haushalt trafen wir eine Frau an, die uns aber energisch zurückwies. Über Wochen hinweg versuchte ich schließlich, noch jemanden in der anderen Wohnung zu erreichen, um endlich einen Haken an dieses verdammte Haus machen zu können.

Aber egal zu welcher Tageszeit, es machte bei der zweiten Klingel einfach ums Verrecken niemand auf, obwohl sich scheinbar jedes Mal etwas im Haus tat. Irgendwann öffnete sich dann doch die Tür, es war allerdings wieder die Frau, die ich bereits angetroffen hatte. Was wir denn da bitteschön machen würden, und ob wir nicht verstanden hätten, dass sie kein Interesse hätte. Noch während sie sprach, wurde mir klar, dass ich seit Wochen versuchte, Familie »Licht« zu erreichen. Wie Homer Simpson treffend sagen würde: »D'oh!«

Im Winter wurden meine Lippen mitunter so kalt, dass ich Probleme mit der Artikulation bekam. »Tut mir leid, wir haben gar kein Baby«, war einmal die Antwort eines Wohnungsinhabers auf meine Frage, ob er Interesse an einer kostenlosen und unverbindlichen Bibelbetrachtung hätte. Meine gefrorenen Lippen hatten offensichtlich »Bibel« wie »Baby« klingen lassen. Da ich so lachen musste, hatte ich gar keine Gelegenheit, das Missverständnis aufzuklären, bevor der Mann die Tür genervt wieder schloss.

Besonders gerne »studierte« ich mit Marcel, dem etwa zehnjährigen Sohn einer Glaubensschwester aus der Versammlung. Marcel hatte die Ruhrpott-Schnauze seines Vaters geerbt und brachte mich regelmäßig mit seinen Sprüchen zum Lachen. Wir nahmen das »Buch mit biblischen Geschichten« durch, jenes Buch, dessen Gewaltdarstellungen mir in meiner Kindheit schlaflose Nächte bereitet hatte. Ich bin mir aber sicher, dass Marcel mit Gewaltdarstellungen nicht so die Probleme hatte wie ich damals. Einmal behandelten wir die Geschichte von Noah und der Sintflut. Nachdem ich anschaulich beschrieben hatte, wie böse und moralisch degeneriert Noahs Zeitgenossen gewesen waren und wie schlecht sie

Noah und dessen Familie behandelten, fragte ich Marcel, wie Gott wohl über diese Menschen gedacht haben muss. Als Antwort sagte er nur: »Ja, hier!« und zeigte mir dazu seinen Mittelfinger. Da musste ich mir natürlich schon ein lautes Losprusten verkneifen, fragte aber noch, was Marcel an Gottes Stelle mit den Typen gemacht hätte. »Ach, hömma! Denen hätt' ich schon längst 'nen Blitz in' Arsch geschossen!«, war seine Antwort. Da hätte Gott natürlich auch drauf kommen können, doch der entschied sich bekanntermaßen dann doch für die feuchtfröhliche Variante.

Oder die Geschichte, wie Abraham von Gott den Befehl erhielt, seinen einzigen Sohn Isaak zu opfern.

»Überleg mal, Marcel. Stell dir vor, du hättest einen einzigen Sohn, und Gott würde dir befehlen, deinen Sohn zu opfern. Wie würdest du darauf reagieren?«

»Ja, Jehova, das ist jetzt aber schade ...«, fing Marcel an.

»Warte mal. Jehova will, dass du deinen *einzigen* Sohn für ihn tötest, und du würdest einfach nur sagen: ›Ja, schade?‹«

In dem Moment sah man förmlich, wie es hinter Marcels Stirn klick machte, woraufhin er mich mit weit aufgerissenen Augen anschaute und rief: »Neeee! SCHEISSE!«

Sehr unterhaltsam war es, wenn Marcel für ihn völlig ungewohnte Begriffe aus der Bibel aufschnappte und in sein Sprachrepertoire aufnahm. Einmal öffneten wir die Tür seines Zimmers, in dem gerade Marcels etwa fünfjährige Schwester Steffi spielte, und uns kam ein Schwall abgestandener und schwerer Luft entgegen, woraufhin Marcel mit dem Ausruf »Boa, datt stinkt ja hier wie Otternbrut!« ein Fenster aufriss, womit er wohl unbewusst auf Jesu Aussage aus Matthäus 12,34 Bezug nahm: »Otternbrut, wie könnt ihr Gutes reden, wenn ihr böse seid?«

Seine kleine Schwester Steffi war auch herzerwärmend süß. Gegen Ende unserer Buchbetrachtung wollte sie oft dabei sein und uns zum Abschluss aus dem »Buch mit biblischen Geschichten« vorlesen. Da sie noch gar nicht lesen konnte, ließ sie dabei immer ihrer Fantasie freien Lauf und verarbeitete in ihren Darlegungen Begriffe, die sie zuvor aufgeschnappt hatte.

Einmal nahm sie das Buch, das fast so groß wirkte wie sie selbst, schaute sich genüsslich die Seiten an und begann: »Jehova ist im Himmel und geht einkaufen.« Es dauerte immer Ewigkeiten, bis ich mich bei solchen Gelegenheiten vor Lachen wieder einkriegte.

Ein anderes Mal bekam ich mich wegen Steffi mit meinem Begleiter Ben, einem guten Freund aus der Nachbarversammlung, in die Haare. Steffi wollte unbedingt zum Abschluss der Buchbetrachtung, oder des *Bibelstudiums,* wie die Zeugen Jehovas es nennen, ein Gebet sprechen, was ich natürlich sofort erlaubte, Ben aber zum vehementen Einspruch veranlasste.

Gebete sind eine heikle Angelegenheit bei den Zeugen Jehovas. Dass ein fünfjähriges Mädchen spontan ein kindlich unschuldiges Gebet an den Schöpfer des Universums richten will, ist für jeden Zeugen Jehovas ein Grund zur Freude? Weit gefehlt. Das Gebetsregularium der »Wachtturm-Gesellschaft« ist äußerst kompliziert. Ist eine getaufte männliche Person anwesend, darf eine ungetaufte Person, besonders eine weibliche, kein Gebet sprechen. Ist die weibliche Person getauft, die männliche jedoch nicht, darf die weibliche Person zwar beten, muss jedoch zuvor eine Kopfbedeckung aufsetzen. Ist die männliche Person mit der weiblichen Person verheiratet, jedoch nicht getauft, gilt dasselbe in Bezug auf die Kopfbedeckung. Undundund.

Ben verbot also Steffi tatsächlich, vor uns ein Gebet zu sprechen. Ich protestierte zwar schwach, Ben saß aber als Ältester am längeren Hebel. Später im Auto hatten wir deshalb noch eine hitzige Diskussion, aber Gebete sind bei den Zeugen Jehovas definitiv ein Thema, über das nicht diskutiert werden kann. Ein, zwei Bibeltexte aus dem Kontext gerissen und zurechtgebogen, und schon ist die Angelegenheit ein für alle Mal geklärt. Außer, die »Wachtturm-Gesellschaft« überlegt es sich komplett anders. Dies war auf jeden Fall einer dieser Momente, bei denen ich mich fragte, in was für einem Verein ich da nur gelandet war.

~

Eines der besonderen Schmankerl für Pioniere war die sogenannte *Pionierdienstschule* nach dem ersten Jahr als Pionier, ein zweiwöchiger Kurs auf Grundlage eines speziellen Lehrbuchs. Ich wurde für diese Schule nach Dortmund eingeladen, wo der Predigtdienst genauso mies war wie in Duisburg. Einquartiert war ich für die Zeit bei einem netten älteren Ehepaar aus der gastgebenden Versammlung. Solche Menschen kennenzulernen, gehörte zu den schönen Momenten in der Laufbahn eines Zeugen Jehovas. Gastfreundlich, herzlich, gütig – und ein Bier stand jeden Abend kalt, wenn ich nach dem Unterricht heim kam.

Der Kurs bestand aus etwa zwanzig – größtenteils weiblichen – Pionierverkündigern. Unterweiser waren zwei langgediente *Kreisaufseher,* also Älteste, die im Rahmen ihres reisenden Dienstes die Versammlungen in einem bestimmten Gebiet abklapperten, vor allem, um die Loyalität zur Organisation der jeweiligen Gemeinde zu überprüfen.

Der Besuch der Pionierdienstschule war schon etwas Besonderes. Zwei Wochen tiefgründige geistige Belehrung, eine ermunternde Atmosphäre und köstliche Mahlzeiten – Jehovas Organisation meinte es einfach gut mit den Pionieren! Zumal sie es sind, die freiwillig ihren Lebensstandard derart herunterschrauben, dass sie von einem Hungerlohn leben, um den Großteil ihrer Zeit mit der Rekrutierung neuer Mitglieder für die Organisation verbringen zu können.

Gleich am ersten Tag verliebte ich mich. Sie hieß Tanja, war sehr hübsch, lustig und hatte eine überaus entzückende leichte Hakennase. Nach der Pionierdienstschule blieben wir in Kontakt, vor allem per E-Mail. Das waren noch Zeiten, wo der Eingang einer E-Mail ein Ereignis war! Vor allem natürlich von einem Mädchen, in das man bis über beide Ohren verschossen war. Ich saß ständig vor dem Bildschirm und wartete auf den kleinen, grünen Pfeil, der den Eingang einer neuen E-Mail signalisierte. Sie schrieb eher selten, aber ich hatte zu wenig Erfahrung mit dem weiblichen Geschlecht, als dass ich das als schlechtes Zeichen gewertet hätte.

Ich komponierte ihr einen Song und nahm ihn auf. Zu der Zeit hatte Duisburg ein eigenes Musical, »Les Misérables«, ich liebte es! Jedenfalls lud ich Tanja irgendwann dazu ein. Als sie mich danach zu Hause absetzte, steckte ich ihr eine Kassette mit meinem Song zu. Später fragte sie mich per E-Mail, warum ich ihr einen Song schenkte, obwohl ich doch zur dienstamtlichen Weiterbildung wollte – Voraussetzung dafür war ja, Single zu sein. Wie recht sie hatte! Diese verdammten geistigen Ziele! Fest stand, ich wollte Tanja und hätte sogar die SDW für sie sausen lassen. Aber das sagte ich ihr nicht. Was im wahrsten Sinne wohl auch vergebene Liebesmüh' gewesen wäre, denn das Verliebtsein war in diesem Falle eine eher einseitige Angelegenheit meinerseits.

Was für ein Segen, dass nichts aus Tanja und mir wurde! Denn schließlich bedeutete dies, dass ich mich auch weiterhin dem Vorantreiben meiner theokratischen Laufbahn widmen konnte.

Und die machte Fortschritte. Ich war inzwischen Vortragsredner geworden, das heißt, ich durfte zunächst in meiner Heimatversammlung und später dann auch in anderen Versammlungen *Öffentliche Vorträge* halten. Hierzu erhielt man eine Disposition der »Wachtturm-Gesellschaft«, die genau vorgab, was gesagt werden und welche Botschaft bei den Zuhörern ankommen sollte.

Mein erstes Thema war »Du wirst ernten, was du säst!« Ein biblischer Rat des Apostels Paulus, der sich – großzügig umgemünzt auf die Bedürfnisse eines Zeugen Jehovas – hervorragend dazu eignete, den Zuhörern ein schlechtes Gewissen einzureden und sie dazu anzuhalten, auf Linie zu bleiben. Was ich natürlich auch tat! Einmal verließ während meines Vortrags in einer Nachbarversammlung eine junge Frau den Saal. Hinterher erfuhr ich, dass sie eine Beziehung zu einem Nicht-Zeugen unterhielt und deswegen ernstlich ermahnt worden war. Offensichtlich hatten meine Ausführungen einen wunden Punkt bei ihr getroffen. Jawohl, liebe Schwester, du wirst ernten, was du säst!

Ich war ein guter Redner und wurde für meine Vortragsweise sehr geschätzt. Besonders mit guten Veranschaulichungen konnte man hervorragend punkten.

Wie mit der Geschichte von der schwangeren Frau, deren Schwangerschaft vom Nachbarn angezweifelt wird, da die Geburt schon längst überfällig ist. Was für ein Narr! Genauso kurzsichtig wie die vielen Zweifler, die behaupteten, Harmagedon wäre Quatsch, nur weil die Welt noch nicht untergegangen ist. Oder der Mann, der vom Hochhaus springt und sich bei jedem Stockwerk, an dem er vorbeifliegt, sagt: »Bis hierhin ist ja alles gut gegangen!« Zwar hatte ich diese Darstellung aus einem Film geklaut, den ich mir wegen der vielen Gewaltszenen gar nicht hätte anschauen dürfen, aber für eine wirkungsvolle Veranschaulichung musste ein guter Vortragsredner auch schon mal Grenzen überschreiten.

Eines Tages war es dann schließlich so weit: Ich erhielt die Einladung zur Schule zur Dienstamtlichen Weiterbildung. Ein ganz besonderer Moment, zumal ich ja schon einige Zeit darauf hingearbeitet und mir tunlichst alle Mädchen vom Hals gehalten hatte, um weiterhin die Voraussetzung zum Schulbesuch zu erfüllen. Die Weiterbildung dauerte acht Wochen und fand Ende 2000 in der Deutschlandzentrale der Zeugen Jehovas in Selters im Taunus statt. Die Liste der mitzubringenden Zeugen-Jehovas-Literatur war stattlich. In den acht Wochen würden praktisch sämtliche aktuellen Publikationen der Zeugen Jehovas durchgenommen werden. Zudem sollte man als Vorbereitung das Neue Testament der Bibel, natürlich in der Bibelübersetzung der Zeugen Jehovas, durchgelesen haben.

Aufgeregt war ich, als ich sah, wer die beiden Unterweiser sein würden, denn einer von ihnen war Bruder Klein, ein *Bezirksaufseher,* den ich noch aus meinen Kindheitstagen kannte. Ein Bezirksaufseher hat die Auf-

116

sicht über mehrere Kreisaufseher, ist also schon ein richtig hohes Tier. Bruder Kleins Ansprachen in seiner für ihn typischen glasklaren und strengen Art hatten mich schon als junger Mensch eingeschüchtert. Und nun würde ich ihn acht Wochen lang hautnah erleben, da stellte sich bei mir doch ein gewisser Bammel ein. Bruder Klein war es auch, der mich nach meiner Ankunft im Bethel empfing und mich in den Ablauf einführte. Sehr überrascht war ich von seiner warmen und freundlichen Art. Ich war tatsächlich da, im Bethel! Zur Dienstamtlichen Weiterbildung! Und saß neben Bruder Klein! Und er war auch noch echt nett zu mir! Das war eine Riesensache für mich damals.

Während der acht Wochen lebte ich also mit den zwei Unterweisern, meinen zwanzig Mitstudenten und etwa eintausend Betheliten zusammen unter einem Dach. Die Kulisse im Speisesaal war schon beeindruckend. Hunderte Menschen in einem riesigen Raum, alle vereint in völliger Hingabe an Jehova und vor allem seine Organisation. Gesegneter konnte man kaum sein.

Das Kursprogramm bestand aus Fächern wie Geschichte der Zeugen Jehovas, Öffentliches Lehren, Lehre und Organisation und ging ordentlich zur Sache. Unterricht von acht bis sechzehn Uhr, nach dem Abendessen Vorbereitung auf den nächsten Tag, dutzende Seiten in den Publikationen lesen, kurze Ansprachen und Tischgespräche vorbereiten, und von der Verpflichtung zum Predigtdienst war man natürlich ebenfalls nicht ausgenommen. Von Sonntagnachmittag bis Samstagmittag war ich also mit Schule und Vorbereitung beschäftigt, den Samstagnachmittag verbrachte ich im Predigtdienst, und das Ganze dann acht Wochen lang. Spätestens nach drei Wochen lief ich auf dem Zahnfleisch.

117

Einmal fotografierte mich mein Zimmernachbar, ein kleingeistiger und humorbefreiter Geselle, während ich an meinem Schreibtisch in die Vorbereitung des nächsten Tages vertieft war – mit Kopfhörer auf den Ohren, Gitarre in der Hand und Bierflasche auf dem Tisch. Ich würde mich nicht wundern, wenn dieses Foto als Beweismaterial gegen mich gedacht war, jedenfalls war darauf gut erkennbar, wie ich die Dauerbelastung meisterte.

Da ich mich im Bethel an heiligem Orte befand, versuchte ich mir in den acht Wochen das Masturbieren zu verkneifen. Dies gelang mir weitgehend, bis vielleicht auf ein, zwei Mal. Ein fürchterliches Gefühl, ich kam mir vor wie der einzige Mensch, der sich jemals im Bethel einen geschubbert und damit das Haus Gottes auf widerliche Art und Weise für immer entweiht hatte. Glücklicherweise hatte ich in den acht Wochen kaum Kontakt zu ledigen Schwestern, so blieb mir wenigstens das ständige Verlieben erspart.

Schließlich näherte sich der Abschluss des Kurses und damit auch die Zuteilung in eine Versammlung im In- oder Ausland, über die wir erst am Vorabend der Abschlussveranstaltung informiert wurden. Zwar hatte man die Möglichkeit, gegen eine Zuteilung Einspruch einzulegen, aber auf diese Idee wäre keiner von uns gekommen, schließlich waren wir alle höchst entschlossen, der Organisation da zu dienen, wo wir gebraucht würden. So wurde mir meine Zuteilung von meinen Unterweisern und einem Vertreter der für uns zuständigen *Dienstabteilung* verkündet. Da sie es spannend machen wollten, sprachen sie zunächst nur von der »Weltstadt mit Herz« und ich musste an Berlin denken, aber natürlich war es München. Ich verdammter Glückspilz! Ein Kollege wurde in die Niederlausitz entsandt und hatte nach einem Jahr in der Zuteilung immer noch keinen Job gefunden; nichts gegen die Niederlausitz, aber München war halt schon eine richtig geile Zuteilung. Am nächsten Tag fand die Abschlussfeier statt. Die gesamte Bethelfamilie lauschte, während unsere Zuteilungen verkündet wurden. Die Versammlung München-Au war meine.

Um Job- und Wohnungssuche musste man sich komplett selbst kümmern, was ich nach meiner Rückkehr nach Duisburg auch sogleich tat. Ich schrieb in meinem Vertrauen zu Jehova nur zwei Bewerbungen, eine an das Deutsche Museum, die andere an die Stadtverwaltung München. Von beiden erhielt ich eine Einladung zum Vorstellungsgespräch, mein Glaube hatte mich nicht enttäuscht! Nach dem Gespräch mit den Personalern der Stadtverwaltung war klar, dass die Stadt München mich einstellen würde.

Auch die Wohnungssuche verlief erstaunlich reibungslos und segensreich, was bei der Entfernung und generell in München ja nicht selbstverständlich war. Ein Freund aus der polnischsprachigen Zeugen-Gemeinde in Duisburg hatte eine Bekannte in München, die eine Art Untermieter für ihre Wohnung suchte. Sie fühlte sich von irgendjemandem gestalkt und daher in der Wohnung nicht mehr wohl, eine ganz merkwürdige Geschichte, jedenfalls war das mein Glück, denn ich bekam eine erschwingliche Wohnung, die auch noch mitten im Gebiet meiner neuen Versammlung lag, das konnte natürlich kein Zufall sein.

Wohnung und Job waren also recht schnell gefunden, sodass mir nur ein halbes Jahr blieb, um mein Leben im Ruhrgebiet abzuwickeln. Für meinen Abschied von Duisburg hatte ich eine kleine Party geplant. Als Location diente hierzu traditionsgemäß das Vereinshaus eines

Kleingartenvereins in Meiderich, das schon einige spektakuläre Feiern von Leuten aus meinem Freundes- und Bekanntenkreis gesehen hatte. Natürlich ausschließlich Feiern von Zeugen Jehovas, denn Feiern von *Weltmenschen* waren verpönt, schließlich wurde dort nichts anderes gemacht als gesoffen, Drogen konsumiert und generell der Unmoral gefrönt. Gut, gesoffen wurde bei den Zeugen auch. Aber eben nur unter Glaubensbrüdern.

Meine Abschiedsparty sollte auch den Rahmen des einzigen Auftritts unserer Band »Die Igels« bilden, die ich zusammen mit meinem besten Freund Andre gegründet hatte. Ein Anlass, bei dem die Zuhörer schon aus reiner Höflichkeit nicht das Weite suchen würden, wenn wir Werke wie »Ich brauch dringend Urlaub, denn ich bin sehr schlapp«, »Summergirl« oder »Bitte bleib noch was« zum Besten gäben, erschien uns überaus geschickt gewählt. Der Gig verlief aus unserer Sicht auch ohne vorherige Soundprobe absolut erfolgreich, wir hatten uns in jedem Fall die Seele aus dem Leib geschrammelt. Peter, der Klarinettist unserer Band, hatte seine Freundin mitgebracht. Erst auf der Party verstand ich, dass sie keine Zeugin Jehovas war. Hätte ich das vorher gewusst, hätte ich sie wohl nicht eingeladen, was mir zwar widerstrebt, aber was mir meine Vorbildfunktion als aufstrebender junger Bruder geboten hätte. Dass sie auf der Party war, hätte man ja als Zustimmung meinerseits zu Peters fragwürdiger Entscheidung deuten können, sich außerhalb Jehovas Herde eine Partnerin zu suchen. Ich konnte von Glück sagen, dass ich keinen Ärger bekam. Das muss man sich mal vorstellen!

Auf der Abschiedsparty damals im Jahr 2001 war es das letzte Mal, dass ich mit meiner Mutter getanzt habe, komisches Gefühl, so im Nachhinein.

Lena und Julia waren auch da. Die beiden hatte ich zuvor bei einem Treffen kennengelernt, das von einer Mitabsolventin der Pionierdienstschule organisiert worden war. Ich fand beide super. Dass ich mich nicht für eine von beiden entscheiden konnte, sollte mir später noch zum Verhängnis werden.

Im Juni 2001 kam dann die Zeit des Abschieds, der mir von Duisburg selbst nicht sonderlich schwerfiel, umso mehr aber von meinen Freunden. Mit Janosch, einem Kumpel aus der polnischsprachigen Gemeinde, nahm ich den Umzug nach München in Angriff. Es brauchte zwei Touren mit seinem Ford Transit, bis mein ganzer Kram runtergeschafft war. Bei der ersten Tour entdeckten wir in meiner Straße eine urgemütliche, nur von Kerzenlicht erleuchtete Grotte zwischen zwei Hauswänden. Es handelte sich um den Außenbereich der griechischen Taverne Lucullus, die auf meinem weiteren Lebensweg eine feste Größe wurde.

Ich war Janosch für seine Hilfe unendlich dankbar und bot ihm an, er könne so lange bei mir bleiben, wie er wollte. Das tat er dann auch – drei Monate lang.

~

Meine neue Versammlung München-Au war in einem Königreichssaal in Obergiesing beheimatet. Sie bestand aus etwa fünfzig Verkündigern und hatte ein hohes Durchschnittsalter, was mich an meine alte Heimatversammlung in Beeck erinnerte und letztlich auch der Grund gewesen war, warum mich die Brüder dort als Verstärkung angefordert hatten. In Sachen ledige Schwestern herrschte absolute Ödnis, aber so behielt ich einen klaren Kopf für meinen neuen Aufgabenbereich.

In der Versammlung herrschte eine freundliche, herzliche Atmosphäre, die Schwestern und Brüder waren sehr gastfreundlich und nahmen mich liebevoll auf. Besonders beeindruckt war ich von der Unbeschwertheit, mit der man in München scheinbar zu jeder Tageszeit Alkohol zu sich nahm. Eines sehr heißen Sonntags im Sommer war ich bei einem alten Ehepaar aus der Versammlung zum Mittagessen eingeladen, bevor die Zusammenkunft am Nachmittag begann. Ohne Zeit damit zu verschwenden, mich nach meinem Wunsch zu fragen, wurde mir ein kühles Bier vorgesetzt. Da konnten sich eine Menge Brüder in meiner alten Heimat eine Scheibe von abschneiden!

Als »Bruder von der Dienstamtlichen Weiterbildung« war ich von Anfang an in der Versammlung sehr gefordert, aber das machte mir auch großen Spaß, zumindest was die Arbeit in der Gemeinde betraf, weniger im Predigtdienst. Duisburg, Dortmund, München – das Predigen der guten Botschaft von Tür zu Tür war wohl in allen deutschen Großstädten gleich ätzend. Kaum einer zu Hause, und wenn doch jemand öffnete, dann nur, um das Missfallen über den Besuch von Zeugen Jehovas kundzutun. Was man den Leuten ja auch nicht verdenken konnte. Aber ich hatte mir die heilige Pflicht, das Leben der Menschen durch mein Predigen zu retten, schließlich nicht ausgesucht.

Da ich ja immer noch Allgemeiner Pionier war, musste ich kreativ sein, um meine Stunden vollzukriegen, die übrigens zwischenzeitlich von eintausend auf achthundertvierzig im Jahr gesenkt worden waren. Für mich immer noch unerreichbar viel. Der große Vorteil in München war, dass man ganz großartig den sogenannten Straßendienst ausüben konnte, also den Predigt-

dienst, bei dem man nicht von Tür zu Tür gehen musste. So lief ich mitunter stundenlang an der Isar auf und
ab und sprach alle halbe Stunde mal jemanden an, um
ihm ein Blättchen in die Hand zu drücken. Das war zwar
auch auf eine Art Schummeln, fühlte sich aber deutlich
legitimer an, als die Zahlen auf dem Predigtdienstbericht
zu zinken.

Schlimm war es, wenn ich von besonders eifrigen
Verkündigern, meistens waren das Schwestern, im Predigtdienst begleitet wurde. Die wollten dann stundenlang ein Haus nach dem anderen abklappern, und wenn
mein Blick auch nur beiläufig meine Armbanduhr streif-
te, erntete ich gleich strafende Blicke. Meine beste Taktik
war, von meinem vollen Zeitplan zu schwafeln, und dass
man als Pionier ja eiskalt planen müsse, und dass ich ja
nur ganz genau zwei Stunden für dich eingeplant habe,
liebe Schwester, keine Minute länger, sonst kommt mein
ganzer Zeitplan durcheinander, dann schaff ich vielleicht mein Stundenziel nicht, und das willst du doch
wohl nicht.

Großes Glück hatte man, wenn man von Leuten zu
Heimbibelstudien oder *Rückbesuchen* mitgenommen
wurde. Da konnte man dann gemütlich bei jemandem
daheim hocken, schlaue Zeugen-Jehovas-Sachen sagen
und lecker Käffchen trinken, und die Zeit verging wie
im Fluge.

Besonders gern begleitete ich eine junge, verheiratete
Schwester namens Christine zu ihren *H-Bs*, wie wir Viel-
prediger die Heimbibelstudien gern nannten. Ich fand
Christine ziemlich scharf, und die meiste Zeit musste ich
darüber nachdenken, ob ihr Ehemann sie wirklich sexuell befriedigen konnte. Manchmal sagte sie so Sachen,
wo ich dann nicht wusste, ob ich lachen oder weinen

sollte. Einmal war ich mit ihr an einem heißen Sommertag unterwegs, sie hatte ein süßes Sommerkleidchen an und meinte völlig unvermittelt: »Mein Gott, bin ich feucht!«, während sie mich mit ihrem Blick fixierte. Was sollte man nur davon halten! Bei solchen Gelegenheiten war ich verständlicherweise meinen sexuellen Fantasien hilflos ausgeliefert.

Mit Julia hatte ich immer noch per E-Mail Kontakt. Als ich einmal auf Heimaturlaub in Duisburg war, lud sie mich zu einer WG-Party von Freunden ein, natürlich alles Zeugen Jehovas. Lena war auch da, und ich fand sie und Julia immer noch zum Anbeißen. Irgendwann wollte Julia heim, ein Freund fuhr sie und ich bot mich als Begleitung an. Bei ihr angekommen, stiegen Julia und ich aus, während der Freund im Auto wartete. Wir liefen die paar Schritte zu ihrer Haustür und umarmten uns zum Abschied. Als wir uns aus der Umarmung lösten, drückte sie plötzlich ihre Lippen auf meine.

Nun muss man wissen, dass ich mir fest vorgenommen hatte, nur die Frau zu küssen, die ich aller Wahrscheinlichkeit nach auch heiraten würde. Das Problem war, ich fand Julia zwar süß und anziehend, ahnte aber, dass es nicht zu mehr reichen würde. Dass ich ihre Freundin Lena mindestens genauso toll fand wie sie, war für mich auch ein Zeichen dafür, dass es an irgendetwas fehlte. Jetzt stand ich da, Julia noch halb im Arm und vor allem mit ihren Lippen auf meinen. Es dauerte bestimmt zehn Sekunden, bis ich auch mit meinen Lippen irgendwas machte. Ich begann sie zu formen, bis sie vorne leicht spitz zuliefen, und plötzlich konnte man es wohl nicht mehr leugnen: Das war er, mein erster richtiger Kuss. Ich schwankte zwischen innerer Abwehr und der Hingabe an Julias warme Lippen und ihre leicht nach

Erdbeeren schmeckende Spucke. Als ich dann auch noch ihre Zungenspitze spürte, waren meine Bedenken allerdings weitgehend zerstreut. Ein schöner erster Kuss, nur halt leider mit der falschen Frau.

Als ich zurück in München war, rief sie mich spätabends mal an, wobei sie mir eigentlich auf dem Anrufbeantworter eine Nachricht hinterlassen wollte und entsprechend überrascht war, als ich dranging. Sie war gerade im Urlaub und zudem reichlich besoffen. Das fand ich zwar irgendwie auch niedlich, aber unterm Strich erinnerte es mich daran, dass man in angetrunkenem Zustand weder auf Anrufbeantworter sprechen, noch überhaupt jemanden anrufen sollte.

Sie schien richtig verknallt zu sein. Verständlich also, dass sie mir einige Zeit später per E-Mail mitteilte, dass ich aus ihrem Leben verschwinden solle. Nachdem ich Lena, ihrer besten Freundin, geschrieben hatte, dass ich sie mindestens genauso süß fand wie Julia.

Jetzt sollte sich also rächen, dass ich den Umgang mit dem weiblichen Geschlecht so gar nicht gelernt hatte. Einerseits verstand ich natürlich, dass Julia sauer war, andererseits hätte ich mir etwas mehr Dankbarkeit für meine Ehrlichkeit gewünscht. Wobei ich schon auch einsah, dass ich mich besser Julia offenbart hätte und nicht Lena. Jedenfalls machte mir dieser grandiose Schuss in den Ofen wieder mal klar, wie weise es ist, sich auf die Wege des Herrn zu konzentrieren und sein Glück nicht in den Armen einer Frau zu suchen.

~

Allerdings währte diese Erkenntnis nur so lange, bis ich im Internet ein Partnerportal entdeckte, das sich ausschließlich an Zeugen Jehovas richtete. Damals, 2001, steckte das Online-Dating noch in den Kinderschuhen, und wurde dieser Art der Partnersuche generell schon mit Skepsis begegnet, so war man unter Zeugen Jehovas der Überzeugung, dass Online-Dating nur eine weitere Methode Satans war, um – ja was denn eigentlich? Sagen wir, Menschen in Beziehungen zu stürzen, die dem Untergang geweiht waren. Im günstigsten Fall.

Mir war das damals fürchterlich egal, ich wollte so schnell wie möglich eine Frau. Da ich ja inzwischen die Schule zur Dienstamtlichen Weiterbildung absolviert hatte, gab es nun keinen Grund mehr, die Hormone langfristig zu unterdrücken. Weil ich meinen ersten Kuss grundsätzlich eine tolle Sache fand, wollte ich gern mehr von der Sorte. Und welch schöneren Grund konnte es geben, mit dem Wichsen aufzuhören, als eine Frau fürs Leben zu finden!

Die Auswahl auf dem Portal war für Deutschland eher mau, aber international gesehen ging so einiges. Vor allem aus den USA waren einige hübsche Schwestern vertreten. Mit zwei oder drei von ihnen begann ich zu schreiben. Sicherheitshalber erzählte ich nur im engsten Freundeskreis davon. Kein Grund, dass man sich in der Versammlung unnötig Sorgen um meine geistige Gesinnung machte.

Irgendwann kam ich auf Island. Ich hatte in einer der Zeugen-Publikationen über das Predigtwerk dort gelesen und fand es ein spannendes Land, nicht zuletzt weil ich schon immer ein großer Wikinger-Fan gewesen bin. Nun wusste ich aber auch, dass es in Island nur rund dreihundert Zeugen Jehovas gab, bei einer Einwohnerzahl von rund dreihunderttausend. Ich musste also davon ausgehen, dass sich die jungen heiratswilligen Schwestern dort mit hoher Wahrscheinlichkeit alle untereinander kannten. Daher musste ich mich von vornherein entscheiden, welches Mädel ich anschreiben wollte, um Komplikationen zu vermeiden.

Die Wahl fiel mir dieses Mal ausnahmsweise nicht schwer. Das elektronische Profil einer jungen Frau hatte es mir besonders angetan, und das, obwohl es nicht mal ein Foto gab. Es waren ihr Humor und ihre Art, sich auszudrücken, die mich ansprachen. Fantasievoll und selbstironisch und mit einer gewissen Leichtigkeit. Ich schrieb sie an, und als ich ihre Antwort las, wusste ich, dass ich sie heiraten würde. So komisch das klingt. Und obwohl ich immer noch nicht wusste, wie sie aussah. Auf meine Nachfrage sandte sie mir den Link zu ihrer Homepage, auf der es auch endlich ein Foto gab. Das waren noch die Zeiten, als Computer noch so langsam waren, dass sich Bilder nur stückweise aufbauten. Ich wartete mit geschlossenen Augen.

Was, wenn sie vom Äußeren überhaupt nicht mein Fall war? Müsste ich sie dann trotzdem heiraten? War es nicht zu egoistisch von mir, auf so was Wert zu legen? Gott sei Dank war sie mein Fall: Sina, dreiundzwanzig, und damit zwei Jahre jünger als ich, kurze blonde, neckische Haare, ein weiches, gütiges Gesicht und die größten und strahlendsten Augen, die ich bis dahin gesehen hatte.

Das war im Februar 2002. Wir waren beide so richtig schön verknallt. So eine Art Verknalltheit, bei der man meint, es nicht zehn Minuten aushalten zu können, ohne vom anderen eine SMS zu bekommen. Dementsprechend hoch war meine Handy-Rechnung; im ersten Monat haben wir hunderte von Nachrichten verschickt. Aber nicht ein einziges Mal telefonierten wir. Nicht einmal, als klar war, dass ich sie Ende März in Island besuchen würde. Wir waren beide nicht so die Telefonierer, aber wahrscheinlich lag es vor allem daran, dass wir ganz schöne Schisser waren.

Im März 2002, also einen guten Monat nach dem ersten Kontakt, flog ich nach Island. Kurz zuvor hatte ich ein Isländisch-Lehrbuch gekauft, in dem es hieß, dass man beim ersten Anflug des internationalen Flughafens Keflavík den Eindruck hätte, man lande auf dem Mond, und so war es auch. Ödnis, so weit das Auge reichte. Ich erinnerte mich daran, gelesen zu haben, dass die NASA in diesem Landstrich ihre Astronauten für extraterrestrische Ausflüge trainierte, was mir vollkommen einleuchtete.

Sina erwartete mich am Ausgang des Flughafens, ihre Eltern und ihre kleine Schwester standen im Hintergrund. Ich ließ mit lautem Rums meinen Koffer fallen und umarmte Sina, das muss total süß ausgesehen haben, wie ich hinterher erfuhr. Gleich als Nächstes stellte ich fest, dass ich sie nur sehr schlecht verstand, da sie Englisch mit starkem isländischen Akzent sprach. Nur gut, dass wir vorher nicht telefoniert hatten, das wäre wohl im Desaster geendet. In einem VW T 4 fuhren wir von Keflavík in die Haupstadt Reykjavík. Unterwegs wurde die Landschaft nuancenhaft abwechslungsreicher als das Mond-Ambiente um den Flughafen herum. Sinas Vater plapperte mich während des Fahrens munter zu, und als ich so aus den Fenstern und zu Sina auf die Rückbank blickte, wurde mir langsam klar: Ich fuhr mit meiner zukünftigen Frau, die ich vor wenigen Minuten zum ersten Mal gesehen hatte, und deren Familie durch die Ödnis einer Vulkaninsel kurz vor dem nördlichen Polarkreis.

So vertraut Sina und ich per SMS und E-Mail gewesen waren, so schüchtern und zurückhaltend verhielten wir uns von Angesicht zu Angesicht. Erst einmal musste ich einige Missverständnisse, die während unseres Schriftverkehrs entstanden waren, aus dem Weg räumen. Ich war von Beruf kein Frisör, obwohl ich mir zeitweise mit einer Haarschneidemaschine mehr schlecht als recht die Haare selbst geschnitten hatte. Ich hatte keine spezielle Vorliebe für Socken mit besonderen Motiven, obwohl ich mich jedes Mal, wenn ich im Laden an Socken vorbeikomme, frage, ob ich wirklich genug davon habe und dann sicherheitshalber noch ein Zehnerpack kaufe. Trotzdem freute ich mich sehr über ihr Geschenk, ein Paar Socken mit Homer Simpson drauf, den ich sehr verehre.

Am zweiten oder dritten Tag trauten wir uns endlich, Hand in Hand durch ein Einkaufszentrum zu laufen. Seht her, ihr Isländer! Ich hab verdammt noch mal endlich eine Freundin, und zwar so richtig, und ihr alle seid live dabei! Ein kolossales Glücksgefühl stellte sich da ein, und stolz war ich ohnehin sehr, mit der gefühlt und wahrscheinlich auch tatsächlich schönsten Isländerin an meiner Seite.

In der Versammlung in Reykjavík staunten sie nicht schlecht, als sie mich zusammen mit Sina sahen, denn sie hatte bis dahin dichtgehalten, was mich betraf, außer ihren engsten Freunden gegenüber. Von besonders eifrigen Verkündigern wurde ich gleich gelöchert, ob ich denn Pionier sei und wenn ja, wie lange schon. Da machten sich meine vier Jahre schon ganz gut, auch wenn ich in dieser Zeit nie mein Jahresziel erreicht hatte, trotz systematischen Predigtdienstberichtfälschens. Wobei ich das natürlich für mich behielt.

Mit der Zeit lernte ich auch die lieblicheren Stellen Islands kennen. Atemberaubend schön, und jedem, der auf raue Natur, faszinierendes Licht und nach faulen Eiern riechendes Leitungswasser steht, sei Island sehr ans Herz gelegt.

Als Sina und ich das Gebiet rund um ihr Elternhaus erkundeten, lenkte ich geschickt das Gespräch auf das Thema Küssen. Sie schien grundsätzlich nicht abgeneigt, aber das sollte natürlich nicht heißen, dass es schon so weit war. Einige Tage später dann an unserer Lieblingsstelle am Meer, nicht weit entfernt von ihrem Elternhaus, kannte ich kein Pardon mehr. Ich küsste sie, wobei ich aber sagen muss, dass ich mich an den zweiten Kuss meines Lebens nicht halb so gut erinnern kann wie an den ersten. Trotzdem waren Sina und ich nun auf den Geschmack gekommen. Wir küssten uns bei jeder Gelegenheit, sofern wir uns unbeobachtet fühlten. Es dauerte nicht lange, und wir schleckten uns regelrecht gegenseitig ab, und ich fragte mich, ob es unhöflich wäre, wenn ich um etwas weniger Spucke bitten würde. Denn wir merkten beide, dass wir beim Küssen ungebührlich in Wallung kamen und einigten uns darauf, zumindest die Zunge vorübergehend im Mund zu lassen.

Eigentlich war es ja unter vorbildlichen Zeugen Jehovas verpönt, sich in unverheiratetem Zustand unbeaufsichtigt hinter verschlossenen Türen aufzuhalten, aber das ließ sich nicht immer vermeiden. Trotzdem hängten wir das nicht an die große Glocke, um niemandem *Anlass zum Straucheln* zu geben. So nannte man es, wenn man durch fragwürdiges Verhalten dafür sorgte, dass andere in ihrem Glauben erschüttert wurden. Dass das freilich ein ganz schön armer Glaube sein musste, wenn er vom Handeln anderer abhängig war, darauf kam natürlich niemand.

Andererseits trauten wir uns ja selbst nicht über den Weg. Würden wir kopflos übereinander herfallen, wenn wir zu feucht küssten? Würde sich mein Schwanz, sozusagen vom Teufel gesteuert, automatisch bei ihr einlochen, wenn wir es mit der Zunge beim Küssen übertrieben? Diese Befürchtung schien uns nicht unberechtigt, und so hielten wir uns beim Rummachen bewusst zurück. Außerdem behielt ich immer meine Hände schön bei mir, so gern ich ihren Körper auch erkundet hätte.

Es war dann wieder unsere Lieblingsstelle am Meer, an der ich ihr meinen Heiratsantrag machte. Ich leitete mit einem spontan erdachten Gedicht ein: »The sea and you and me!« – das ließen wir uns später in unsere Eheringe gravieren – und fragte sie daraufhin, ob sie meine Frau werden wolle. Zur Erinnerung, das war gut einen Monat, nachdem wir uns zum ersten Mal geschrieben und vielleicht zwei Wochen, nachdem wir uns zum ersten Mal gesehen hatten. Trotzdem kann ich nicht sagen, dass es mir damals übereilt vorkam, im Gegenteil, ich fühlte mich sicher und wohl mit dem Entschluss, mein Leben mit Sina verbringen zu wollen. Auch Sinas Familie und Freunde wirkten kaum überrascht, als wir unsere Entscheidung bei einem gemeinsamen Abendessen verkündeten. Es war einfach zu offensichtlich, dass es mit uns wie die Faust aufs Auge passte.

Ich hatte an unserem Lieblingsstrand zwei besonders hübsche Steine gefunden, die wir an unserem vorerst letzten gemeinsamen Abend schmuckvoll mit unseren Namen bemalten. So könnten wir beide den anderen stets bei uns tragen. Wenn das nicht stinkromantisch war!

Nach drei Wochen, Anfang April 2002, waren wir also verlobt, und ich machte mich wieder auf die Heimreise nach München.

Obwohl ich die Art und Weise, wie wir uns kennengelernt hatten, lieber geheim gehalten hätte, musste ich natürlich ehrlich sein, wenn ich danach gefragt wurde. Bei einigen in der Versammlung kühlte das Verhältnis zu mir daraufhin merklich ab. Einer Schwester rutschte mal raus, dass sie und ihr Mann sich im Vergleich zu uns ja auf »ehrenhafte Weise« kennengelernt hätten, andere äußerten sich ähnlich. Sich eines potenziell teuflischen Instruments wie des Internets zu bedienen, um den Partner fürs Leben zu suchen, das war einfach ein Unding!

Das fand ich damals unmöglich. Anstatt sich darüber zu freuen, dass sich zwei treue Anbeter Jehovas gefunden hatten und planten, moralisch rein in die Ehe zu gehen, wurde ich doof angemacht. Im darauffolgenden Sommer sollte es aber noch viel besser werden.

~

Sina kam für geplante zwei Monate nach München, denn wir wollten ja dieses Jahr noch heiraten, hatten uns aber bisher nur drei Wochen gesehen. Ein Ehepaar aus der Versammlung hatte sich bereit erklärt, sie für die Zeit ihres Aufenthalts in einer Einliegerwohnung im Erdgeschoss seines Hauses aufzunehmen. Allerdings nicht ohne uns klarzumachen, dass wir uns nicht in der Wohnung aufhalten dürften, wenn die beiden nicht im Hause wären. Einmal knutschten Sina und ich unten, und nach fünf Minuten kam ein Rufen von oben: »Warum ist das bei euch so still?« Richtig, liebe Schwester, weil wir uns gerade gegenseitig abschlecken, und zwar in eurem Haus!

Irgendwann nahm mich die Hausherrin mal zur Seite und meinte, sie hätte von einem unverheirateten Paar gehört, das in einem unbeaufsichtigten Moment auf einer

Treppe Sex gehabt hätte. Die Vorstellung, dass Sina und ich auf diese Weise unsere Unschuld verlieren könnten, machte ihr echt zu schaffen. Ein unvergessliches Gefühl, als Fünfundzwanzigjähriger wie ein Fünfjähriger behandelt zu werden!

Ein anderes Mal übernachtete Sina bei einem anderen jungen Paar aus der Versammlung. Ich wollte sie am nächsten Tag abholen, wir mussten aber feststellen, dass die Gastgeberin aus Gewohnheit beim Verlassen der Wohnung die Tür abgeschlossen hatte. Ich kletterte über ein Fenster hinein, um zu überprüfen, ob die Tür wirklich verschlossen war, oder ob es an kulturellen Unterschieden lag, dass Sina die Tür nicht aufbekam, denn in Island öffnet man Türen zuweilen mit einem Drehknopf und nicht mit einer Klinke. Jedenfalls war die Tür wirklich abgeschlossen, und in dem Moment klingelte das Telefon. Ich ging dran und hatte Tina, die gastgebende Schwester, am Apparat. Völlig entgeistert meinte sie, nachdem sie die Fassung wiedererlangt hatte: »Konja, was machst du denn in der Wohnung?« Abends nahm sie mich mit fürchterlich finsterer Miene beiseite, und wollte von mir in aller Ernsthaftigkeit wissen, ob was zwischen Sina und mir gelaufen sei, und dass das ja wohl überhaupt nicht ginge, dass wir uns zusammen in der Wohnung aufgehalten hatten.

Wir wurden durch dieses ständige Misstrauen, auf das wir stießen, schließlich selbst so paranoid, dass wir meine Wohnungstür weit offen stehen ließen, als Sina mich mal bei mir daheim besuchte. Irgendwann wurde es mir dermaßen zu bunt, dass nicht viel fehlte und ich mir Sina geschnappt und sie gleich am nächsten Tag geheiratet hätte, nur um diesem unwürdigen Gebaren ein Ende zu bereiten.

Die Krönung war dann noch, als der Kreisaufseher unsere Versammlung besuchte. Normalerweise waren er und seine Frau immer in der Einliegerwohnung einquartiert, in der nun Sina untergebracht war. Deswegen bezogen die beiden ein Gästezimmer oben im Haus. Eines Morgens kam es zu folgender Situation: Sina schlief noch unten in der Wohnung, sowohl die Gastgeber als auch die Frau des Kreisaufsehers waren bereits außer Haus, und der Kreisaufseher selbst wollte eigentlich Papierkram erledigen. Nun wusste er aber, dass sich zwei Stockwerke tiefer eine ledige Schwester aufhielt und sonst niemand im Haus war. Ein untragbarer Zustand für einen Bruder, insbesondere einen Kreisaufseher! Deswegen sah er sich gezwungen, den Papierkram zu verschieben, unverzüglich das Haus zu verlassen und irgendwo predigen zu gehen.

Verständlicherweise lagen bald bei allen Beteiligten die Nerven blank. Sina entschloss sich, vorzeitig nach Island zurückzukehren. Glücklicherweise hatte sich die schwierige Situation nicht negativ auf unser Verhältnis ausgewirkt, im Gegenteil, wir hatten uns unter äußerst widrigen Umständen behauptet.

Mit den Planungen für die Hochzeit in Island hatte ich zum Glück nichts am Hut, das machten alles Sina und ihre Familie. Und da ihr Vater mit seiner Firma für Fensterreinigung und Reinigungszeug nicht schlecht verdiente, ließ er sich auch nicht lumpen.

Es war eine Feierlichkeit für etwa einhundert Leute geplant, die meisten davon waren Zeugen Jehovas, also war fast ein Drittel aller Zeugen Jehovas in Island zu unserer Feier eingeladen, allerdings bei Weitem nicht alle aus Sinas Verwandtschaft. Zwei ihrer Tanten waren nämlich ausgeschlossen und hatten deswegen auf einer

Feierlichkeit von wahren Christen nichts zu suchen, auch wenn die eigene Nichte heiratete.

Die Regeln wollten es so: Wer einmal Teil des Volkes Jehovas war und sich dann gegen Jehova und seine Organisation stellte, indem er oder sie kein Zeuge Jehovas mehr sein wollte – auch wenn man damals noch minderjährig und schneller getauft war, als man gucken konnte –, der hatte es sich auf ewig mit seiner Familie verscherzt. Welch liebevolle *Zuchtmaßnahme* durch die Vertreter Gottes auf Erden!

Im September 2002 war es dann so weit: Ich reiste mit meinen besten Freunden Andre und Ben zu meiner Hochzeit in Island an. Meinen Eltern war die Reise zu teuer gewesen. Vor der Hochzeit selbst blieben noch einige Tage, genug Zeit, um vor den abschließenden Vorbereitungen mit meinen Freunden ein wenig die Insel zu erkunden. Natürlich musste ich auch noch eingekleidet werden, wobei sämtliche Klamotten nur gemietet waren. Für das Geld hätte man in Deutschland die Sachen wahrscheinlich kaufen können. Ich wählte einen Frack, in dem sich durchaus auch ein englischer Lord wohlgefühlt hätte.

In Island durften besonders vereidigte Gemeindeälteste die Trauung durchführen, da ich aber Ausländer war, mussten wir am Tag vor der Hochzeit zum Standesamt. Das ging relativ sang- und klanglos vonstatten.

Unser Hochzeitstag begann ganz nach meinem Geschmack: Nach einem gemütlichen Frühstück spielten Andre, Ben und ich erst mal ein Ründchen Snooker im Keller von Sinas Elternhaus. Irgendwann später stand ich dann geschniegelt im Königreichssaal in Reykjavík und empfing meine Braut – Sina sah erwartungsgemäß hinreißend aus. Stilecht hatte Sinas Vater dafür gesorgt, dass wir in einem Oldtimer-Rolls-Royce von Location zu Location gefahren wurden. Das war dann absolutes »Englischer-Lord-Feeling«!

Als ich vor einigen Jahren den Film »Das erstaunliche Leben des Walter Mitty« mit Ben Stiller mit einem Freund im Kino sah, traute ich meinen Augen nicht: In der einen Szene, kurz bevor der Vulkan ausbricht, läuft der Hauptdarsteller durch genau das Haus, in dem unsere Hochzeitsfeierlichkeiten stattgefunden hatten. In dem Foyer, durch das Ben Stiller sprintet, hatten Sina und ich gestanden, um die Gäste mit einem Sekt zu empfangen. Wobei die Wahrscheinlichkeit, in einem hauptsächlich in Island gedrehten Film bekannte Orte wiederzuentdecken, natürlich auch nicht gerade gering ist.

Es war die schönste Hochzeit, die ich mir hätte erträumen können. Alles passte: der Ort, die Stimmung, das Essen – wir hatten sogar eine Rotwein-Flatrate, die in Island sicher alleine schon ein Vermögen gekostet haben dürfte, aber da müsste man Sinas Vater fragen. Ich hielt vor dem Essen eine kleine Ansprache auf Isländisch, die natürlich zuvor von Sina übersetzt worden war. Mit der Aussprache hatte ich so meine Not, für einen Isländer muss das eher so geklungen haben, als würde ein Karnevalsprinz versuchen, Holländisch zu sprechen. Auf meinen Schlussgag war ich besonders stolz, denn der vereinigte sämtliche isländischen Wörter, die ich bis dahin gelernt hatte. Ich wünschte den Anwesenden einen guten Appetit und schloss mit dem alten isländischen Sprichwort: Borða saman, alltaf gaman! Was natürlich kein altes isländisches Sprichwort war und übersetzt so viel bedeutet wie: Zusammen essen, immer eine Freude!

Zu unserem Hochzeitstanz wurde die Titelmelodie

von »Derrick« gespielt, die mir nicht halb so gut bekannt gewesen war wie den anwesenden Isländern, jedenfalls sorgte das natürlich für einige Erheiterung, so ein nettes deutsches Klischee.

Irgendwann neigte sich die Feier dem Ende zu und allen war klar, was das bedeutete: Die Hochzeitsnacht rückte näher. Sina und ich waren in einem Ferienhaus in der Nähe einquartiert, wo wir die erste Woche unseres Ehelebens verbringen würden. Nun war es also so weit: Fünfundzwanzig Jahre gottgefälliger Abstinenz sollten ihre heilige Erfüllung finden in der Nacht der Nächte, endlich würden wir unsere Lust zelebrieren können, ohne schlechtes Gewissen, nicht einmal vor Gott! Nun ja, zumindest schön geschmust haben wir in der Nacht, denn Sina hatte an diesem Tag die Pille nicht genommen und wir waren uns nicht sicher, ob ein verspätetes Einnehmen irgendwelche Auswirkungen auf die Verhütung nehmen würde. Und Kondome hatte ich natürlich auch keine dabei. Wer hätte ahnen können, dass diese Hochzeitsnacht die Weichen für die Sexualität in unserer Ehe stellen würde. Auf Einzelheiten und Hintergründe werde ich an dieser Stelle nicht eingehen, aber so viel kann ich verraten: Sina und ich gingen beide jungfräulich in die Ehe – und ebenso auch wieder hinaus. Ja genau, in sieben Jahren Ehe hatten wir nicht ein einziges Mal Geschlechtsverkehr. Es gibt einfach nichts, was es nicht gibt.

Abgesehen von dieser sicherlich belastenden Einschränkung waren wir recht glücklich zusammen, allerdings war unser erstes gemeinsames Jahr schon eine Herausforderung. Nach der Hochzeit zog Sina zu mir nach München. Ich wohnte damals in einer Wohnung für städtische Dienstkräfte, genau achtundzwanzig Quadratmeter groß. Da musste man mit zwei Personen gut zusammenrücken. Das Hauptproblem der Wohnung war allerdings der Mieter über uns, ein arbeitsloser Säufer, der mit seinen Kumpels erst so richtig aufdrehte, wenn wir schlafen gehen wollten. In dem einen Jahr in der Wohnung habe ich wohl so oft die Polizei gerufen, wie in meinem ganzen Leben nicht. Und nicht selten war ich kurz davor, die Tür des Nachbarn einzutreten und die gesamte Belegschaft rauszuprügeln.

Neben dieser Belastung gab es natürlich auch noch die Herausforderungen, die solch eine Beziehung mit so kurzer Vorlaufzeit mit sich brachte. Kommunikation ist ja an sich schon nicht immer einfach, umso mehr aber, wenn sie nicht in einer der Muttersprachen der Beteiligten geführt wird, da wir anfangs noch auf Englisch miteinander sprachen. Zu welch verrückten Missverständnissen es im Deutschen kommen kann, fiel mir erst durch das Zusammenleben mit Sina auf. »Das schmeckt vielleicht lecker!« heißt nicht, dass es *vielleicht* lecker schmeckt. Und »Wir müssen langsam gehen!« heißt nicht, dass man sich *langsam* auf den Weg machen sollte.

Sina vermisste Island, ihre Sprache, ihre Freunde und Familie, und das Leben mit mir auf engstem Raum war sicher auch nicht so einfach. Sie schlug sich wacker und lernte zu meiner Freude auch noch schnell Deutsch. Dies war auch dem Umstand geschuldet, dass die wenigsten in unserer Versammlung Englisch sprachen, und als Pionierin musste sie sich auch im Predigtdienst schnell auf Deutsch zurechtfinden.

Was den Pionierdienst anging, war ich endlich aus dem Schneider. Da Sina die erste Zeit in Deutschland nicht arbeitete, musste ich natürlich meine Arbeitszeit raufschrauben. Ich konnte keine bessere Begründung für den Abbruch des Pionierdienstes finden, als dass ich dem biblischen Gebot nachzukommen hatte, »für die Seinigen« zu sorgen.

Bis dahin hatte ich halbtags gearbeitet, was schon für mich als Single finanziell vorne und hinten nicht gereicht hatte. Ich bewarb mich bei der Stadtverwaltung auf einen Job in der EDV-Anwenderbetreuung, den ich auch bekam, weil wohl sonst niemand eine 30-Stunden-Stelle haben wollte. Eine volle Stelle musste es ja nun auch nicht sein. Der neue Job war super, aber ich merkte auch, dass mein Nervenkostüm dünner und dünner wurde. Ich war unter anderem auch mit Außendienst befasst, und ohne Navi und Klimaanlage mit dem Dienstbus durch München zu kurven, wurde für mich zusehends zur Belastung.

In der Versammlung lief es soweit gut, wobei aber meine theokratisch weiße Weste durch meine online angebahnte Ehe doch einen kleinen Knacks bekommen hatte. Wenn wir von neuen Bekannten im Zeugenkreis gefragt wurden, wie wir uns kennengelernt hatten, drucksten wir meistens herum, bis wir schließlich mit der Online-Geschichte rausrückten und damit oft fassungsloses Stirnrunzeln ernteten.

Etwa zu der Zeit kam mir etwas über die Organisation zu Ohren, das zum ersten Mal mein Bild von ihr merklich trübte. Ich stieß im Internet auf einen Verein, der sich »Silent Lambs« nennt. Hätte ich gleich verstanden, dass er von ehemaligen Zeugen Jehovas gegründet worden war, hätte ich sofort wieder weggeklickt. Es ging auf der Website um Kindesmissbrauch in den Reihen der Zeugen Jehovas. Der geneigte Leser mag hier selbst Nachforschungen anstellen, ich zumindest werde an dieser Stelle nicht näher darauf eingehen. Jedenfalls stellten sich bei mir zu dieser Zeit die ersten Zweifel ein, ob im

Volke Jehovas wirklich alles mit rechten Dingen zuging. Mir half auf einmal der Gedanke »Auch wenn nicht alles perfekt läuft, es ist nun mal die Organisation Gottes« nicht weiter. Jedoch wagte ich es nicht, mit anderen über diese Entdeckung zu sprechen, auch nicht und erst recht nicht mit meiner Frau.

Irgendwann konnten wir endlich aus unserer ersten gemeinsamen Wohnung ausziehen, gerade noch rechtzeitig, bevor unser trinkfreudiger Nachbar uns den allerletzten Nerv raubte. Die nächste Wohnung war der Wahnsinn, ein komplett renovierter Altbau mit Parkettboden, Wohnküche und auch noch für München äußerst erschwinglich. Es lief also alles ganz gut, außer vielleicht, dass Sina und ich keinen Sex hatten, aber selbst damit hatte ich mich inzwischen arrangiert. Und trotzdem ging es mir schlechter und schlechter. Ich ließ mich sogar eines Tages zum Psychiater überweisen. Dort konnte ich zum ersten Mal aussprechen, wie mies es mir ging. Zu dem Zeitpunkt dachte ich, dass das ausschließlich am nicht aufgearbeiteten Familienleben lag. Dass mein Unglücklichsein weit darüber hinausging, hätte ich mir da beim besten Willen noch nicht eingestanden.

Der Psychiater war allerdings ein ziemlicher Penner. Nachdem er mich angepflaumt hatte, weil ich ein paar Minuten zu spät kam, hatte ich keine rechte Lust mehr, mich ihm zu öffnen. Er äußerte sich dann auch noch leicht abfällig über die Schwere meines Problems, musste allerdings zugeben, dass mir eine Psychotherapie wohl ganz guttun würde. Damit war das Thema für mich auch erst mal gegessen. Mir von noch jemand anderem anzuhören, dass ich mich nicht so haben solle, wollte ich mir ersparen.

~

Es blieb nur eines: Flucht. Das Mittel, das in meinem Leben noch nie wirklich für Linderung gesorgt hatte, zu dem ich aber immer wieder griff, in der Hoffnung, es werde endlich alles anders. Flucht in den Pionierdienst, Flucht aus Duisburg, Flucht in die Ehe. Als Nächstes: Flucht nach Island. Eine Insel am Ende der Welt schien mir der geeignete Ort zu sein, um endlich zur Ruhe zu kommen.

Sinas Familie kam im Sommer zu Besuch nach München, und ihr Vater kaufte einen Mercedes Sprinter, mit dem wir dann nach Island auswandern wollten. Den ganzen Kram, den ich und zum kleinen Teil auch Sina bis dahin angehäuft hatten, sollte also in einen mittelgroßen Transporter passen. Das Reduzieren fiel mir nicht leicht, zu sehr hatte ich das Das-könnte-man-doch-noch-gebrauchen-Gen von meinem Vater geerbt. Schlauerweise hatte Sinas Vater auch noch in einem Baumarkt eine Steinfigur und einen gusseisernen Feuerkorb für seinen Garten gekauft, die wir im Auto mit nach Island bringen sollten. So war der Sprinter gerammelt voll mit lauter Quatsch, den eigentlich kein Mensch brauchte.

Bevor es im September 2004 dann nach Island gehen sollte, planten wir noch einen Abschiedsbesuch in Duisburg mit ein, wo wir vier Wochen zum ausgiebigen Tschüss-Sagen verbringen wollten. Das war eine ganz komische Zeit. Viele meiner Bekannten und Freunde, vor allem aus meiner alten Heimatversammlung, wirkten fürchterlich kühl, vielleicht weil auch sie ein Problem mit der Art und Weise hatten, wie Sina und ich uns gefunden hatten. Wir waren in der Zeit bei meiner Mutter in Meiderich einquartiert, und Porno-Paolo und seine

Frau, die mich ja seit meiner frühesten Kindheit kannten, wohnten nicht mal fünfhundert Meter von Mutters Wohnung entfernt und luden uns nicht ein einziges Mal auf einen Kaffee ein. Von etwas entfernteren Bekannten hingegen bekamen wir überaus nette Einladungen, und uns wurde sogar die Heimfahrt per Taxi bezahlt.

Irgendwann kamen wir dann auch mal auf den Gedanken, unseren vollgepackten Sprinter zu wiegen und uns zu fragen, wie viel man eigentlich laden dürfte. Das zulässige Ladegewicht lag, wenn ich mich recht erinnere, bei achthundertfünfzig Kilogramm, und wir hatten fast das Doppelte reingepackt. In den vier Wochen in Duisburg luden wir mindestens zweimal den gesamten Transporter aus und wieder ein, um Sachen auszusortieren, die ich schweren Herzens zurücklassen musste. Unter anderem die Musikanlage, die mir mein Bruder vererbt hatte. Oder einen Haufen Bücher. Und die Steinfigur für den Garten von Sinas Eltern. Wir lagen immer noch deutlich über dem zulässigen Gewicht und entschlossen uns, eine Palette mit Quatsch per Schiff nach Island zu schicken. All das bedeutete einen Riesenstress für mich, und dabei lag ja der Hauptbrocken unserer Reise noch vor uns.

Schließlich ging es dann endlich weiter Richtung Dänemark, wo wir bei alten Bekannten von Sinas Familie unterkommen wollten. Natürlich auch Zeugen Jehovas, das Netzwerk im Volk Jehovas war mitunter sehr hilfreich.

Mich stresste allein schon die Vorstellung, in Hamburg durch den Elbtunnel zu fahren, so sehr pfiff ich nervlich aus dem letzten Loch. Würden wir da im Stau stehen? Wenn ja, wie lange? Wann musste man am besten von Duisburg losfahren, um gut durchzukommen?

Und das alles nur, weil wir durch einen Tunnel fahren mussten. Ich träumte sogar davon; es fehlte nicht viel, und ich wäre dabei schweißgebadet aufgewacht.

Wir durchfuhren den Elbtunnel dann so zügig, wie man einen Tunnel nur durchfahren kann. Zuvor hatten wir noch in Bremen die Palette mit einem Teil unserer Sachen bei einer Spedition abgeliefert. Nach Einbruch der Dunkelheit kamen wir in Dänemark bei der befreundeten Familie an. Ich dankte Jehova dafür, dass kühles Bier für uns bereitstand. Zum Frühstück gab es *Gammel Dansk*, einen Magenbitter. Grundsätzlich ein sympathischer Brauch, aber für deutsche Mägen etwas gewöhnungsbedürftig.

Dann ging es auf die Fähre, die uns über die Shetland-Inseln, Bergen in Norwegen und die Färöer-Inseln nach Island bringen sollte. Drei Tage würde die Überfahrt dauern, was ja an sich schon ein Abenteuer bedeutete. Die Shetlands passierten wir im Schlaf, Bergen sahen wir nur von der Reling aus, aber auf den Färöern hatten wir einige Stunden Aufenthalt und auch noch Riesenglück mit dem Wetter.

Gegen Abend verließen wie die Insel wieder mit direktem Kurs auf Island, einmal quer über das Nordmeer, und das zu Beginn der Herbststürme. Ich aß als Betthupferl eine Tüte mit frittierten Speckschwarten – wohl auch eine dänische Delikatesse –, was sich jedoch nicht als klügste Idee erweisen sollte. Die folgende Nacht könnte man als Achterbahn-Dauerschleife beschreiben, wobei nur der Überschlag fehlte. Das wurde allerdings dadurch wettgemacht, dass man im Bett etwa alle zwanzig Sekunden leicht von der Matratze abhob. Gegen Morgengrauen waren dann alle frittierten Speckschwarten wieder draußen.

Nach diesem Höllenritt erreichten wir am nächsten Morgen Seyðisfjörður an der östlichsten Spitze Islands. Viel weiter entfernt von der Hauptstadt Reykjavík konnte man sozusagen nicht ankommen; warum kein anderer Anlegehafen zur Option stand, erschließt sich mir bis heute nicht. Ich hätte schwören können, dass die Zollstation dort auf einen frei schwimmenden Steg gebaut war, so sehr schwankte es noch drei Tage später unter meinen Füßen.

Als die Zollbeamten hörten, dass Sina Isländerin ist und wir nach Island ziehen wollten, hätten sie uns am liebsten umarmt. Allerdings hatten sie auch Sorge um uns: Der Bergpass zum nächsten Ort war verschneit und wir hatten nur Sommerreifen drauf. Zum Glück war unser Transporter immer noch bestens gefüllt, sodass das Gewicht für eine einigermaßen gute Haftung am Boden sorgte. Nachdem wir überschwänglich von den Zollbeamten verabschiedet worden waren, machten wir uns auf den Weg nach Egilsstaðir, dem Ort jenseits des Bergpasses und am Hringvegur gelegen, der Ringstraße, die uns nach Reykjavík führen sollte. Das nächste Abenteuer: Mit einem Mercedes Sprinter im ersten Gang über einen verschneiten Bergpass kurz vorm Nördlichen Polarkreis.

In Egilsstaðir angekommen, war ich ziemlich fertig, zumal ich aufgrund der nächtlichen Achterbahnfahrt kaum geschlafen hatte. Das Problem war, wie gesagt, dass wir uns so weit von der Hauptstadt entfernt befanden, wie es nur ging. Wir mussten daher noch die gesamte Südküste Islands entlanggurken. Die besteht hauptsächlich aus endlosen Lavafeldern – ich habe mich selten in meinem Leben so einsam gefühlt wie auf dieser Strecke, und das obwohl meine Ehefrau neben mir auf dem Beifahrersitz saß. Nach zehn Stunden erreichten wir endlich

Reykjavík, und Sinas Familie bereitete uns einen herzlichen Empfang.

Das war es also: das neue Leben in Island!

Meine Isländisch-Kenntnisse beschränkten sich nach wie vor im Wesentlichen auf das alte isländische Sprichwort, das ich auf unserer Hochzeit zum Besten gegeben hatte, daher war jetzt erst mal mein Englisch stark gefordert. Was auch bedeutete, dass ich, sagen wir, das erste halbe Jahr kaum ein Wort mit meiner Schwiegermutter wechselte, denn die sprach nur ungern Englisch. Ihr Mann war umso gesprächiger, auch mit Sinas älterer Schwester konnte ich mich gut verständigen, die jüngere war eher schüchtern und zurückhaltend mir gegenüber.

Gleich nach unserer Ankunft gab es auch schon eine Überraschung: Der erste Brief, der aus Deutschland nachgeschickt wurde, war von unserer Telefongesellschaft. Sina hatte bei einer der Transporter-Ausräumaktionen in Duisburg ihr Handy verloren. Da es öfter vorkam, dass sie es suchte, hatten wir gehofft, es würde in irgendeiner Ritze des Gepäcks wieder auftauchen. Nun stellte sich heraus, dass ein Glückspilz es gefunden und genutzt hatte, um diverse Drei-Euro-pro-Minute-Hotlines anzurufen. Zwar hatte die Telefongesellschaft die glorreiche Idee gehabt, die SIM-Karte nach vierhundertfünfzig Euro zu sperren, aber wir hätten es begrüßt, wenn das schon früher passiert wäre. Unser Start in Island verlief also nicht gerade optimal.

Am nächsten Tag zogen wir in unsere neue Wohnung ein, die umgerechnet etwa siebenhundert Euro im Monat kostete. Für Reykjavík ein Schnäppchen, was vor allem daran lag, dass die Vermieterin eine Glaubensschwester war. Wir hatten sogar ein ganzes Zimmer nur für das Gerümpel, das wir aus Deutschland mitgebracht hatten.

Die meisten Kisten davon rührten wir bis zu unserem nächsten Umzug nicht mal an.

Für mich begann bald der Ernst des Lebens: Meinen ersten Job trat ich als Fensterputzer in der Firma meines Schwiegervaters an. Natürlich pünktlich zum Winteranfang in Island! Es pfiff einem dermaßen der Wind um die Ohren, dass es schon nicht mehr lustig war. Die ersten Wochen ging ich bei einem Kollegen in die Lehre, der allerdings kaum mit Einwischer und Abzieher putzte, sondern mit einer Stangen-Bürsten-Konstruktion und fließend Wasser. Als ich alleine ran musste, ohne diese Konstruktion, kam ich mir fast vor, als hätte ich das Werkzeug zum ersten Mal in der Hand. Und zügig und streifenlos Fenster zu putzen, ist wahrlich eine Kunst! Gott, was habe ich am Anfang lange gebraucht für so ein paar miese Fenster.

Nun muss man Folgendes wissen: In Island lassen sich die meisten Fenster nicht öffnen, sondern bestehen aus fest montierten Glasscheiben. Zum Lüften gibt es dann an den Seiten schmale Fensterschächte, die man nach unten hin aufmacht und fest arretiert. Der Hintergrund hierfür ist, dass sich normale Fenster bei dem ständigen starken Wind verziehen würden. Das heißt, so gut wie alle Fenster müssen von außen geputzt werden, und für alles, was sich oberhalb des ersten Stocks befindet, muss der Fensterputzer kommen. Dementsprechend viel gab es also für meine Branchenkollegen und mich zu tun. Aus Kostengründen wurde natürlich das meiste von der Leiter aus erledigt. Nur für Gebäude mit mehr als drei Stockwerken wurde ein Kranwagen gemietet. Da alles andere bei dem isländischen Wind sofort weggeflogen wäre, benutzten wir schwere Holzleitern, aber selbst die gerieten bei der einen oder anderen Windböe ganz schön ins Schwanken. Das war kein gutes Gefühl, wenn man währenddessen von der Leiter aus Fenster im zweiten Stock putzte.

Einmal lehnte ich meine Leiter an einem Vordach an, kletterte hinauf und lief auf dem Vordach um das Gebäude. Es war ein besonders windiger Tag, und als ich wieder zurückkam, musste ich feststellen, dass selbst meine schwere Holzleiter weggepustet worden war. Das war auch noch abends am Wochenende in einem Industriegebiet. Irgendwann kam glücklicherweise jemand vorbei, der so freundlich war, mir die Leiter wieder hinzustellen.

Nicht selten musste ich ein Stoßgebet gen Himmel richten, weil ich befürchtete, mir bei einem Sturz von der Leiter das Genick zu brechen. Ich ahnte langsam, dass ich kein geborener Fensterputzer war, obwohl mir die Tätigkeit mit zunehmendem Geschick richtig Spaß machte. Es gibt doch kaum etwas Schöneres als ein Fenster, das so sauber ist, dass man denkt, man könne hindurchgreifen. Obwohl ich nicht direkt Höhenangst habe, war mir aber einfach zu oft mulmig zumute gewesen, da oben auf der Leiter.

Neben dem Fensterputzen betätigten Sina und ich uns für ihren Vater auch als Teppichreiniger. Die Arbeit hatte durchaus etwas Meditatives, da man je nach Projekt stundenlang eine Reinigungsmaschine vor und zurück bewegte. Aber die durch das Reinigungspulver angefeuchtete Luft machte mich wahnsinnig, da zog ich es vor, an der frischen Luft Fenster zu putzen, auch wenn das gefühlt fast immer den sicheren Tod bedeutete.

Einmal half ich einem Glaubensbruder beim Bohnern der Küche des isländischen Präsidenten. Das Haus war frei zugänglich, Sicherheitspersonal habe ich an dem

Tag jedenfalls nicht gesehen. Es hätte mich nicht gewundert, wenn der Präsi in die Küche spaziert wäre und sich eine Schnitte geschmiert hätte, während wir unsere Arbeit verrichteten.

~

Noch nie zuvor hatte ich so hart gearbeitet wie in dem ersten halben Jahr in Island. In der Zeit verlor ich so um die dreizehn Kilogramm Körpergewicht. Insbesondere Fensterputzen war praktisch wie Fitnessstudio. Aber auf einer Leiter im zweiten Stock zu stehen mit Blick auf das Meer und die Berge gleichzeitig und mit der Nordsonne auf der Nase, das waren schon atemberaubend schöne Momente.

Nichtsdestotrotz war ich sehr erleichtert, als ich die Stellenausschreibung eines Hotels las, das kurz vor der Eröffnung stand. Das älteste Bürogebäude Islands wurde zum Hotel umfunktioniert, direkt am alten Hafen in Reykjavík. Wenn man in Island ein Hotel eröffnete und auf einen Schlag einen Haufen Personal brauchte, war das gar nicht so einfach, da damals fast jeder Isländer bereits mindestens einen Job hatte. Das war wiederum mein Vorteil, da ich weder Erfahrung noch eine Ausbildung im Hotelgewerbe hatte und letztlich nur nett zu lächeln brauchte, um einen Job zu bekommen, der sogar relativ viel Verantwortung mit sich brachte. Offiziell wurde ich der Lagerverwalter, aber meine Position umfasste auch die Arbeit des Einkäufers, nur hieß es wohl offiziell Lagerverwalter, weil das weniger gut bezahlt war.

Sina hatte sich auch beworben und bekam einen Job im Housekeeping. Das war schon eine aufregende Zeit, ich fühlte mich zum ersten Mal in beruflichen Belangen wirklich wichtig. Als ich anfing, war das Hotel noch gar nicht eröffnet, daher hatte ich meinen Schreibtisch mit den anderen im *Pre-Opening-Office*. Alle sprachen Englisch miteinander, was nicht so schlimm wie Isländisch war, mich aber trotzdem oft genug ins Schwitzen brachte. Ich sollte mir ein Lagersystem fürs Hotel ausdenken. Das fand ich schon etwas komisch, da ich von so einer großen Hotelkette erwartet hätte, dass man da bereits weiß, wie das geht.

Ich hängte mich jedenfalls richtig rein. Das Gefühl, beruflich eine wichtige Rolle zu spielen, beflügelte mich. Und natürlich wollte ich die Leute, die mir diese Position verschafft hatten, nicht enttäuschen. Andere nicht enttäuschen wollen, das konnte ich schließlich gut! Allerdings bedeutete das auch noch mehr Druck, denn schon der Druck in der Versammlung wuchs mir langsam aber sicher über den Kopf.

Es war etwa zwei, drei Tage vor dem geplanten Umzug vom *Pre-Opening-Office* ins Hotelgebäude, als ich eine Kiste mit irgendwelchem Hotelkram hochheben wollte und mir bei diesem Unterfangen mal wieder der Rücken durchknallte. Ich schaffte es gerade noch, einigermaßen gesittet die Kiste abzustellen, mich in einen nicht genutzten Raum zu verdrücken und auf den Boden zu legen. Ich konnte es echt nicht glauben, in der denkbar ungünstigsten Phase bekam ich einen Mega-Hexenschuss – *Jehova, warum nur?*

Der Arbeitstag war an dieser Stelle für mich gelaufen, und als der kurz darauf aufgesuchte Orthopäde mir zu verstehen gab, dass es keine gute Idee wäre, in den nächsten paar Tagen schwere Sachen zu heben, sah ich mich schon auf erneuter Arbeitssuche. Schließlich war ich der Lagerverantwortliche und sollte ein Hotellager organisieren – schwierig, wenn man nichts heben durfte.

Den Umzug ins Hotelgebäude verpasste ich also, was übel war, weil ein ganzer Container mit Utensilien planlos im Untergeschoss des Gebäudes verteilt wurde, ohne dass ich nachhalten konnte, wie man was wo wiederfinden sollte. Ich musste bei meinem Vorstellungsgespräch ausgesprochen nett gelächelt haben, denn die Hoteldirektorin, eine Norwegerin, verlor nicht den Glauben in meine noch kaum kultivierten Fähigkeiten als Lagerverwalter. Einige Tage später stieß ich wieder zum Team, musste aber höllisch aufpassen mit meinem Rücken.

Der Eröffnungsmonat verlief mächtig chaotisch, aber es war ein tolles Gefühl, sich beruflich so zu verausgaben, so ganz ungewohnt für mich. Selbst die Tatsache, dass in der Anfangszeit mein regelmäßiger Versammlungsbesuch litt, fühlte sich okay an, schließlich gab ich ja auch mit meinem Fleiß für meinen Arbeitgeber ein gutes Zeugnis für meinen Glauben. Ich war von morgens bis abends im Hotel, auch am Wochenende. Im ersten Monat hatte ich doppelt gearbeitet, so an die 350 Stunden. Zum Glück zog zu der Zeit gerade der isländische Sommer ein, und ich bekam auch noch etwas Sonne mit, selbst wenn ich erst abends um zehn von der Arbeit kam. Das Hotel war einfach unser aller »Baby«, und jeder war gewillt, sein Bestes zu geben.

Als dann irgendwann der erste Gast einzog, starrten wir ihn fast ungläubig an. Jetzt wurde es also ernst! Unglücklicherweise schaltete die Hoteldirektorin, die sich in der Anfangsphase des Projekts als äußerst menschlich und nahbar gezeigt hatte, zeitgleich mit der Eröffnung des Betriebs auf aalglatte Managerin. Und auch die Gepflogenheiten in Managerkreisen lernte ich kennen, obwohl ich gar nicht zum Management gehörte: Wer nach doppelter Arbeitsleistung auf Ausgleich in Form von Urlaub oder Geld gehofft hatte, wurde enttäuscht, vor allem ich.

Recht schnell war dann auch meine Motivation weitgehend aufgebraucht. Die mangelnde Wertschätzung der Führungsriege für meinen Einsatz ließ mich zu dem Schluss kommen, dass es sich ganz einfach nicht lohnt, mehr zu tun als das, wofür man auch bezahlt wird.

Dementsprechend zäh wurde der Job im Hotel mit der Zeit. Trotzdem gab es natürlich auch Highlights, wenn sich zum Beispiel Promis bei uns einbuchten. Am sympathischsten war definitiv Joe Cocker, als er auf Tournee in Island war. Er fragte mich, als ich gerade auf dem Gang mit dem Minibar-Wagen beschäftigt war, wo man gute Hot-Dogs bekäme, wobei die isländischen wirklich sehr lecker sind. Daraus ergab sich eine nette Unterhaltung, ein angenehmer Zeitgenosse, der Joe. 2005 drehte Clint Eastwood den Film »Flags of Our Fathers« größtenteils in Island, wovon ich allerdings nicht viel mitbekam, außer, dass Robert Patrick als einziger aus der Crew bei uns im Hotel einquartiert war. Einmal musste ich vertretungsweise die Minibars in den Zimmern auffüllen, und bei Mr. Patrick war ein »Nicht-stören«-Schild an der Tür angebracht, was ich aber übersehen hatte. Ich platzte also in sein Zimmer, und da stand er, der T-1000 aus »Terminator 2«, und statt »Haben Sie diesen Jungen gesehen?« sagte er einfach: »Hey, how-rudoin', buddy?« Was für eine unglaublich coole Socke! Am lustigsten waren die Foo Fighters, die ständig in der Lobby dösten, während sie bei uns wohnten. Und am ätzendsten waren Duran Duran, was für hochnäsige Typen, gaben keine einzige Krone Trinkgeld, wobei Trinkgeld geben ja eher unüblich ist in Island, aber das konnten diese eingebildeten Schnösel ja nicht wissen, weil sie garantiert an nichts anderem interessiert waren als an sich selbst.

Abgesehen von diesen Lichtblicken im Hotelalltag wurde es zunehmend belastend, dort zu arbeiten: Sämtliche Büros waren im Kellergeschoss untergebracht, den ganzen Tag bekam man also kaum natürliches Licht ab, die Belüftung war schlecht, die Chefin entpuppte sich mehr und mehr als machtgierige Soziopathin, die Arbeit war undankbar und im Verhältnis schlecht bezahlt. Außerdem wurde ich zuweilen von Kolleginnen angeflirtet, das war mir auch völlig neu. Einerseits schmeichelte es mir, aber ich ahnte, dass ich mich auf für einen wahren Christen gefährlichem Terrain bewegte, zumal ich so weit von einem sexuell erfüllten Zustand entfernt war, wie man es nur sein konnte.

Also fing ich an, berufliche Alternativen durchzuspielen. Das Problem war, mein Isländisch war nach etwa einem Jahr immer noch nicht ausreichend für einen Job, in dem die Sprache sehr gefordert war. Und so erwog ich, wie wohl jeder Ausländer mit mangelhaften Sprachkenntnissen, wieder in die Gebäudereinigung einzusteigen.

Nun ist es so, dass sich die Gebäudereinigungsbranche in Island fest in Zeugen-Jehovas-Hand befindet. Wie das entstanden ist, weiß ich nicht so genau, jedenfalls teilte sich ein Großteil des Marktes auf eine Handvoll Glaubensbrüder auf. Was natürlich Stoff für handfeste Konflikte in sich barg. Sinas Vater, der nicht nur in der Teppich- und Fensterreinigung engagiert war, sondern auch Reinigungsmittel importierte, hatte sich mit einem Glaubensbruder überworfen, der ihm in der Vergangenheit ein größeres Geschäft streitig gemacht hatte. Dieser Glaubensbruder wiederum hatte sich die Gebäudereinigung für mindestens zwei große Supermarktketten gesichert und beschäftigte Dutzende von Zeugen Jehovas. Die Tätigkeit erwies sich als ausgesprochen praktisch für »wahre Christen«: Man konnte tagsüber den theokratischen Pflichten nachgehen und abends und nachts arbeiten, wofür man auch noch gut entlohnt wurde – das heißt, es reichte gerade dafür, nicht zu verhungern und sich für die Organisation verausgaben zu können.

Sina, die auch schon längst die Nase voll hatte von ihrem Housekeeping-Job im Hotel, und ich erwogen also, zum größten Kontrahenten ihres Vaters zu wechseln, da ich mich auch nicht mehr als Fensterputzer sah. Es half nichts, die Königreichsinteressen gingen einfach vor. So kündigten wir beide beim Hotel und wechselten wieder in die Gebäudereinigung. Das Schönste daran war, dass meine Frau und ich die meisten Jobs zusammen ausführten und entsprechend den Großteil des Tages gemeinsam verbrachten. Wir waren ein eingespieltes Team und gingen uns nur ganz selten gegenseitig auf den Keks.

Einen größeren Job allerdings übernahm ich allein. Es handelte sich um ein mittelgroßes Kaufhaus, so was wie Karstadt, das neben Lebensmitteln auch Kleidung, Spielwaren und dergleichen im Sortiment hatte. Meine Aufgabe war es, als Nachtwächter Einbrecher abzuschrecken und vor allem die Bude während der Nacht wieder auf Hochglanz zu bringen. Was für ein Knochenjob! Die Schicht ging meistens von zwanzig Uhr bis morgens um acht. Von diesen zwölf Stunden war ich bestimmt acht mit Putzen beschäftigt. Morgens fuhr ich dann heim, legte mich wie tot ins Bett, schlief bis achtzehn, neunzehn Uhr, aß etwas und fuhr wieder zur Arbeit. Und das sieben Tage am Stück. Die sieben deprimierendsten Tage des Monats, aber der Job war gut bezahlt. In der Versammlung gab es einen Bruder, der nur von diesen sieben Schichten lebte. Da kann man sich ausmalen, wie viel Zeit er hatte, um Weltmenschen vor Harmagedon zu warnen!

Die Nachtwächtertätigkeit beschränkte sich im Wesentlichen auf gelegentliche Rundgänge und das An- und Ausschalten der Alarmanlage. Zuweilen gab es blinden Alarm im Tresorraum, oder irgendwelche betrunkenen Isländer streckten mir ihren nackten Po vorm Schaufenster entgegen.

Einmal allerdings blieb mir fast das Herz stehen: Ich ließ die ganze Nacht über den hauseigenen CD-Player laufen und spielte dabei auch oft unbekannte CDs, die an der Pforte rumlagen. Irgendwann verstummte die Musik, und ich dachte, dass das Album einfach zu Ende wäre. Einige Minuten darauf waren plötzlich laute Stimmen zu hören, und ich wäre fast vor Schreck umgefallen. Waren das jetzt Einbrecher? Oder Dämonen? Oder schlimmer noch, dämonische Einbrecher? Ich stellte das Beten erst ein, als mir klar wurde, dass die Stimmen von der CD kamen – wie das manche Musiker manchmal machen: auf Tracks nach einer gewissen Pause einfach noch irgendwelches Gequatsche mit aufnehmen. Jehova sei Dank musste ich in dieser Nacht also weder Einbrecher noch Dämonen abwehren.

Die Nachtschichten bekamen mir überhaupt nicht gut. Vor allem im Sommer, wenn es draußen nicht dunkel wurde, wussten mein Körper und ich häufig nicht mehr, wo vorne und hinten war. Nach den sieben Schichten war ich meistens zwei Wochen halb krank. Mein Rücken machte mir stark zu schaffen, und am Anfang, als ich noch nicht so geübt war und Befürchtungen hatte, ich würde die Bude nicht rechtzeitig bis Geschäftsbeginn sauber kriegen, bekam ich so eine Art Herpes auf der Zunge. Die war dann puterrot und entzündet, und ich konnte kaum sprechen oder essen. Erst dachte ich, das käme vom Ekel vor dem Leeren der Damen-Hygiene-behälter, aber irgendwann war klar, dass es die Gesamt-situation war. Das war einfach der pure Stress für mich damals. Ich war in jeder Hinsicht überfordert, die Arbeit war mir zu viel, der Predigtdienst war mir zu viel, die Versammlung, die Sprache, der ständige Wind, Sinas El-tern, die ständig unzufrieden mit mir zu sein schienen, der fehlende Sex ohne Aussicht auf Besserung.

Das muss die Zeit gewesen sein, als ich zum ersten Mal den konkreten Gedanken hegte, mich per Selbsttö-tung in die neue Welt zu befördern.

Wenn man sich selbst umbringt, gibt es aus Sicht eines Zeugen Jehovas im Wesentlichen folgende Opti-onen: Man wird von Jehova nicht für würdig erachtet, die Auferstehung zu erlangen und hört ganz einfach auf zu existieren. Eine Hölle gibt es nicht, keine Seele, die den Körper überdauert, man ist einfach nicht mehr da, zumindest ab dem Zeitpunkt, an dem auch die körperli-chen Überreste aufhören, da zu sein.

Die andere und natürlich grundsätzlich wünschens-wertere Option wäre, die Augen im Paradies wieder zu öffnen: Dank der Auferstehung der Toten würde man hier auf der Erde wieder aufwachen, wie nach einem langen, traumlosen Schlaf. Um einen herum nur noch glückliche Menschen, Harmagedon ist da gerade vor-bei, also kein Leid mehr, keine Gewalt, keine falschen Christen oder sonstige Weltmenschen, es gibt nur noch Anbeter Jehovas. Schon als kleiner Junge war ich von der Auferstehungshoffnung absolut überzeugt gewesen. So sehr, dass ich mal vor einem Abfalleimer kniend, von schlechtem Gewissen geplagt, Jehova darum bat, die Fliege wieder auferstehen zu lassen, die ich kurz zuvor mit einer Fliegenklatsche erlegt und in den Eimer entsorgt hatte.

Erscheint es mit diesen Optionen vor Augen nicht verständlich, dass man sich mit dem Gedanken trägt, sein Leben im *alten System* der Dinge zu beenden? Man konnte doch nur gewinnen! Entweder man war nicht mehr da oder man wachte in der neuen Welt wieder auf. Für mich damals beides weit sinnvollere Varianten, als mich mit dem Leben im alten System weiter herumzuärgern. Das muss man sich mal vorstellen, welch lebensfeindliche Gedanken ich verinnerlicht hatte. Ich bin mir sicher, dass auch mein Bruder damals in ähnlichen Bahnen gedacht haben musste.

Einmal stand der Abstellraum, wo die Reinigungsmaschine verstaut war, unter Wasser. Ich überlegte mir, ob ich mich nicht in das Wasser stellen und das Starkstromkabel, mit dem man die Maschine auflud, ins Wasser tauchen sollte. Keine Ahnung, was dann passiert wäre, wahrscheinlich wäre nur irgendeine Sicherung rausgeflogen. Ich probierte es dann letztlich doch nicht aus.

Bei einer anderen Gelegenheit war ich allein mit dem Auto auf einer Landstraße unterwegs, und ein entgegenkommendes Auto unternahm gerade in einer langgestreckten Kurve nach guter isländischer Sitte ein gewagtes Überholmanöver. Ich trat aufs Gas statt auf die Bremse, und ich glaube, ich konnte das Weiße im Auge des Fahrers sehen, bevor er knapp vor mir wieder einscherte.

Es waren aber trotzdem eher lebensmüde Aktionen als konkrete Selbstmordversuche, die ich da unternahm.

~

Abgesehen von der Sprache war der Predigtdienst in Island eine erfrischend positive Abwechslung zum Klinkenputzen in Deutschland. Die Isländer sind Fremden gegenüber bei Weitem nicht so skeptisch wie die Deutschen. Selbst wenn kein Interesse bestand an unseren kruden Zeugen-Jehovas-Lehren, so konnte man meist kurz nett reden und ein wenig Literatur zurücklassen. Hatte ich zu Hause in Deutschland schon ein zurückhaltendes Lächeln als ausreichendes Interesse gewertet, um auf jeden Fall in spätestens zwei Wochen wieder anzuklingeln, so bestand in Island die Herausforderung darin, das Interesse, das über das freundliche Entgegennehmen von Zeugen-Jehovas-Schriften hinausging, richtig einzuordnen.

Manchmal unternahmen wir Predigtreisen in entlegenere Gebiete, und das war immer ein Erlebnis – sowohl in Hinsicht auf die Landschaften als auch was die Menschen anging, die man dort antraf. Wir drangen in die entlegensten Dörfer vor, die in irgendwelchen einsamen Fjorden lagen und oft nur aus einer Handvoll Häusern bestanden. Mitunter hatten wir aber auch ein mulmiges Gefühl, wenn wir zum Beispiel in menschenleere Dörfer kamen, in denen jedes zweite Haus ein Pentagramm zierte. Der Asenglaube ist in Island eine anerkannte Religion und aus Zeugen-Jehovas-Sicht natürlich genauso falsch wie jede andere Religion außer der eigenen, aber aufgrund der Nähe zu Bräuchen und Ritualen, die ein Anbeter Jehovas als spiritistisch einstufen würde, hatte das dann schon etwas Unheimliches.

Der Schiffsdienst war besonders spannend. Da klapperten wir im Hafen die großen Fischtrawler ab, um mit dem internationalen Personal ins Gespräch zu kommen. Das muss man mal von innen gesehen haben, das kann man sich nicht vorstellen. Wie so kleine schwimmende Städte! Noch auf dem Schiff wird der gefangene Fisch gefroren eingetütet, irre.

Sina und ich gaben ein so gutes Bild im Predigtdienst ab, dass wir es sogar auf die Titelseite einer isländischen Zeugen-Jehovas-Publikation schafften. Irgendwann wurden wir für ein Foto-Shooting angesprochen. Wir sollten an einer Haustür eine Predigtdienstsituation darstellen. Unser Gegenüber war natürlich eine Glaubensschwester, und ich tat so, als würde ich ihr was Tolles in der Bibel zeigen, Sina neben mir. Ob dieses Foto jemals veröffentlicht werden würde und wenn ja, wo genau, erfuhren wir nicht. Die Überraschung war groß, als wir bei einem Sommerkongress, der in Island in einer angemieteten Turnhalle stattfand, eine neu herausgegebene Broschüre in Händen hielten, die über die Predigttätigkeit der Zeugen Jehovas in Island berichtete: Da waren Sina und ich, auf der Titelseite, gleich neben dem Foto eines Bruders, der ab 1929 ganz allein achtzehn Jahre lang in Island gepredigt hatte! Ein wenig schlecht kam ich mir dabei schon vor: Ich, der Berichtsschummler, neben diesem treuen Kämpfer. Ob er damals allerdings nicht auch das eine oder andere Mal bei seinen Berichten geschummelt hat, das weiß man natürlich nicht, aber ich möchte ihm auch nichts unterstellen. Im Rückblick schon echt witzig, dass ich mich so in der Zeugen-Jehovas-Literatur verewigt habe! Zumindest in Island bleibe ich den lieben Brüdern und Schwestern also gezwungenermaßen in Erinnerung.

Mit der Sprache klappte es immer besser, und relativ leicht fiel mir inzwischen die Aussprache. Einmal sagte mir ein Glaubensbruder, ich klänge wie ein Isländer, der lange im Ausland gelebt hatte. Das Kompliment ging natürlich runter wie Öl!

Überhaupt ist Isländisch eine schöne Sprache, wie ich finde. Sie gehört zu den germanischen Sprachen und ist, zumindest was die Grammatik angeht, dem Deutschen sehr ähnlich, da man die gleichen vier Fälle verwendet. Besonders schön finde ich die Verwendung des Genitivs, wenn man zum Beispiel auf Isländisch sagt: »Ich vermisse dich!«, dann heißt es wörtlich übersetzt: »Ich vermisse deiner!« Finde ich total nett! Und wenn man sich ausführlich begrüßt, sagt man wörtlich übersetzt: »Komme glücklich und gesegnet!« Als Ausländer sollte man es allerdings nach Möglichkeit vermeiden, »Guten Appetit!« auf Isländisch zu sagen, da das Risiko von dauerhaften Zungenschäden einfach zu groß ist.

Isländisch ist also für eine Wikingersprache nach meinem Empfinden sehr feinsinnig, und man darf nicht vergessen, dass viele Wikinger sowohl große Krieger als auch große Dichter waren. Einer der bekanntesten Wikinger zum Beispiel, Egill Skallagrímsson, beging der Sage nach bereits im Alter von sieben Jahren seinen ersten Mord, indem er einem Spielkameraden mit einer Axt einfach mal den Schädel spaltete, als dieser ihn beim Ballspielen unfair behandelte. Dieser Vorfall ereignete sich vier Jahre, nachdem er sein erstes Gedicht verfasst hatte – Schöngeist und Blutdurst gingen also mitunter Hand in Hand. Tja, so waren sie, die Wikinger! Man kann ihnen einfach nicht böse sein.

So fein mir die Sprache zumeist vorkam, so sehr nervten mich Einzelheiten, die aus meiner Sicht mit »fein« überhaupt nichts gemein hatten. Statt »Wie bitte?«, wenn man in einer Unterhaltung etwas nicht verstanden hat, sagt man auf Isländisch: »Ha!«, und zwar nicht als Frage, sondern als Ausruf. Da konnten Sina und ich uns schon mal in die Wolle kriegen, wenn sie mit »Ha!« auf eine meiner Aussagen reagierte, obwohl sie ja eigentlich nur korrektes Isländisch sprach. Man musste übrigens mit seinem deutschen »Aha!« aufpassen, damit es bei einem Isländer nicht als »Ha!« ankam und er denselben Mist wieder von vorne erzählte.

Während ich mich langsam, aber sicher in das gesprochene Isländisch vortastete, bereiteten mir die einfachsten grammatikalischen Sachverhalte größte Mühe. Die Zahlen eins bis vier werden beispielsweise ebenfalls konjugiert. Man musste also das richtige Geschlecht eines Wortes und den richtigen Fall wissen, um nicht mit dem Zahlwort komplett daneben zu liegen. Besonders peinlich fiel dies ins Gewicht, wenn man an der Supermarktkasse gefragt wurde, wie viele Plastiktüten man zum Verstauen seines Einkaufs verwendet hatte. Oft verteilte ich die Waren auf fünf Tüten, um als Antwort einfach ein »Fimm!« sagen zu können. Ich konnte mir ums Verrecken nicht merken, wie man richtig die Zahlen von eins bis vier sagt, wenn man von verwendeten Plastiktüten spricht.

In der Versammlung bedeutete es immer puren Stress für mich, wenn ich spontan aufgefordert wurde, ein Gebet zu sprechen. Auf Isländisch beten! Irgendwann hatte ich natürlich schon ein gewisses Repertoire an Gebetsfloskeln parat, die gut ankamen, aber bis dahin war es ein weiter Weg. Ich glaube, unter uns Ausländern in der Versammlung wurde es dann so eine Art Sport, anderen ausländischen Brüdern ein Gebet reinzuwürgen und ihnen ein »Ja, gerne!« zu entlocken, wenn sie zum Beten aufgefordert wurden. Obwohl man genau wusste, dass sie am liebsten gesagt hätten: »Leck mich, bete doch selbst!«

Gegen Ende unserer Zeit in Island, als es mir psychisch schon so richtig schlecht ging, hab ich dann tatsächlich auch ab und zu mal »Nein!« gesagt, wenn ich von der Bühne aus ein Gebet sprechen sollte. Einmal hat mir ein Ältester noch auf Englisch zugezischt: »That is not an option!« Doch, war es. Allerdings ist so was natürlich gleich in meine Akte eingeflossen, was später dazu führte, dass ich nach der Rückkehr nach Deutschland nicht mal mehr wieder zum Dienstamtgehilfen ernannt wurde.

Von Island selbst hätte ich schon gerne viel mehr gesehen, aber wie das so ist, wenn man an einem Ort lebt, an dem andere Urlaub machen: Man kommt meistens nur dann ein wenig rum, wenn man selbst besucht wird. Trotzdem gab es unvergessliche Momente, in denen die sogenannten »Heißen Pötte« oft eine Rolle spielten. So wie die Sauna bei den Finnen sind die Heißen Pötte das Markenzeichen isländischer Häuser. Im Wesentlichen sind das Hot-Tubs oder Jacuzzis im Freien, die Kapital aus dem Einzigen schlagen können, was in Island günstig ist: heißes Wasser. Das Haus von Sinas Eltern, direkt am Meer gelegen, hatte solch einen Heißen Pott, und besonders ein Abend ist mir in Erinnerung geblieben: Sina und ich saßen zu zweit im Wasser, tranken Rotwein, lauschten dem Meeresrauschen und bewunderten die Nordlichter, die den isländischen Himmel in bezauberndes Grün tauchten.

Heiße Pötte verbinde ich auch mit der WM 2006 in Deutschland. Da bekamen wir Besuch von Freunden aus der Heimat und hatten ein Sommerhaus gemietet. Die meisten Spiele sahen wir uns an, während wir im

Sprudelwasser saßen, was ich sofort wieder jedem Public Viewing vorziehen würde.

In Island war es auch, dass ich zum ersten Mal auf einem Pferd saß. Wobei isländische Pferde ja den Vorteil haben, dass man nicht allzu tief fallen kann, wenn mal was schiefgeht. Die ersten Male ritt ich noch in einer Kolonne mit und hatte dadurch nicht allzu viel Freiheit beim Lenken des Pferdes, aber je geübter ich wurde, desto freier wurden auch die Ausritte. Im Galopp durch die Fjorde, mit Blick auf die Berge zur einen Seite und aufs Meer zur anderen – ein unbeschreibliches Gefühl.

Einmal hatten Sina und ich ein Wochenende in der Þórsmörk gewonnen, einer atemberaubend schönen Gegend im Süden von Island. Bei einem Abendspaziergang galoppierte eine Herde von Wildpferden haarscharf an uns vorüber, solche unsagbar schönen Momente haben sich tief in mein Herz gegraben. Oder die Orca-Schule, die einfach so in einem Fjord auftauchte, während wir im Auto vorbeifuhren. Oder die Polarfüchse, die kilometerweit im Scheinwerferlicht unseres Autos vor uns her tanzten.

Doch auch die schönsten Momente konnten auf lange Sicht nicht kompensieren, dass es mir schlechter und schlechter ging. Die Arbeit in der Gebäudereinigung ging mir immer mehr auf die Knochen, und eine berufliche Verbesserung war nicht in Sicht. Der Leistungsdruck in der Versammlung war unerträglich geworden. Die Eltern von Sina waren unzufrieden mit mir, und es hatte einige Male so richtig geknallt, besonders zwischen Sinas Mutter und mir, weil sie überhaupt nicht mit meiner Art zurechtkam. Selbst dass ich meinen Teller beim Essen immer bis auf den letzten Krümel leer aß, nervte sie. Oder dass ich einmal bei ihnen daheim

162

auf der Couch einschlief, weil mir die letzte Nacht-schicht noch zu schaffen machte. Die Frau hatte einfach einen Schuss. Das war auch so ein Problem: Insgeheim hatte ich mir gewünscht, in Sinas Eltern eine Art Ersatz-eltern zu finden, aber das ging einfach voll nach hin-ten los. Dadurch war auf beiden Seiten eine gespannte Erwartungshaltung entstanden, die noch zusätzlichen Druck in die Beziehung zueinander brachte. Schwieger-eltern sind Schwiegereltern, und Eltern sind Eltern. Ei-gentlich ganz einfach, aber da muss man erst mal drauf kommen.

Die Gesamtsituation legte also mal wieder Fluchtge-danken nahe, aber sollten wir Island wirklich schon wie-der aufgeben? Eine Option gab es noch: das Bethel! Sina hatte dort immer wieder stundenweise als Übersetzerin gearbeitet, und ich hatte fleißig beim Umbau mitgehol-fen. Das isländische Bethel war natürlich bedeutend kleiner als das in Deutschland. Die Bethel-Familie be-stand aus vielleicht sieben, acht Vollzeit-Betheliten und einer Handvoll von Teilzeitkräften, die vor allem mit dem Übersetzen der Zeugen-Literatur vom Englischen ins Isländische befasst waren. Der Aufenthaltsraum wirkte wie ein gemütliches Wohnzimmer, alles war sehr überschaubar und familiär. Unser Gedanke war, dass Sina wieder in der Übersetzung und ich als Allround-Arbeitskraft beschäftigt werden könnte. Wir bewarben uns also um den Betheldienst. Was für eine schöne Aussicht! Den ganzen Tag mit den lieben Brüdern und Schwestern verbringen, jeder Handschlag wäre quasi di-rekt für die Königreich-Interessen, besser und direkter konnte man Jehova einfach nicht dienen!

Wir wurden zu einem Gespräch eingeladen, und der Bruder des Bethelkomitees machte uns deutlich, dass mein Stundenschnitt im Predigtdienst nicht ausreichte, um als Bethelit in Frage zu kommen. Da hatte man also mal nicht geschummelt beim Predigtdienstbericht, und schon rächte es sich! Das empfand ich damals als höchst ungerecht und zutiefst enttäuschend. Dass ich nämlich unzählige Stunden beim Umbau des Bethels mitgeholfen hatte, fiel rein gar nicht ins Gewicht. Predigtdienst, Predigtdienst, Predigtdienst, lieber Bruder! Wieder so ein Moment, wo mein Vertrauen in die Organisation bröckelte. Es kam einfach nur auf irgendwelche dummen Zahlen auf einem Stück Papier an, statt auf Einsatz und Herz.

In den nächsten drei Monaten verbrachte ich dann so viele Stunden im Predigtdienst, dass sich mein Halbjahresschnitt bei den als Mindestmaß geltenden zehn Stunden pro Monat einpendelte. Aber es half nichts. Wir waren raus aus dem Bethel-Geschäft.

Es stand damit also fest: Ich und damit auch Sina mussten weg aus Island. Sina war unglücklich, weil ich unglücklich war. Sie fühlte sich natürlich schon wohl in ihrer Heimat, aber sie litt ebenfalls unter der gespannten Lage mit ihren Eltern sowie der beruflichen Situation, und auch sie verspürte als Allgemeiner Pionier den Druck, »Stunden machen« zu müssen. Oft war sie deswegen in Tränen ausgebrochen. Und der Traum vom Betheldienst zusammen mit mir war auch geplatzt.

Also war die Frage: Wohin?

~

Mir kam eine glänzende Idee. Warum nicht nach Teneriffa? Mein Cousin war vor einigen Jahren mit Frau und fünf Töchtern dorthin ausgewandert. Einmal hatte ich sie besucht, Teneriffa muss man einfach mögen! Das ganze Jahr moderate Temperaturen, eindrucksvolle Natur, tolles Meer, freundliche Menschen. Es gab sogar eine deutschsprachige Versammlung, in der auch mein Cousin mit seiner Familie diente. Die Kombination versprach also Urlaubsfeeling ganz ohne den Druck, sich zumindest in der Versammlung mit einer Fremdsprache rumschlagen zu müssen. Mein Cousin betrieb eine Finanzberatung, seine Frau einen Blumenladen. Unsere Hoffnung war, dort irgendwie jobmäßig unterzukommen. Wenn alle Stricke rissen, wollte ich wieder als Fensterputzer arbeiten. So fingen Sina und ich an, Spanisch zu lernen. Bis die Finanzkrise in Spanien uns einen Strich durch die Rechnung machte. Mein Cousin und seine Frau mussten innerhalb kürzester Zeit beide Betriebe dichtmachen. Kein günstiger Zeitpunkt für eine Umsiedlung!

Daher blieb eigentlich nur Deutschland. Und da ich Sina nicht den Wechsel von Island nach Duisburg zumuten wollte und wir ja unseren gemeinsamen Freundeskreis in München hatten, war schnell klar, dass wir wieder nach München ziehen würden.

Im Januar 2008 fuhren wir dann noch gemeinsam mit Sinas Familie nach Mexiko in den Urlaub. Das war eine schöne und relaxte Reise, in der Karibik lässt es sich aushalten! Auf dem Rückweg machten Sina und ich allein noch einen Abstecher nach New York. Wir mieteten ein Zimmer in einem Hostel direkt am Times Square und hatten eine fantastische Zeit. Es war einer der wenigen gemeinsamen Urlaube, die nicht in Island oder in Duisburg stattfanden. Den Großteil der Zeit in New York verbrachten wir damit, die Hauptquartier-Einrichtungen der Zeugen Jehovas zu besichtigen. Was für Immobilien! Deren Verkauf übrigens der Wachtturm-Gesellschaft rund eine Milliarde Dollar einbringen wird, da das Hauptquartier seit einigen Jahren Schritt für Schritt raus aus New York verlegt wird.

Im März desselben Jahres reiste ich dann schon mal nach München, um Wohnung und Job klarzumachen. Zunächst kam ich in einer kleinen Zweitwohnung von Glaubensbrüdern unter, die ich nicht einmal persönlich kannte. Wie man sich auf seine Brüder und Schwestern verlassen konnte, das war schon eindrucksvoll.

Ich hatte mich wieder bei der Stadtverwaltung München beworben, die auch, nicht zuletzt durch den Einsatz meiner ehemaligen Chefin, gewillt war, mich wieder in ihre Dienste zu nehmen. Allerdings erst ab Mai; ich musste also einen guten Monat finanziell überbrücken. Daher rief ich bei einer Gebäudereinigung an und fragte, ob sie Leute brauchten. »Sie können morgen um sieben anfangen!«, lautete die Antwort. Da soll noch mal jemand sagen, es wäre schwierig, in Deutschland Arbeit zu finden! Wobei das natürlich schon ein unterbezahlter Knochenjob war. Vor allen Dingen nach Stunden bezahlt, wie bescheuert! Warum sollte man sich da mit der Arbeit beeilen? In Island wurde ich nach Projekt bezahlt, und nicht nach Zeit. Nun sollte ich also für neun Euro die Stunde buckeln, während mein Chef mit seinem Cabrio durch die Gegend fuhr. Wenn ich das, was ich in dem einen Monat in München geputzt habe, in Island geputzt hätte, hätte ich sicher drei Monate davon leben können.

Und was für halsbrecherische Jobs dabei waren! Das Verrückteste war, als wir die Fenster an einem Bürogebäude am Stiglmaierplatz reinigten. Da ich der Längste im Team war, wurde ich dazu auserkoren, die oberste

Etage zu putzen. Dazu bekam ich ein Sicherheitsgeschirr angelegt und wurde an einem Drahtseil eingehakt. Zum Putzen stand ich dann im sechsten Stock auf einem höchstens dreißig Zentimeter tiefen Sims. Am Ende der Etage angelangt, packte mich ein Windstoß und ich hielt mich an einem Gestänge fest, nur um festzustellen, dass das wohl die Anti-Tauben-Vorrichtung war, die unter Strom stand. Da hätte nicht viel gefehlt, und ich wäre abgerutscht. Natürlich wäre ich nur in meinen Sicherheitsgurt gefallen, aber scharf drauf war ich trotzdem nicht. Für ausreichend Adrenalin war an dem Tag in jedem Fall gesorgt.

Glücklicherweise verlief die Wiedereinstellung bei der Stadt München problemlos. Ab Mai 2008 arbeitete ich also wieder bei der guten alten Stadtverwaltung, als wär nie was gewesen. Im April folgte mir Sina nach München. Als Island dann im Herbst desselben Jahres wegen der Finanzkrise kurz vor dem Staatsbankrott stand, war uns klar, dass wir den Zeitpunkt, von der Insel zu verschwinden, weise gewählt hatten. Wir hatten größere Dinge wie Auto und Bett in Island verkauft, den Rest unserer Sachen wollten wir uns bei Gelegenheit nachschicken lassen. Dass es dazu nicht kommen würde, ahnten wir beide noch nicht. Mit nichts außer den zwanzig Kilogramm Gepäck, die wir jeweils in den Flieger mitnehmen durften, bedeutete unsere Rückkehr nach München vom Materiellen her gesehen also einen absoluten Neuanfang.

In unserer alten Versammlung, in der wir wieder gelandet waren, gestaltete es sich dann relativ relaxt für mich. Wegen einer negativen Beurteilung der Ältesten in Island wurde ich nicht wieder zum Dienstamtgehilfen ernannt. Ich übernahm zwar aufgrund des Dienermangels in der Versammlung einige Aufgaben, die mir aufgrund des fehlenden Status eigentlich nicht zustanden, aber der Druck, als Absolvent der Dienstamtlichen Weiterbildung groß auftrumpfen zu müssen, war erst mal nicht mehr da.

Das große Problem war wieder das Predigen. Wie hatte ich das satt! Ich wollte einfach nur meine Ruhe. Kein Klinkenputzen mehr, kein doofes Angeschautwerden, kein Den-Leuten-auf-den-Nerv-gehen mehr. Aber die Freiheit zu sagen: »So Leute, jetzt müsst ihr einfach mal ohne mich klarkommen«, die gab es einfach nicht. Der Predigtdienst war ein absolutes Muss, daran gab es kein Rütteln.

Besonders schwierig fand ich es, mit Sina zusammen predigen zu gehen. Ich konnte es kaum ertragen, wenn Wohnungsinhaber sie unfreundlich behandelten oder ungeduldig mit ihr waren, wenn ihr Deutsch nicht wie aus der Pistole geschossen kam. Da war ich den Leuten gegenüber manchmal kurz vorm Ausrasten. Ich ahnte, dass mein Nervenkostüm das alles nicht mehr lange mitmachen würde. Aber eine Auszeit vom Predigtdienst, das kam für mich definitiv nicht in Frage.

Bei der Stadtverwaltung war ich in der Buchhaltung gelandet. Meine Befürchtung, dort eine absolute Fehlbesetzung zu sein, bewahrheitete sich schnell. Das war einer der unkreativsten und undankbarsten Jobs, die ich je gemacht habe. Zudem war die Atmosphäre in der Abteilung ausgesprochen mies, und ich war dort nicht der einzige mit angeschlagenem Nervenkostüm.

An der katastrophalen Sexsituation zwischen Sina und mir hatte sich nichts geändert. Wir führten inzwischen eine weitgehend platonische Beziehung. Da wir uns aber nicht mehr so viel sahen wie in Island, wo wir ja die meiste Zeit zusammengearbeitet hatten, und ich durch die Arbeit schon fast ungewohnt viel Kontakt zu anderen Frauen hatte, spürte ich, dass es höchste Zeit war, irgendwie eine Verbesserung der Lage herbeizuführen. Das war das erste Mal, wo ich Sina klar sagte: »Wenn wir das jetzt nicht konsequent angehen, könnte unsere Ehe daran scheitern.« Wir suchten daraufhin endlich so lange nach professioneller Hilfe, bis wir jemanden fanden, einen Arzt, der uns sagen konnte, was eigentlich los war. Und es war auch das erste Mal, dass wir Freunde miteinbezogen. Bis dahin hatten wir mit niemandem über unsere Lage gesprochen, aus einer Mischung aus Scham, Ignoranz und Naivität. Nun keimte etwas Hoffnung in mir auf. Ich wünschte mir von Herzen, dass Sina und ich uns endlich wie vollwertige Eheleute fühlen könnten, denn inzwischen war sie für mich eher wie eine Schwester geworden.

Kurz nach unserer Rückkehr hatte ich auf Empfehlung von Glaubensbrüdern einen richtig guten Psychiater gefunden, der aus meiner Sicht die richtige Mischung aus Professionalität und Menschlichkeit mitbrachte. Er verschrieb mir eine Psychotherapie, und schon nach kurzer Zeit fand ich tatsächlich einen Therapeuten. Beziehungsweise eine Therapeutin. Die auch noch jung und hübsch war. Was Sina dermaßen missfiel, dass sie von mir verlangte, die Therapie bei der Dame nach der zweiten oder dritten Sitzung abzubrechen. Womit sie natürlich absolut recht hatte. Ich hätte mich wahrscheinlich unsterblich in die Therapeutin verliebt und mir bei jeder Sitzung vorgestellt, wie ich von ihr endlich in die Weihen der körperlichen Liebe eingeführt würde.

Kurz darauf fand ich einen neuen Therapeuten, bei dem diesbezüglich keine Gefahr bestand. In einer der ersten Sitzungen beschrieb ich ihm, wie sehr mir der Predigtdienst widerstrebte, stellte ihm aber auch gleichzeitig jeden Versuch, mir das Predigen auszureden, als sinnlos dar: »Es kommt auf gar keinen Fall in Frage, dass ich mit dem Predigen aufhöre!« Der Therapeut wollte mir überhaupt nichts ausreden, aber das waren halt so Ängste, die man als Zeuge Jehovas hegte, wenn man sich in professionelle Behandlung begab. Psychologische Hilfe in Anspruch zu nehmen, war nicht verboten, aber man musste wahnsinnig auf der Hut sein, sich nicht von weltlichem Gedankengut beeinflussen zu lassen.

~

Die Flucht von Island zurück nach München hatte nicht den erhofften Erfolg gebracht. Es ging mir einfach nicht besser. Die Therapie wühlte zudem Dinge auf, die ich jahrelang verdrängt hatte. Mir wurde immer klarer, wie sehr mir der Verlust meines Bruders noch in den Knochen steckte. Ich fühlte mich weder als richtiger Zeuge Jehovas, weil mir der Predigtdienst immer schwerer fiel, noch als Ehemann, weil ich nach inzwischen fast sieben Jahren immer noch nicht mit meiner Frau geschlafen hatte, noch als irgendwas anderes Richtiges. Ich fühlte in mir eine große Traurigkeit, verbunden mit einer irritierenden Taubheit. Ich brannte für nichts.

Ich schlief immer schlechter, konnte mich auf der Arbeit kaum noch konzentrieren und stand total neben mir. Mehr als einmal kam es vor, dass ich auf dem Weg zurück von der Toilette plötzlich in irgendeinem fremden Büro stand und ungläubig diese andere Person auf meinem Stuhl anstarrte, der gar nicht mein Stuhl war. Am Telefon hatte ich manchmal das Gefühl, ich könnte mir selbst beim Sprechen zuschauen und hätte überhaupt keine Kontrolle mehr über das, was ich sagte. Oft war ich nach dem Auflegen froh, dass ich am Telefon nicht wegen nichts ausgerastet war.

Eines Abends besuchte ich Eddi, einen Freund aus der Versammlung, von dem ich wusste, dass er ebenfalls schon lange an Depressionen litt. Als ich ihm erzählte, wie es mir auf der Arbeit ging und dass ich am nächsten Tag einen Termin beim Psychiater hatte, meinte er gleich: »Morgen gehst du hin und lässt dich krankschreiben!« Am Tag darauf schilderte ich dem Psychiater die Lage, woraufhin er mich gleich drei Wochen aus dem Verkehr zog. Eddi hatte mir auch eine psychosomatische Klinik empfohlen, in der er selbst bereits einige Wochen verbracht hatte. Der Psychiater meinte, das sei eine gute Idee, und meldete mich dort an, wobei es einige Wochen Wartezeit geben würde, bis ich einen Platz erhielt.

Ich war weiterhin krankgeschrieben und genoss in den folgenden Wochen die Zeit für mich sehr. Ich war gar nicht so scharf darauf, möglichst schnell in diese Klinik zu kommen. Außerdem ahnte ich, dass mein Leben ein anderes sein würde, wenn ich wieder aus der Klinik käme. Ich wagte nicht, diesen Gedanken auszuformulieren, und vor allem wagte ich nicht, mir vorzustellen, kein Zeuge Jehovas mehr zu sein. Aber unterbewusst stellte sich in mir eine Klarheit darüber ein, dass sich mein Leben von Grund auf ändern würde.

Bevor ich in die Klinik einlief, kam es noch zu einem gehörigen Schock. Sina erzählte mir, dass es mit dem Glauben von Andre, meinem besten Freund in Duisburg, Probleme zu geben schien. Etwa zwei Jahre zuvor war schon Simon, meinem Freund aus Kindheitstagen, die Gemeinschaft entzogen worden, und mir wurde übel bei dem Gedanken, dass dieses Schicksal auch Andre ereilen könnte. Zu Simon hatte ich keinen Kontakt mehr, wobei man nicht direkt davon sprechen konnte, dass ich den Kontakt abgebrochen hatte, da wir in den Jahren zuvor eh nicht viel voneinander gehört hatten. Es war eher so, dass ich nicht den Kontakt zu ihm suchte. Aber bei Andre war es anders. Wir hatten ein sehr inniges Verhältnis, und die Vorstellung, jegliche Verbindung zu ihm abbrechen zu müssen, widerstrebte mir zutiefst. Ich wusste, dass ich das niemals zulassen würde.

Nachdem ich also von Andres wankendem Glauben gehört hatte, telefonierten wir einige Male. Er erzählte mir, dass er die Legitimität der Leitenden Körperschaft, des obersten Gremiums der Zeugen Jehovas im Hauptquartier in Brooklyn, New York, anzweifelte. Das war ungefähr so, als hätte ein Franzose im siebzehnten Jahrhundert die Legitimität des Sonnenkönigs angezweifelt. Oder ein Ork die Legitimität von Sauron.

Mir schwante Schlimmes. Wenn ein Zeuge Jehovas diesen Satz über die Lippen bringt, dann ist nicht mehr viel zu retten. Dann hat der Teufel schon ganze Arbeit geleistet. Allein zu erwähnen, dass es in Jehovas Organisation nicht immer perfekt läuft, wäre grenzwertig. Aber der Leitenden Körperschaft ihre göttliche Berufung abzusprechen, da pfeift der Glaube ganz sicher schon länger aus dem letzten Loch.

Ich versuchte mit Engelszungen, Andre zur Besinnung zu bringen. Was es bedeuten würde, wenn er die Organisation verließe. Was es für unsere Freundschaft bedeuten würde. Für seine Ehe. Für seinen Vater. Ich suchte zusammen mit Sina noch »Wachtturm«-Artikel zusammen, in denen es besonders eindrücklich um Loyalität zur Organisation ging, und schickte sie Andre zu. Ich betete und hoffte, dass es für ihn nicht zum Super-GAU im Leben eines Zeugen Jehovas kommen würde.

Dass ich dann noch vor ihm ausgeschlossen werden würde, das ahnte damals noch nicht mal ich.

Die Situation mit Andre war also äußerst gespannt, trotzdem hatte ich noch Hoffnung, dass es nicht gänzlich eskalieren würde. Irgendwann kam dann die Nachricht, dass in der Klinik ein Platz für mich frei sei und ich meinen dreimonatigen Aufenthalt dort antreten könne. Ich fuhr mit dem Bus zum Tegernsee, wo die Klinik lag – eine Traum-Location. Das Haupthaus war ein ehemaliges Hotel im traditionellen Stil, allerdings wurde ich in einem Außenhaus untergebracht, das etwa zweihundert Meter entfernt lag und in keiner Weise von den Ferienhäusern zu unterscheiden war, die ringsum standen.

Am selben Tag war eine junge Frau eingewiesen worden, die die ganze Zeit über weinte und schluchzte. Obwohl wir den gleichen Weg zur Unterbringung hatten, wagte ich es nicht, sie anzusprechen. Überhaupt konnte ich noch gar nicht einschätzen, was für Leute mit welcher Art von Problemen meine Mitpatienten waren. Bevor ich irgendein Trauma bei dem Mädel auslöste, blieb ich lieber auf Distanz.

Sobald sich die Tür meines Zimmers hinter mir schloss, fiel mir eine große Last von den Schultern. Es sollte sich als große Erleichterung erweisen, auch physisch mal so ganz aus dem gewohnten Umfeld rauszukommen.

In der Schublade meines Bettschränkchens fand ich ein kleines Plastikkreuz. Zeugen Jehovas lehnen das Kreuz als heidnisches Symbol ab und sind davon überzeugt, dass Jesus Christus an einem aufrecht stehenden Pfahl hingerichtet wurde, nicht an einem Kreuz. Mein biblisch geschultes Gewissen hätte mich also eigentlich dazu bewegen müssen, es sofort aus meinem Zimmer zu entfernen und am besten in die Tiefen des Tegernsees zu befördern, aber ich entschied mich dagegen. Es würde mich nicht wundern, wenn es Zeugen Jehovas gäbe, die behaupteten, ich hätte mich damit dem Einfluss der Dämonen preisgegeben und es wäre ja kein Wunder, dass die Dinge in so teuflischer Weise ihren Lauf nahmen. Vielleicht war es für mich damals der erste offene Akt der Rebellion gegen diesen wahnsinnigen Aberglauben. Natürlich ein recht stiller Akt, zumal kein anderer Zeuge Jehovas zugegen war. Aber es war schon eine Sache, dieses Kreuz da zu belassen, wo es war.

Mein Zimmernachbar hieß Mark, ein sympathischer junger Kerl mit ausgeprägten Selbstmordtendenzen. Überhaupt schien das Thema Selbstmord ausgesprochen präsent zu sein bei meinen Klinik-Genossen.

Für die Einzeltherapie wurde ich einer Therapeutin zugewiesen. Sie war eine tolle Frau, aber glücklicherweise nicht heiß genug, um eine ernsthafte Gefahr für meine Frömmigkeit darzustellen. Neben der Einzeltherapie gab es noch einen Haufen anderer Therapieformen: Gruppentherapie, Kunsttherapie, Körpertherapie, Sporttherapie und was weiß ich nicht noch alles. Der Tag begann mit Frühsport, und danach arbeitete man sich von einem Termin zum nächsten durch, nur unterbrochen von vorzüglichen Mahlzeiten.

Im Ort gab es natürlich auch eine Versammlung, und ich hatte mir vor meiner Klinikeinweisung fest vorgenommen, regelmäßig zu den Zusammenkünften zu gehen. Erst einmal rückte dieses Vorhaben für mich allerdings in weite Ferne, zu froh war ich, mal Ruhe vor dem ganzen Zeugen-Jehovas-Trubel zu haben.

Eine der Techniken, die ich im Laufe der Wochen in der Klinik lernte, war die Achtsamkeit. Eine tolle und effektive Methode, um ganz im Hier und Jetzt anzukommen. Denn das ist ja oft das Problem bei Depressionen, man versinkt entweder in der Vergangenheit oder schwebt nur in der Zukunft. Bei mir war es eher Letzteres: Ich hatte meine Vergangenheit in der Hoffnung begraben, damit einer Konfrontation mit ihr entgehen zu können, und flüchtete mich in die Zukunft: In der neuen Welt wird alles besser! Dass es dadurch noch viel schlimmer wurde und mich letztlich lebensbedrohlich krank gemacht hatte, davon war im »Wachtturm« natürlich nie die Rede gewesen.

Allerdings ist die Technik der Achtsamkeit dem Buddhismus entlehnt, was mir zu Anfang gar nicht bewusst war, aber mir als Noch-Zeuge-Jehovas noch einigen Ärger bereiten würde.

Irgendwann raffte ich mich doch mal auf, die örtliche Zusammenkunft zu besuchen. Ich war spät dran, das Programm hatte schon begonnen, als ich im Königreichssaal die Treppe zum Versammlungsraum hochstieg. In dem Moment hörte ich über die Mikrofonanlage eine vertraute Stimme – die Versammlung hatte offensichtlich gerade Dienstwoche, die Woche, in der der Kreisaufseher die Versammlung besucht, um durch gemeinsamen Predigtdienst, ermunternde Ansprachen und peinlich genaue Prüfung der Verkündigerberichtskarten den geistigen Stand der Brüder und Schwestern zu ermitteln. Jedenfalls erkannte ich die Stimme des Kreisaufsehers, und noch ohne einen Blick in den Versammlungsraum geworfen zu haben, drehte ich buchstäblich auf dem Absatz um und nahm Reißaus. Allein der Klang der Stimme hatte mein Inneres zu einem einzigen Krampf werden lassen.

Ein anderes Mal, die Dienstwoche war vorüber, wagte ich mich wieder in den Königreichssaal, war aber wieder nach Programmbeginn gekommen, um niemandem Rede und Antwort über meine Person oder die Umstände zu stehen, die mich an den Tegernsee geführt hatten. Nachdem ich Platz genommen hatte, irgendwo hinten, in der letzten Reihe, musterten mich einige der Anwesenden mit verstohlenem Blick quer durch den Königreichssaal. *Ein Gast? Ein Interessierter? Ein Ausgeschlossener? Dürfen wir ihn nachher grüßen? Oder einfach wieder jemand aus der Klinik?*

Wie ich da so saß, schweifte mein Blick durch den Raum. Er blieb an einem jungen Bruder hängen, der, fleißig jedes Wort mitschreibend, mit vorbildlichem Haarschnitt und glattrasiertem Gesicht, redegewandt Kommentare gab. Einfach ein junger, vorbildlicher Vorzeige-Zeuge. So wie ich damals. Und nun saß ich da – mit Zottel-Vollbart, den ich mir während des Klinikaufenthalts hatte wachsen lassen, desillusioniert, ernüchtert, müde, unsagbar müde. Vor Programmende verschwand ich wieder. Dies war vorerst das letzte Mal, dass ich einen Königreichssaal von innen sah.

~

Am ersten Wochenende in der Klinik hatte ich davon gehört, dass der örtliche Schützenverein Montagabends ein Schießen für Gäste anbot, das auch bei den Patienten der Klinik sehr beliebt war. Schießen! Eine Knarre in der Hand halten! Was in meiner Kindheit allerhöchstens schmutzige Fantasie sein durfte, konnte ich hier also außerhalb der Reichweite der Ältesten endlich ausleben. Natürlich war ich sofort dabei!

176

Alkoholkonsum war während des Klinikaufenthalts eigentlich strikt verboten, aber im Schützenverein wurde ordentlich gebechert, wobei ich meinen weltlichen Mitpatienten in nichts nachstand. Die Leute von uns, die im Haupthaus untergebracht waren, mussten durchaus mit Alkoholkontrollen bei Betreten des Hauses rechnen, aber wir, die wir in einem Außenhaus wohnten, brauchten derlei nicht fürchten.

Was war das Schießen für ein Riesenspaß! Und ich war gar nicht so schlecht. Jehova hatte mir offenbar das Talent dazu in die Wiege gelegt, worüber ich etwas verwundert, aber auch durchaus erfreut war.

Unter den Patienten wurde mitunter heftig geflirtet, allerdings waren Liebeleien von der Klinikleitung offiziell verboten. Ich ließ Avancen von Mitpatientinnen weitgehend an mir abperlen, was nicht heißt, dass mir einige von ihnen nicht auf bestimmte Art und Weise aufgefallen wären. Da war zum Beispiel Sandra, sehr hübsch, blond, frauliche Rundungen, die es fertigbrachte, beim Frühsport so auszusehen, als würde sie Salsa tanzen. Sie wohnte ebenfalls in einem der Außenhäuser, und wir liefen uns immer wieder mal über den Weg, tauschten aber lange nicht mehr aus als ein flüchtiges Hallo. Ich ahnte jedoch, dass sie noch eine bedeutende Rolle in meiner Zeugen-Jehovas-Laufbahn spielen sollte.

Der größte Segen meiner Zeit in der Klinik war, dass ich so langsam begann, bei mir selbst anzukommen, mich zu spüren und mir meiner Bedürfnisse bewusst zu werden. In einer Achtsamkeitssitzung brach ich in Tränen aus, einfach weil ich ganz in jenem Moment angekommen war und mich in meiner Umgebung wahrnahm. Es war so, als spürte ich zum ersten Mal, dass ich tatsächlich da war.

Vor meiner Therapeutin wagte ich auszusprechen, wie sehr mir alles zu viel gewesen war, die Versammlung, das Predigen, die Ehe, die Erwartungen anderer, die Trauer um meinen Bruder. Einfach alles zu viel.

Kürzlich fand ich eine E-Mail, die ich in der Zeit an Sina geschrieben hatte, als sie gerade auf Heimatbesuch in Island war:

»mir ging's die letzten tage extrem schlecht. null nerven. oft kurz vorm ausrasten. aber die therapeutin ist genial. wir haben herausgefunden, dass ich extrem überfordert bin. in allen bereichen. ich hab letztens einen brief geschrieben an dich, den hab ich mit der therapeutin durchgelesen und montag lesen wir weiter und dann schick ich ihn dir. nix schlimmes aber sehr offen.

mir ist jetzt alles sehr viel. du bist mir nicht zu viel, aber dass es dir so schlecht geht. ich pack das jetzt nicht. bitte bleib noch in island. geht das? nimm dir zeit und setz dich nicht unter druck. und lass dich auch nicht unter druck setzen von anderen. wenn versammlung jetzt nicht geht, dann geht's nicht. ich war auch noch nicht. will aber morgen gehen. mal schauen, ob ich kraft habe. ich bin kränker, als ich dachte. ich schreib dir bald mehr.«

Den Brief, den ich ihr geschrieben hatte, finde ich nicht mehr. Aber im Wesentlichen stand drin, was mir im Einzelnen zu viel war. Es war einfach die pure Überforderung an allen Ecken und Enden. Ich empfand es als große Erleichterung, dass ich diese Überforderung nun endlich kommunizieren konnte. Wie es zu einer dauerhaften Besserung der Lage kommen sollte, war mir noch nicht klar. Ich liebte Sina, hatte aber immer weniger Hoffnung, dass wir jemals ein auch in sexueller Hinsicht normales Eheleben würden führen können. Ich konnte und wollte nicht mehr predigen gehen, wusste aber auch, dass es sich nicht mit den Idealen eines Zeugen Jehovas vereinbaren ließ, würde ich den Predigdienst aufgeben. Ich liebte Jehova, sah mich aber immer weniger in der Welt seiner Zeugen.

Es war wohl eher eine unbewusste Entscheidung, einfach alles eskalieren zu lassen, um klare Verhältnisse zu schaffen, ohne offen Stellung beziehen zu müssen. Zu sagen, dass ich kein Zeuge Jehovas mehr sein wollte, so weit war ich längst noch nicht. Am liebsten wollte ich es mit Sandra eskalieren lassen, dem Mädel, das so nett die Hüften schwang beim Frühsport. Aber vorher musste ich mir noch in irgendeiner Weise eine Absolution holen, ganz so abgebrüht war ich dann doch nicht.

An einem Wochenende war ich auf Heimurlaub in München und sagte Sina offen, wie es aus meiner Sicht um unsere Ehe stand. Dass es sich eher anfühlte wie Bruder und Schwester, oder Freund und Freundin, aber eben nicht wie Mann und Frau. Sina ließ durchblicken, dass sich auch auf lange Sicht nichts am Zustand unseres Sexlebens ändern würde. Und plötzlich sprachen wir offen über Trennung. Und es fühlte sich gut an, ich glaube wirklich für uns beide. Wir sprachen darüber, wie es sein würde, wenn jeder von uns eine eigene Wohnung hätte, und Sinas Augen leuchteten auf. Sie hatte ja nie Zeit gehabt, ihr eigenes Leben zu führen. In Island hatte sie lange daheim gelebt und dabei sehr unter der unglücklichen Ehe ihrer Eltern gelitten. Und kaum hatte sie endlich eine eigene Bude, trat ich in ihr Leben, und alles wurde wieder anders und noch schwerer.

Wir sprachen auch über die Problematik, dass eine Trennung natürlich nicht Scheidung bedeutete, denn letztere war ja nur möglich, wenn einer der beiden Ehepartner Ehebruch begangen hatte. Wir würden uns voneinander trennen können, wären aber immer noch an den anderen gebunden. Und da kam ihr dieser Satz über die Lippen, ein Satz, den sie später bereute, weil sie im Moment des Aussprechens noch gar nicht erfassen konnte, für wie viel Schmerz er noch sorgen würde: »Dann wäre es mir lieber, wenn du mit jemandem schläfst.«

Da war sie, meine Absolution. Zumindest von Sina. Nun brauchte ich noch eine von Jehova.

~

Sandra und ich waren uns inzwischen nähergekommen. Eines Abends traf ich sie im Fernsehraum, sie schaltete mir zuliebe um auf die Tagesschau, und wir kamen ins Gespräch. Später verabredeten wir uns auch für Spaziergänge am See, wir quatschten viel. Körperlich blieb ich auf Distanz, aber wir wurden immer vertrauter miteinander. Eines Nachts holte ich sie zu einem Spaziergang ab und legte bei der Gelegenheit das erste Mal meinen Arm um sie. Ich kann nicht mehr genau sagen, was ich dabei fühlte. Es war sehr aufregend, aber mir war auch klar, dass ich mich auf äußerst dünnem Eis bewegte. Adrenalin, Erregung und Schuldgefühle, das war wohl so die Mischung, die meine Gefühlswelt bestimmte, wenn ich mit Sandra zusammen war.

Nachdem Sina den bedeutungsschweren Satz gesagt hatte, legte ich auch meine inneren Hemmungen ab, Sandra weiter körperlich näherzukommen. Als wir eines Nachts auf einer Bank am See saßen, küssten wir uns. In dem Moment dominierten Adrenalin und Erregung, die Schuldgefühle waren ausgeblendet.

Wie fand Jehova das, was ich da veranstaltete? Hatte er Verständnis für meine Lage? Erwartete er von mir, dass ich weiterhin an der Ehe festhielt? Selbst der biblische Jakob musste nicht länger als sieben Jahre auf seine Rahel warten, wie konnte Jehova da mehr von mir erwarten? Ich hatte doch brav an meiner Jungfräulichkeit bis zur Heirat festgehalten, musste ich denn wirklich nun auch weiterhin in der Ehe jungfräulich bleiben? War ich ein schlechter Mensch, weil ich nur an mich dachte? Es half nichts, ich brauchte von Jehova ein eindeutiges Zeichen, dass ich seinen Segen dazu hatte, aus der Ehe auszusteigen. Mit Sandra.

Nun fanden ja regelmäßig montagsabends die Veranstaltungen im örtlichen Schützenverein statt. Wir hatten ein paar Cracks in der Gruppe, die beim Bund das Schießen gelernt hatten, und meistens waren sie es, die bei der Siegerehrung Gold und Silber einheimsten. Ich hatte es bereits einige Male zu Bronze geschafft, aber noch nie weiter. Und Schützenkönig war ich auch noch nie geworden.

Eines Montags betete ich allen Ernstes: »Jehova, wenn ich deinen Segen habe, die Ehe zu beenden, dann lass mich heute Abend Gold gewinnen und Schützenkönig werden!« Auf so Ideen kann eigentlich auch nur ein Zeuge Jehovas kommen. Was soll ich sagen, an dem Abend gewann ich Gold mit 94 von 100 Punkten und wurde Schützenkönig, und das obwohl die Bundeswehr-Jungs auch mit von der Partie waren. Wahnsinn! Jehova hatte mein demütiges Gebet erhört, er hatte mein Leiden gesehen und schickte mir die unmissverständliche Botschaft: »Ja, Junge! Du hast meine allerhöchste Erlaubnis, es richtig schön krachen zu lassen!« Zumindest kam es bei mir so an. An diesem Abend becherte ich im Vereinshaus besonders viel, euphorisch und beseelt von meiner Schießleistung und der Aussicht, mit göttlichem Segen endlich meine Unschuld zu verlieren.

Ich landete mit Sandra auf ihrem Zimmer. Zu besonders viel reichte es nicht mehr, vermutlich vor allem wegen des konsumierten Alkohols in Verbindung mit den Psychopharmaka, die ich regelmäßig einnahm. Aufgeregt war ich natürlich auch. Einen Teil meiner Unschuld verlor ich an dem Abend aber trotzdem: Ich hatte den ersten Oralsex meines Lebens.

Kater und Schuldgefühle folgten am nächsten Morgen in diabolischer Kombination. Was hatte ich nur angerichtet? Ja, Sina hatte mir einen Freifahrtschein ausgestellt, aber ich hatte am Vorabend eine schwere Sünde begangen, eine sexuelle Handlung mit einer Person, mit der ich nicht verheiratet war. Wie war ich nur auf die Idee gekommen, ich hätte dazu Gottes Segen?

Völlig aufgelöst rief ich Sina an, um ihr mein Vergehen zu beichten. Denn darum ging es ja: Ich wollte die Grundlage dafür schaffen, dass wir unsere Ehe beenden könnten, daher lag mir nichts daran, meine Sünde geheim zu halten. Sina schien wegen meines Gemütszustandes besorgter zu sein als aufgrund der Tatsache an sich. Ich musste so verzweifelt geklungen haben, dass sie wohl dachte, ich würde mich gleich vom Wallberg stürzen. Wobei das nicht so weit hergeholt war. Es war einer der wenigen Momente in meinem Leben, wo mir die Nichtexistenz, herbeigeführt durch den eigenen Tod, als sinnvolle Variante erschien.

Ich rief auch gleich einen Ältesten aus der Versammlung an. Mir war klar, dass ich damit das »Schwere-Sünden-Programm« der Organisation in Gang setzte, aber es half ja nichts. Ich musste meine Sünde beichten, um die formellen Voraussetzungen eines Ehebruchs zu erfüllen.

Abends telefonierten Sina und ich wieder, es hätte nicht viel gefehlt, und ich hätte mich mit dem Telefon in der Hand im Tegernsee versenkt. Nach all den vielen kleinen Sünden meines Lebens war das hier schon harter Tobak. Ehebruch. Sex. Einen geblasen bekommen. Fürchterlich! Was war ich nur für ein egoistisches Monstrum. Hätte ich nicht noch weitere sieben Jahre enthaltsam leben können? Hatte ich nicht genug Liebe in mir, um mit Sina auch ohne Sex glücklich zu werden?

Es war, glaube ich, schon der nächste Abend, an dem ich mit Sandra schlief, so richtig. Alle Dämme waren gebrochen. Das Kind schon längst im Brunnen versenkt. Weder der Himmel noch die Erde sollten Zweifel daran haben, dass es wirklich Ehebruch war, was ich da beging. Nicht, dass unsere Scheidung angefochten werden könnte, weil es ja kein »richtiger« Sex war, den ich mir da geleistet hatte.

Wieder war ich ordentlich betrunken, ich lag in Sandras Bett, und ich erinnere mich, wie sie mich noch fragte, ob ich sicher sei, »den ganzen Weg« gehen zu wollen. Ich hörte, wie mir ein »Ja!« über die Lippen kam.

Mit zweiunddreißig Jahren verlor ich also meine Jungfräulichkeit, während ich mein Gesicht zwischen Sandras Brüsten vergrub. Ob Jehova bei diesem Anblick schockiert die Hände über dem Kopf zusammenschlug oder nicht: In diesem Moment war es mir egal.

Wieder beichtete ich sowohl Sina als auch einem Ältesten am Telefon meine Sünde. Die nächste auch. Nur das vierte Mal behielt ich vorerst für mich, ich wollte es nicht übertreiben.

Auch meine Therapeutin ließ ich teilhaben an meiner sexuellen Revolution. Sie musste mir zwar eine Abmahnung erteilen, weil ich ja gegen die Klinikregeln verstoßen hatte, aber gleichzeitig entschuldigte sie sich dafür und sprach mir deutlich zu. Das stank mir ein wenig, denn es schien ihr nicht klar zu sein, dass es ja trotz allem eine schwere Sünde war, die ich da begangen hatte; eigentlich waren es sogar vier, aber wir wollen nicht so kleinlich sein.

Am Telefon wurde mir von einem Ältesten mitgeteilt, dass nun ein *Rechtskomitee* gebildet werden würde, ein Tribunal, bestehend aus drei Ältesten der Versammlung, das sich meines Falles annehmen würde. Der Termin für meine Verhandlung wurde auf eine Woche nach meiner Entlassung aus der Klinik anberaumt, was zu diesem Zeitpunkt noch etwa drei Wochen in der Zukunft lag.

Was für eine grandiose Perspektive! Dieser Ansicht war auch mein Körper, der völlig außer Rand und Band geriet. Eines Nachts bekam ich einen Hexenschuss, im Liegen! Meine Zunge entzündete sich und schwoll zu einem heißen, roten Klumpen an. Ich konnte keine feste Nahrung mehr zu mir nehmen und erhielt meine Mahlzeiten püriert. Der Hals-Nasen-Ohrenarzt im Ort verschrieb mir eine Salbe und ein Betäubungsspray, das zum großen Teil aus Alkohol bestand. Ich sollte die Zunge erst betäuben, um das Auftragen der Salbe aushalten zu können. So sprühte ich zuversichtlich eine ordentliche Ladung Alkoholspray in meinen Mund – ich kann mich nicht erinnern, jemals einen stärkeren Schmerz verspürt zu haben. Das nächste Mal betäubte ich die Zunge schrittweise, was mich nicht so aus den Socken haute wie zuvor, aber immer noch höllisch wehtat.

Bei den Therapiesitzungen heulte ich nur noch. Der Chefarzt wollte mir in der Visite weismachen, ich sei bereit für den Schritt nach draußen, jetzt könne es ja nur noch aufwärts gehen. Mein Leben hatte einen absoluten Tiefpunkt erreicht, aber er meinte wahrscheinlich etwas anderes. Ein Tiefpunkt, den ich kurze Zeit zuvor niemals für möglich gehalten hätte. Ich hatte gegen meine Frau gesündigt, gegen Jehova, gegen die Organisation, hatte alle enttäuscht, die mir jemals etwas bedeutet hatten; mich erwartete ein Rechtskomitee, das nicht weniger verhandeln würde als meine Zukunft. Alles, was ich mir in den zweiunddreißig Jahre meines Lebens aufgebaut hatte, worein ich meine Seele, mein Herz und meine Kraft investiert hatte, all das konnte von den drei Brüdern, die mich erwarteten, mit nur einem Satz weggewischt, annulliert, für ungültig erklärt werden: »Dir wird hiermit die Gemeinschaft entzogen.«

Die Wochen bis zur Entlassung vergingen quälend langsam. Sandra hatte die Klinik inzwischen verlassen. Sie reagierte mit Unverständnis, als ich ihr klarzumachen versuchte, dass jetzt nicht der Zeitpunkt war, um mit ihr eine glückliche Beziehung aufzubauen.

Zur Ablenkung kam mir das Casino in Bad Wiessee gerade recht. Ich hatte vor einiger Zeit von einem »Trick« beim Roulette gelesen, den ich mich aber nie auszuprobieren getraut hatte, da Glücksspiel natürlich des Teufels und strikt abzulehnen war. Nun fühlte es sich so an, als wäre es eh schon fast wurscht, sodass ich mich tatsächlich ins Casino an den Roulette-Automaten traute. Ich gewann fünfundfünfzig Euro, aber dass dies dem Segen Jehovas zuzuschreiben war, wagte nicht einmal ich zu glauben. Auf den »Trick« sollte ich später noch in größerem Stil zurückgreifen, wie das ausging, kann man sich wohl denken.

Irgendwann kam dann der Zeitpunkt des Abschieds von der Klinik. Die Leute dort waren mir teilweise richtig ans Herz gewachsen. Selbst den Waffenwart im Schützenverein verabschiedete ich mit einer herzlichen Umarmung.

Kurz vor der Abreise ging ich noch einmal die Stationen am See ab, die sich tief in meine Erinnerung gegraben hatten. Orte, die fest mit dem eigenen Schicksal verbunden sind, haben eine ganz spezielle Magie (keine Sorge, nichts Spiritistisches), und so wird der Tegernsee für mich immer etwas Besonderes sein. Abgesehen davon, dass er eh sauschön ist. Und das Bier im örtlichen Bräustüberl zu den besten des Planeten gehört.

Nun ging es also wieder zurück in meine alte Welt, die Zeugen-Welt.

~

Zu Hause angekommen, war alles überraschend entspannt. Sina hatte natürlich sehr unter den Umständen gelitten, aber dadurch, dass wir vor und während der Eskalation, für die ich gesorgt hatte, offen über die Lage gesprochen hatten, schien es nicht viel Grund für Aufgeregtheit zu geben.

Zwar schwebte mein Termin vor dem Rechtskomitee düster über uns, aber ich hatte doch auch das Vertrauen, dass die Organisation alles gut machen würde. Einerseits musste ich natürlich die Option erwägen, dass ich wirklich ausgeschlossen werden würde, aber darauf hatte ich es ja eigentlich nicht explizit angelegt. Es war mir vornehmlich darum gegangen, einen Ausweg aus der Ehe zu finden. Ich hoffte insgeheim, dass sich ein Weg finden lassen würde, dem Ausschluss zu entgehen. Ich würde einfach offen und ehrlich sein, alle Karten auf den Tisch legen und darauf vertrauen, dass der Geist Gottes die drei Brüder des Rechtskomitees zu einer weisen und gesegneten Entscheidung führen würde.

Vielleicht würde sogar beim ersten Termin erst mal nur grob die Lage geklärt werden? Und man würde sich noch einmal treffen, um mir wieder auf den rechten Weg zu verhelfen? Ich war schließlich kein böser Sünder, der sich gewissenlos durch die Gegend bumste. Ich hatte alles gebeichtet, und es tat mir ja auch leid, dass ich für so viel Tränen gesorgt hatte. Und es würde doch sicherlich zu meinen Gunsten ausgelegt werden, dass ich meiner Frau sieben Jahre lang treu gewesen war, obwohl wir nicht miteinander schliefen, und dass ich ja schließlich auch psychisch krank und daher tendenziell unzurechnungsfähig war. Oder etwa nicht?

In den Karren fuhr mir dann etwas die Tatsache, dass Sandra mich per Handy kontaktierte und ich Sina davon erzählte. Wir waren gerade auf dem Heimweg von der Zusammenkunft, noch in der Woche zwischen Klinikentlassung und Rechtskomitee, dessen Sitzung für Sonntag anberaumt war. Ich erwähnte eher beiläufig, dass Sandra mir eine SMS geschickt hatte, keine Ahnung, was ich mir dabei dachte. Ganz so entspannt war die Lage natürlich nicht, dass das Sina nicht gerührt hätte. Jedenfalls machte sie auf der Stelle kehrt und eilte zurück zum Königreichssaal, um einem Ältesten davon zu erzählen, und ich lief ihr hinterher. Der Älteste nahm uns beide mit heim, er wohnte um die Ecke. Ich beichtete mal wieder, und zwar eben von Sandras Kontaktaufnahme. Er machte mir daraufhin unmissverständlich klar, dass ich garantiert ausgeschlossen werden würde, wenn ich den Kontakt zu der Frau nicht abbrechen würde. Dass ich da aber auch nicht selbst drauf gekommen war!

Am Samstag vor meiner Verhandlung telefonierte ich noch mit meiner Mutter. Sie riet mir, vor dem Rechtskomitee einfach ich selbst zu sein. Ich beherzigte am Tag darauf ihren Rat, wobei das Resultat wohl nicht das von ihr gewünschte war.

Schließlich war mein Termin gekommen, an einem Sonntag gegen Ende November 2009, zehn Uhr, im Königreichssaal. Natürlich in Anzug und Krawatte, wie immer zu offiziellen Zeugen-Jehovas-Anlässen. Meine Richter waren bereits anwesend, als ich den Nebenraum betrat: Bruder Blau, Bruder Grau und Bruder Grün. Alle, mich eingeschlossen, etwas blass um die Nase – wir hätten uns wohl ein vergnüglicheres Sonntagvormittagsprogramm gewünscht. Ich begrüßte alle mit Handschlag, denn natürlich waren mir die drei durch die Jahre, die wir gemeinsam in der Versammlung verbracht hatten, sehr vertraut.

Mit Bruder Blau war ich oft im Predigtdienst gewesen, wobei das immer recht oberflächliches Klingelputzen war, so als hätte der liebe Bruder Blau sich – wie ich auch – immer etwas Schöneres als Predigen vorstellen können. Er und seine Frau hatten sich immer lieb um Sina gekümmert. Oft waren wir bei den beiden zum Essen eingeladen gewesen. Bruder Grün stand mir am nächsten. Er und seine Frau waren überaus gastfreundlich, herzlich, großzügig und hilfsbereit. Mit Bruder Grau verstand ich mich auch sehr gut. Er war der Ehemann von Christine, der Schwester, die mich damals mit ihrem »Mein Gott, bin ich feucht« gehörig aus dem Konzept gebracht hatte.

Da hockten wir also nun. Mein Rechtskomitee und ich.

»Bruder Rohde, sag uns doch noch einmal, warum wir hier sind«, fing Bruder Grau an, der Komiteevorsitzende. Noch bevor ich dazu kam, brach ich in Tränen aus. Ich sagte keinen Ton, saß nur da mit der Hand vor den Augen und heulte Rotz und Wasser. Die anderen regten sich nicht, bis ich fertig war, das dauerte sicherlich so zwei, drei Minuten. Aber das Weinen hatte gutgetan – ich fühlte mich klarer, und stärker.

Ich sagte den Dreien, warum wir hier waren. Dass ich viermal Sex gehabt hatte mit einer Frau, die nicht meine Ehefrau war. Ich weiß noch, wie ich gefragt wurde, welche Art Sex genau das gewesen sei, aber ob noch weitere Details erfragt wurden, kann ich einfach nicht mehr sagen, zu sehr habe ich diese zutiefst demütigende Situation verdrängt. Allerdings kann ich mich noch sehr gut an Bruder Blaus Unverständnis darüber erinnern, wieso mir die Ehe nicht auch ohne Sex gereicht habe. Da kam mir der Gedanke »Lieber Bruder Blau, du solltest vielleicht nicht von dir auf andere schließen!« in den Sinn, den ich aber nicht laut äußerte.

Bruder Grün hatte auf meine einige Tage zuvor geäußerte Bitte, eine entsprechende Anfrage an das sogenannte Zweigbüro im Bethel in Selters zu senden, eine schriftliche Antwort auf meine Frage erhalten, ob Sinas und meine Ehe nicht letztlich vor Gott ungültig gewesen sei, weil sie ja nie »vollzogen« wurde und wir niemals im biblischen Sinne »ein Fleisch« gewesen seien. Schön blöd, ich weiß, aber ich wollte damals einfach jede auch noch so dämlich wirkende Möglichkeit ausschöpfen. Die Antwort des Zweigbüros fiel wie erwartet negativ aus, jedoch mit einer überraschend dümmlichen Erläuterung:

189

Wenn jemand einen Führerschein mache, so wäre dieser ja auch gültig, selbst wenn man sich dazu entschlösse, niemals selbst Auto zu fahren. Ah, ja.

Bemerkenswerterweise wurde nicht ein Mal mein psychischer Zustand erwähnt, obwohl ja aufgrund meines Klinikaufenthalts offensichtlich war, dass es mir nicht gutging. Nichts, das interessierte keine Sau. Von barmherziger Erwägung mildernder Umstände konnte nicht im Entferntesten die Rede sein.

Irgendwann, so nach etwa knapp zwei Stunden, merkte ich, dass die Sache gelaufen war, dass es überhaupt keine Rolle mehr spielte, was ich sagte oder nicht sagte. Spätestens an dieser Stelle:

»Bruder Rohde, kannst du bestätigen, dass du in einer katholischen Kirche eine Kerze angezündet hast?«

Moment mal. Wie bitte? Woher wussten diese Kerle ... Sina?

»Ja, das kann ich bestätigen.«

»Was würde wohl ein Außenstehender sagen, wenn er einen Zeugen Jehovas dabei sieht, wie er in einer Kirche eine Kerze anzündet?«

»Keine Ahnung. An dem Tag war ich traurig wegen des Todes meines Bruders, die Atmosphäre in der Kirche tat mir gut und ich zündete zum Gedenken an ihn eine Kerze an. Wie das Außenstehende fänden, kann ich nicht sagen.«

»Findest du, an Königreichssälen ist etwas nicht in Ordnung, oder warum suchst du eine Kirche auf?«

»Königreichssäle finde ich grundsätzlich okay, aber so ein bestimmter Ort, an dem man sich allein zum Gebet zurückziehen kann, das hilft manchmal einfach.«

»Du findest also, Königreichssäle sollten auch zum persönlichen Gebet zugänglich sein?«

»Klar, warum nicht!«

An dieser Stelle musste ich fast schmunzeln, weil ich ahnte, was in den Köpfen dieser drei gerade vor sich ging. Sie konnten wahrscheinlich nicht fassen, wie sie all die Jahre diese abtrünnigen Tendenzen bei mir übersehen konnten.

»Und stimmt es, dass du Bücher gekauft hast, die Praktiken der falschen Religion lehren?«

Äh, was? Danke, Sina!

»Bücher über Achtsamkeit. Du müsstest inzwischen wissen, dass das dem Buddhismus entlehnt ist.«

»Das spielt aber für die Technik selbst überhaupt keine Rolle. In der Klinik bin ich zum ersten Mal damit in Berührung gekommen, und zwar aus ausschließlich medizinischer Perspektive. Da ging es null um Buddhismus.«

»Du wärst also nicht bereit, dich von Praktiken wie der Achtsamkeit zu distanzieren?«

»Warum sollte ich? Das war mit eine der wirksamsten Therapien, die ich jemals gemacht habe!«

So langsam näherten wir uns dem glorreichen Finale.

»Hast du irgendwelche Zweifel, was die Lehren der ›Wachtturm-Gesellschaft‹ angeht?«

»Naja, ich verstehe zum Beispiel nicht, warum wir uns ›Zeugen Jehovas‹ nennen, obwohl die Bibel deutlich sagt, dass die ersten Nachfolger Jesu durch göttliche Vorsehung ›Christen‹ genannt wurden.«

»Hm, hm. Sonst noch was?«

Ich erklärte, warum mir die Lehre, dass nur 144.000 Menschen in den Himmel kommen, um mit Jesus für eintausend Jahre als Könige zu regieren, inzwischen höchst unlogisch und völlig aus dem biblischen Kontext gerissen erschien.

Natürlich war hier das mich erwartende Urteil längst gefällt. Niemand zweifelt die Lehre über die 144.000 offen an und bleibt ein Zeuge Jehovas. Schon gar nicht vor einem Rechtskomitee.

Bezeichnenderweise wurde ich nach der Darlegung meiner Zweifel noch gefragt, ob ich mich schon einmal mit Literatur von Abtrünnigen beschäftigt hätte, also Publikationen, die die Denkweise von ehemaligen Zeugen Jehovas und deren Kritik an der »Wachtturm-Gesellschaft« darstellen. Das war so typisch – ein Zeuge Jehovas kann sich einfach nicht vorstellen, dass jemand innerhalb der Organisation von ganz alleine auf die Idee kommt, sein Hirn anzustellen und sich Gedanken zu machen. Da muss einfach irgendein abtrünniger Einfluss zugrunde liegen.

Ich ersparte den Anwesenden weitere Details über meine Zweifel. Vor allem da Bruder Blau lauthals zu bedenken gab, auch noch irgendwann mittagessen zu wollen. Alles klar, Bruder Blau. Hier geht es um meinen Kopf und Kragen, und du denkst an dein Mittagessen.

Nach rund zweieinhalb Stunden war die Verhandlung also beendet, und ich sollte den Raum verlassen, bis mein Urteil feststünde. Ich schloss die Tür des Nebenraums hinter mir und fing an, im schummrig dunklen Königreichssaal auf und ab zu gehen. Na klar, sie mussten mich ausschließen. Oder vielleicht doch nicht? Würde nicht ins Gewicht fallen, dass ich mein ganzes Leben der Organisation, pardon, Jehova gewidmet hatte? Der Verzicht auf Abitur und Studium, der Pionierdienst, die Dienstamtliche Weiterbildung und und und. Das alles musste doch etwas gelten. Okay, ich hatte einige gravierende Zweifel an ein paar Lehren und hatte es ein paar Mal zu oft mit einer Ungläubigen getrieben.

Na gut, sie mussten mich ausschließen. Oder vielleicht doch nicht?

Zwanzig Minuten bangen Wartens, Hoffens und Resignierens waren vergangen, und ich wurde wieder in den Nebenraum gebeten. Äußerlich gefasst nahm ich wieder auf dem Heißen Stuhl Platz. Bruder Grau führte aus, dass ich es wohl doch etwas zu oft mit einer Ungläubigen getrieben hatte, und dass die Herde vor meinen Zweifeln geschützt werden müsse: »... haben wir daher beschlossen, dir die Gemeinschaft zu entziehen. Du hast sieben Tage Zeit, gegen diese Entscheidung Einspruch einzulegen. Können wir noch irgendetwas für dich tun?«

Da war er also, der Satz, der mein Leben für immer verändern würde. Die Gemeinschaft entzogen. Ausgeschlossen. Kein Zeuge Jehovas mehr. Der Identität beraubt. Kein Boden mehr unter den Füßen.

»Ihr könntet für mich beten.«

Bruder Grau wurde plötzlich nervös. Für mich beten? Für einen gerade Ausgeschlossenen?

Hastig schlug er sein schlaues Zeugen-Jehovas-Büchlein auf und suchte verzweifelt nach der Stelle, die Aufschluss darüber gab, ob man für einen soeben Ausgeschlossenen beten dürfe. Zum Schreien komisch – wenn es nicht so traurig gewesen wäre.

Irgendwann waren sich die drei einig, dass das mit dem Gebet nicht vorgesehen sei. Bruder Grün versäumte es nicht, mich noch darauf hinzuweisen, dass ich mit dem Verlassen der Organisation natürlich auch nicht mehr den Schutz Jehovas vor den Dämonen genösse und diese nun freie Hand mit mir hätten. Ich solle daher möglichst bald wieder Anstrengungen unternehmen, in die Organisation zurückzukommen. Ja, schönen Dank auch, Bruder Grün, für diesen hilfreichen Hinweis.

Ich stand auf, schüttelte jedem Einzelnen mit festem Blick in die Augen die Hand und sagte: »Danke für eure Zeit.«

Auf dem Weg nach Hause machte sich die emotionale Erschöpfung bemerkbar, die dieser Sonntagvormittag ausgelöst hatte. Ich war vollkommen fertig. Ich fühlte mich wie Deutschland Mitte fünfundvierzig. Die Stunde Null. Der Diktatur entronnen, aber alles zerbombt, alles, was bisher wichtig und sinnvoll und erstrebenswert erschien – es spielte keine Rolle mehr. Der Schimmer Hoffnung, der jedem Neuanfang innewohnt, schwirrte verloren irgendwo im Kopf herum, aber nicht greifbar, noch zu diffus.

Sina erwartete mich daheim mit bangem Blick. Ich bestätigte ihr, was meine Augen wohl schon deutlich verrieten: »Die haben mich ausgeschlossen.« Wir umarmten uns. Lange Zeit hielten wir uns so, während sie vor sich hin schluchzte. Ich war für diesen Tag bereits durch mit Weinen.

Ich rief meinen Vater und meine Mutter an. Meiner Mutter sagte ich, dass ich ihren Rat befolgt hatte und ich selbst geblieben war. Beide waren zutiefst erschüttert. Ihr verbliebener Sohn war kein Zeuge Jehovas mehr, er war jetzt ein Ausgeschlossener. Wenn ich nicht zurück in die Arme Jehovas finden würde, wäre ich auf alle Ewigkeit verdammt. In Harmagedon würde Jehova mich mit all den anderen Weltmenschen vernichten, ohne Aussicht auf Rettung, ohne Aussicht auf Auferstehung. Während sie meinen Bruder in der neuen Welt wieder in die Arme schließen könnten, würden sie voller Schmerz an mich zurückdenken. Naja, der Schmerz würde vielleicht ein- oder zweihundert Jahre anhalten. Dann wären sie derart erfüllt von Glückseligkeit und dem Geist Jehovas, dass jegliche Trauer verblassen würde. Und die Erinnerung.

Da es Sonntag war, würde am selben Tag um siebzehn Uhr die reguläre Zusammenkunft stattfinden. Ich weiß nicht mehr genau warum, aber für mich stand fest, dass ich hingehen würde. Noch wussten ja theoretisch nur die drei Brüder vom Rechtskomitee von meinem Ausschluss. Bis die Einspruchsfrist von sieben Tagen verstrichen war, würde auch mein Ausschluss nicht bekanntgegeben. Einerseits war es wohl mein Stolz, der mir sagte, ich solle diese Zusammenkunft besuchen. Vielleicht war es auch ein gewisser Hang zur Selbstkasteiung, der mir als Zeuge Jehovas in die Wiege gelegt worden war. Jedenfalls gingen Sina und ich später zum Königreichssaal, als wäre nichts gewesen. Ich machte meine Begrüßungsrunde wie eh und je. Die drei Brüder vom Vormittag gingen mir aus dem Weg, ebenso der *Vorsitzführende Aufseher,* der Chef des Ältestenrats, der sicherlich bereits über den Ausgang meiner Verhandlung informiert worden war. Was mich sehr irritierte: Die Frau von Bruder Blau versuchte mir ebenfalls aus dem Weg zu gehen, als ich ihr aber mit freundlichem Lächeln meine Hand zur Begrüßung hinhielt, musste sie natürlich darauf eingehen, wenn auch mit sehr bemühtem Lächeln, denn offiziell durfte sie von meinem Ausschluss ja noch nichts gewusst haben. Bruder Blau, das kleine Plappermäulchen! Von der Zusammenkunft selbst bekam ich so gut wie nichts mit. Die letzte Woche. Die letzte Woche als Zeuge Jehovas. All die lieben Brüder und Schwestern um mich rum ahnten von nichts. Ahnten nicht, dass ich ihnen bald das Herz brechen würde, wenn mein Ausschluss nach sieben Tagen bekanntgegeben werden würde. Er war höchst befremdlich, dieser Schwebezustand. Ausgeschlossen, aber ohne dass die anderen davon wussten.

Sina und ich hatten von einer Frau, die sie aus einem Deutschkurs kannte, und deren Mann ein paar gebrauchte Möbel gekauft, die wir aber noch zu uns nach Hause befördern mussten. Wir baten einen Bruder aus der Versammlung um Hilfe, der den Kleinbus seiner Firma zur Verfügung hatte. Das war schon arg verquer. Wenn er gewusst hätte, dass ich ausgeschlossen war, hätte er mich nicht mal mehr grüßen dürfen. Nun aber trug er zusammen mit mir einen Schreibtisch in die Tiefgarage. Die Verabschiedung von ihm, nachdem wir alle Sachen bei uns daheim verstaut hatten, war noch absurder. Wir umarmten uns, und nur ich wusste, dass es die letzte Umarmung für uns beide war. Für immer.

~

Ich war weiterhin krankgeschrieben und nahm nach dem Klinikaufenthalt meine alte Therapie wieder auf. Da staunte mein Therapeut natürlich nicht schlecht – es war, gelinde gesagt, einiges passiert in den letzten Wochen und Monaten. Überflüssig zu erwähnen, dass ich die Therapie nun mehr denn je bitter nötig hatte. Wir vereinbarten, uns mindestens dreimal pro Woche zu sehen.

Bis jetzt hatten aus meinem Freundeskreis nur die engsten Freunde von meinem Ausschluss erfahren, also Andre und Ben. Andre war natürlich überrascht, dass es dann doch so schnell ging. Schließlich war ich es, der ihn damals eindringlich wieder auf Linie bringen wollte, und nun war ich ausgeschlossen, und er nicht.

Mit Ben telefonierte ich am nächsten Abend, nachdem ich mich im Irish Pub am Münchner Dom betrunken hatte. Ich war auf dem Heimweg, und sein Anruf erreichte mich auf dem Handy, kurz bevor ich wieder daheim angekommen war. Das war dann der erste richtige Zusammenbruch nach meinem Rechtskomitee. Ich begann auf der Straße stehend ins Handy zu brüllen: »Die haben mich ausgeschlossen! Die haben mich ausgeschlossen!« Ben schaffte es mit seiner ruhigen Art, mich wieder einigermaßen runter zu bekommen. Er empfahl mir eindringlich, Widerspruch gegen meinen Ausschluss einzulegen, da aus seiner Sicht meine psychische Verfassung zu wenig ins Gewicht gefallen war. Womit er ja auch recht hatte.

Zu Hause fiel ich einfach nur noch besoffen aufs Bett, fing wieder an zu heulen, verkrampfte mit dem ganzen Körper und begann fürchterlich zu zittern. So hatte ich mich wahrlich noch nie zuvor erlebt, und Sina natürlich auch nicht. Als ich mich scheinbar nicht beruhigen konnte, rief sie Bruder Grün an und bat verzweifelt um Hilfe. Irgendwann wurde es jedoch besser, und ich schlief ein.

Ungefähr so liefen die nächsten Abende ab: Ich ging in den Pub, schüttete mich zu und legte mich daheim weinend ins Bett, wenn auch nicht mehr ganz so arg von körperlichen Reaktionen begleitet. Der hohe Alkoholkonsum war nicht ohne, denn ich nahm ja nach wie vor starke Psychopharmaka ein.

Am folgenden Freitag verbrachte ich die Nacht in der »Temple Bar«, einer Art Irish Pub mit Tanzfläche, im örtlichen Partyviertel. Ich trank viel und tanzte wie ein Wilder. Irgendwann im Morgengrauen kam ich heim und hätte dann gemäß dem regulären Einnahme-Rhythmus eigentlich gleich meine Psychopille einwerfen müssen. Da ich aber gerade erst nach Hause gekommen war und es sich deshalb nicht nach morgens anfühlte und ich ohnehin wegen des Alkohols kaum geradeaus schauen konnte, nahm ich keine Tablette. Drei, vier Stunden später wachte ich auf. Sina war nicht da, wahrscheinlich predigen. Mir ging es fürchterlich. Im Kopf drehte sich alles, ich schwitzte wie verrückt, mir war speiübel. Das Schlimmste jedoch: Ich begann überall Fratzen zu sehen, in einer Vorhangfalte, in der Holzmaserung des Kleiderschranks, in den Schatten an der Wand.

Jetzt war es so weit. Die Dämonen kamen, um mich zu holen. Ich erinnerte mich mit abgrundtiefem Grauen an die Worte von Bruder Grün: »Die Dämonen haben jetzt freie Hand!«

Jehova beschützte mich nicht mehr. Der Teufel hatte nur auf diesen Moment gewartet: Endlich konnte er mich so richtig fertigmachen. Er und seine Jungs würden eine Weile mit mir spielen, um ihrem diabolischen Sadismus zu frönen und mich dann vollends in den Wahnsinn und entweder in die Klapse oder in den Tod treiben. Es war, als würden alle Horrorgeschichten, die ich jemals in meinem Leben gehört hatte, hier in meinem Schlafzimmer real werden. Absolut realer Horror. Und dabei war ich wohl einfach nur auf einem ganz, ganz miesen Trip. Glücklicherweise schlief ich dann doch irgendwann wieder ein, und die Fratzen verschwanden. Vielleicht war Jehova doch gnädig mit mir gewesen und hatte dem Fürsten der Finsternis Einhalt geboten. Ab diesem Tag jedenfalls achtete ich peinlich genau darauf, meine Tablette zum richtigen Zeitpunkt einzunehmen.

In der Therapie weinte ich viel. Ich musste meinem Therapeuten per Handschlag versprechen, mir nichts anzutun. Am verlockendsten war es, am Bahnsteig zu stehen, während die U-Bahn einfuhr. Nur zwei, drei Schritte, und der Schlamassel, in dem ich steckte, wäre nicht mehr da. Und im günstigsten Falle würde ich einfach in der Neuen Welt die Augen öffnen.

Die sieben Tage der Einspruchsfrist gegen meinen Ausschluss verstrichen. Es gab schon Momente, in denen ich über einen Einspruch ernsthaft nachdachte. Aber das hätte auch geheißen, mein Verfahren neu aufrollen zu lassen. Ich hätte eine weitere Verhandlung bekommen, und dieses Mal nicht nur mit den Ortsältesten, sondern es wäre auch der Kreisaufseher zugegen gewesen. Wieder alles von vorne. Wie oft hattest du Sex? Welcher Art? Hast du Zweifel? Welcher Art? Das müssen wir schon alles ganz genau wissen, Bruder Rohde. Nein, das wollte ich mir einfach nicht noch mal antun. Ich hätte auch nicht die Kraft dazu gehabt.

Schließlich war es also so weit. Am Abend würde mein Ausschluss bekanntgegeben werden. Ich hatte darüber nachgedacht, zur Zusammenkunft zu gehen, um Gesicht zu zeigen, um die Reaktionen der anderen zu sehen, um aufrechten Ganges den Königreichssaal zu verlassen. Aber mein Therapeut hatte es auf den Punkt gebracht: »Warum wollen Sie sich das antun, Herr Rohde?«

Ich verzichtete auf den Besuch der Zusammenkunft, gab aber Sina meinen MP3-Player mit und bat sie, die Bekanntmachung aufzunehmen. Ich musste die Worte hören, damit ich es selbst glauben konnte:

»Konja Rohde ist kein Zeuge Jehovas mehr!«

Ein Raunen ging durch den Saal, ich hörte auf der Aufnahme einen Bruder zischen: »Waaaas!«

Sina ließ sich nach der Zusammenkunft von Schwestern heimfahren und hatte im Auto auch noch einmal auf Aufnahme gedrückt. »Der Konja wird sich noch umschauen, draußen in der Welt!« und ähnlich unheilvolle Kommentare waren zu hören.

Es war also offiziell: Mein Dasein als Zeuge Jehovas war beendet. Nach zweiunddreißig Jahren meines Lebens war all das, was ich geglaubt, gelebt, geatmet hatte, nicht einmal mehr das Papier wert, auf dem meine gezinkten Predigtdienstberichte geschrieben waren.

Und nicht nur das, auch so gut wie alle Menschen, die ich wirklich liebte, die mich liebten, die mich hatten aufwachsen sehen, die stolz darauf waren, welchen vorbildlichen Werdegang ich *in der Wahrheit* hinter mich gebracht hatte, die die größten Hoffnungen in mich gesetzt hatten – all diese Menschen hatte ich so sehr verletzt, wie man Menschen nur verletzen konnte. Ich hatte das, wofür auch sie lebten, mit Füßen getreten. Jehova. Die Wahrheit. Die Organisation. Die Bruderschaft. Nun war ich dem Teufel überantwortet. Nichts in meinem Leben würde mir mehr gelingen. Die Dämonen würden weiterhin ihren Spaß mit mir haben und mich ausspucken, sobald sie fertig mit mir waren. Wenn ich es nicht rechtzeitig vor Harmagedon zurück in die Organisation schaffen würde, würde ich wie alle anderen Weltmenschen vernichtet werden, ohne Hoffnung auf Auferstehung.

Der zweite Tod, der Feuersee.

Als ich am Tag nach der Bekanntgabe meines Ausschlusses unsere Wohnung verließ, begegnete ich Brigitte, einer Glaubensschwester, genauer: einer ehemaligen Glaubensschwester, die mit ihrem Mann im selben Haus wohnte. Sie war dabei, den Flur zu putzen und beugte sich gerade über den Wassereimer, um einen Lappen auszuwringen. Ganz selbstverständlich kam mir über die Lippen: »Guten Morgen, Brigitte!«

Keine Reaktion.

Noch einmal: »Grüß dich, Brigitte!«

Erst jetzt blickte sie auf, natürlich hatte sie mich schon beim ersten Mal gehört, sie stand drei Meter von mir entfernt. Sie sagte immer noch nichts, sondern blickte mich nur mit mitleidigem Lächeln an. Erst in diesem Moment schwante mir, dass es jetzt Ernst wurde. Kein Zeuge Jehovas der Welt durfte mich nun mehr grüßen, geschweige denn ein Gespräch mit mir führen. Mir war diese Regelung natürlich schon vor meinem Ausschluss bewusst gewesen. Aber wenn man es selbst erlebte, das war etwas ganz anderes. Eine vertraute Person verweigerte mir die kleinste Einheit zwischenmenschlicher Zugewandtheit – es traf mich mitten ins Herz und ließ mich sprachlos und ungläubig zurück.

Mein Vater schickte mir noch einige Briefe, in denen er mich zur »Vernunft« bringen wollte. Keine herzerwärmenden, von väterlicher Liebe erfüllten Briefe, sondern seitenlange nüchterne Abhandlungen mit einem Bibelzitat nach dem anderen. Meine Mutter versicherte mir am Telefon, ich sei nach wie vor ihr Sohn, und sie würde weiterhin wissen wollen, wie es mir geht. Wenigstens etwas.

Die Situation zu Hause wurde immer absurder. Wenn Sina von Leuten aus der Versammlung Besuch bekam, verschwanden diese mit ihr gleich in die Küche, ohne mich zu grüßen. Das machte mich schon sehr wütend – in der eigenen Wohnung nicht gegrüßt zu werden. Sina sah das ein und sagte mir zu, keinen Besuch mehr daheim zu empfangen, wenn ich da war.

Es wurde immer klarer: Ich musste und wollte raus aus der Wohnung. Da eine eigene Wohnung aufgrund unserer finanziellen Verhältnisse utopisch war, klopfte ich sämtliche WG-Börsen im Internet ab. Ich stieß auf ein Zimmer im Münchner Norden, zehn Quadratmeter für dreihundert Euro, ein Schnäppchen. Beim Vorstellungsgespräch stellte sich heraus, dass es sich eher um eine Zweck-WG handelte: Eine ältere Dame vermietete zwei Zimmer ihrer Wohnung unter, weil sie die Miete nicht mehr alleine bezahlen konnte.

Ich bekam das Zimmer, sollte mich aber selbst um die Renovierung kümmern. Mal ein paar Jungs um Hilfe bitten und das Zimmer an einem Nachmittag fertig machen? Die Zeiten waren vorbei. Es gab schlicht und ergreifend niemanden mehr. Niemanden, der mich hätte grüßen dürfen.

So richtete ich das Zimmer über ein, zwei Wochen alleine her, während es zu Hause mit Sina immer schwieriger wurde. Ich durfte praktisch keins meiner Bücher mehr in der Wohnung aufbewahren, nur noch im Keller. Zu groß die Gefahr, dass Sina sich dadurch die Dämonen ins Haus holte.

Einmal provozierte ich sie auch ein wenig, als ich im Schlafzimmer »Der Gewissenskonflikt« von Raymond Franz las. Ray Franz war lange Mitglied der Leitenden Körperschaft gewesen, dem höchsten geistlichen Gremium der Zeugen Jehovas, bis er nach über vierzig Jahren in der Organisation geschasst und ausgeschlossen wurde. Sein Buch gilt sozusagen als »Bibel« der Abtrünnigen, und hier saß ich in meinem Bett und las es gebannt. Ich willigte schließlich ein, aus Rücksicht auf Sinas Gefühle das Buch nicht mehr zur Hand zu nehmen, wenn sie zu Hause war.

Heiligabend 2009 war es dann so weit: Ich zog in mein kleines WG-Zimmerchen. Auch den Umzug musste ich komplett allein bewältigen. Mein Hab und Gut hielt sich mengenmäßig zwar in Grenzen, aber es war schon eine ernüchternde Erfahrung, plötzlich so allein dazustehen.

Um meinen Bücherschrank nach oben zu tragen, bat ich einen zufällig vorbeikommenden Nachbarn um Hilfe.

Es war bereits Abend geworden, als ich endlich mit allem fertig war. Mein Zeug war in dem kleinen Zimmer verstaut, nichts von mir war mehr in der alten Wohnung. Körperlich am Ende von den Anstrengungen des Tages, schloss ich die Tür hinter mir, schaltete das Licht aus und sank todmüde auf meine Schlafcouch, die mir meine Vermieterin zur Verfügung gestellt hatte. Erst jetzt nahm ich wahr, was da auf der Fensterbank stand: ein kleiner Weihnachtsbaum aus Plastik, mit Kugelschmuck und Lametta, einem kleinen Stern oben drauf, beleuchtet von ein paar LED-Lichtern.

In diesem Moment wurde mir klar: Hier und jetzt begann ein neues Leben.

~

Sandra hatte mir damals in der Klinik von der Heiligabendmesse in der Münchner Frauenkirche erzählt. Dass es da so richtig zur Sache gehen würde, mit Chor und allem Drum und Dran. Plötzlich schoss mir der Gedanke durch den Kopf: Warum sich nicht am ersten Abend meiner neu gewonnenen Freiheit die volle Katholiken-Dröhnung geben? Die Mitternachtsmesse am Heiligabend in der Frauenkirche? Wie abgefahren war das denn bitte!

Meine Erschöpfung war wie weggeblasen. Ich zog mich um und machte mich auf den Weg. Kurz vor Beginn der Messe erreichte ich die Kirche, und natürlich war sie brechend voll. Im frommen Schummerlicht bahnte ich mir den Weg in den Mittelgang, ich wollte möglichst genau sehen, was da auf der Bühne abging. Irgendwann begann die Show, der Chor setzte ein und erfüllte das Gebäude mit Engelsstimmen, links ein Glöckchen, rechts ein Glöckchen, die Nebelmaschine wurde angeschmissen, es könnte allerdings auch Weihrauch gewesen sein.

Nach wenigen Minuten drehten sich die Leute um, irgendjemand kam da anmarschiert, inmitten eines Trosses von streng nach vorne schauenden Gefolgsmännern. Der Kollege in der Mitte hatte eine mächtige Mütze auf, einen Stab in der Hand, und ... Moment mal, der kam ja direkt auf mich zu! Erleichtert stellte ich dann fest, dass er es doch nicht auf mich abgesehen hatte und knapp an mir vorbeistiefelte. Was für ein Adrenalinschub! Wenn die Leute nur wüssten, was sie in der Kirche verpassten!

Das war er also, der erste Heiligabend meines Lebens, das erste Weihnachten. Ich ahnte, dass eine Menge erste Male von allen möglichen Dingen noch vor mir lagen. Und zum ersten Mal seit langer Zeit verspürte ich so etwas wie vorsichtige Zuversicht.

II. Simon

Im Internet hatte ich recherchiert, dass man sich unter seinen Vornamen den amtlichen Rufnamen frei wählen darf. Der Name Konja ging mir fürchterlich auf den Keks. Zum einen die immer nahezu gleiche Reaktion des Gegenübers, wenn ich mich vorstellte: »Wie war das? Konja? Cognac? Hahaha!« Oder das unwürdige und peinliche Spiel, wenn ich im Wartezimmer eines Arztes saß und von der Sprechstundenhilfe mit Blick auf meine Karteikarte aufgerufen wurde: »Frau Rohde bitte!« Von den unzähligen Briefen, adressiert an Frau Konja Rohde, ganz zu schweigen.

Zudem fühlte es sich so an, als wäre dieser Name zu sehr mit dem bisherigen Kapitel meines Lebens verwoben, dem Zeugen-Jehovas-Kapitel. Früher hatte ich es immer als willkommene Gelegenheit angesehen, anderen die gute Botschaft der »Wachtturm-Gesellschaft« nahezubringen: »Jaja, mein Name ist aus der Bibel! Das kommt nicht von ungefähr, weil meine Familie und ich überzeugte Zeugen Jehovas sind, undsoweiterundsofort.« Und nun graute es mir davor, erklären zu müssen, warum ich so einen ultrakrassen biblischen Namen trug.

Ich fand es passend, für dieses neue Kapitel meines Lebens – oder vielleicht sogar: mein neues Leben – einen neuen Namen zu wählen. »Simon« ist zwar auch biblisch, und ich bekomme immer noch aus unerfindlichen Gründen Briefe, die an Frau Simon Rohde adressiert sind, aber es war eine Wohltat, sich mit einem mehr oder weniger normalen Namen vorstellen zu können. »Wie heißt du?« – »Simon!« – »Hallo Simon, freut mich!«

Beim Einwohnermeldeamt besiegelte ich den Namenswechsel. Natürlich stand da immer noch »Konja Simon Rohde« in meinem Personalausweis, aber der amtliche Rufname war fortan: Simon.

Jahre später erfuhr ich übrigens, dass in der Versammlung das Gerücht die Runde machte, ich hätte den Namen Konja abgelegt, weil ich es nicht mehr ertrug, den Namen Gottes mit mir zu tragen, da das »...ja« in »Konja« die Kurzform für »Jehova« bzw. »Jahwe« ist. Meine Entscheidung hatte rein gar nichts damit zu tun, aber in Sachen Geschwätz ohne Hand und Fuß sind die Zeugen Jehovas einfach einsame Spitze.

Das Nächste, was ich wollte, waren: Frauen.

Eine meiner ersten Amtshandlungen als Simon war die Anmeldung bei einem örtlichen Singleportal. So unglaublich viele hübsche Frauen, und alle nur einen Mausklick entfernt!

Nur ... ich hatte es nie gelernt zu flirten, ohne gleich im ersten Satz einen Bibeltext zu zitieren. Was um alles in der Welt schrieb man einer Frau, um sie auf sich aufmerksam zu machen, wenn solche Dinge wie Geistiggesinntsein, Bibelfestigkeit und unerschütterlicher Glaube nicht zählten?

Keine Ahnung, wie ich es genau anstellte, aber ich brachte tatsächlich einige Dates zustande. Mein erstes blieb mir allerdings bald im Halse stecken. Nicht wegen der Frau, die war echt hübsch, Natascha hieß sie, und ich hatte auch alles richtig gemacht. Ich hatte ihr nämlich zum ersten Treffen ein selbstgemaltes Bild von isländischen Nordlichtern mitgebracht, alles bestens also, aber wie wir da so ins »Café Glockenspiel«, direkt am Marienplatz gelegen, spazierten, da entdeckte ich am Nebentisch Isabell, die Stieftochter von Bruder Grün, die gerade mit ihren Freundinnen Kaffee trank.

Was für eine behämmerte Situation! Ich war bereits mehr als ausgelastet damit, mich bei meinem ersten Date nicht wie ein dressierter Affe zu benehmen, und nun wurde ich auch noch auf so unfaire Art mit meiner jüngsten Vergangenheit konfrontiert.

Wäre es Bruder Grün selbst gewesen, der da am Nebentisch saß, hätte ich vielleicht eine ordentliche Szene veranstalten oder wenigstens demonstrativ meine kalte Schulter zeigen können. Aber dort saß nun mal Isabell, ein ganz tolles, liebes Mädel, mit dem ich oft predigen gewesen war, und das für meinen Schlamassel gar nichts konnte. Deswegen entfuhr mir auch nur ein fürchterlich gequältes, unsagbar unsicheres »Hallo!«, während ich in Isabells Richtung nickte. Es kam keine Reaktion, und ich nahm an, dass Isabell mich nicht erkannt hatte. Was natürlich Quatsch war. Natürlich hatte sie mich erkannt, und natürlich hatte sie mich in bester Zeugen-Jehovas-Manier ignoriert.

Nachdem diese Blamage also erfolgreich abgehakt war, konnte ich mich ganz meinem Date widmen. Natascha war wunderschön, aber es war einfach das erste Mal, dass ich einer beruflich höchst erfolgreichen Frau gegenüber saß, eigentlich das erste Mal überhaupt einem beruflich erfolgreichen Menschen, und wie sie da so erzählte, was sie alles machte und wohin sie reiste und welche Sportarten sie betrieb, da kam ich mir plötzlich vor wie ein kleines, schmieriges Ex-Sektenmitglied, psychisch stark angeschlagen, schon seit Monaten krankgeschrieben, mit einem Selbstwertgefühl bei minus Hundert. Also das komplette Gegenteil von dem, was eine Lieblingsfloskel auf Singleportalen zu sein schien: »Mit beiden Beinen im Leben stehend.«

Beim Verabschieden war uns beiden klar, dass das nichts werden würde. Nun ja, ich hätte mich natürlich auch damit arrangieren können, dass es zumindest nichts Festes werden würde, aber irgendwas anderes vielleicht schon. So lief das doch *in der Welt,* oder etwa nicht? Schön unverbindlich, einfach nur Spaß haben. Aber sprach man da offen drüber? Oder musste man das irgendwie signalisieren? Mit Körpersprache? Natürlich alles außer Augenzwinkern, das war sogar jemandem wie mir klar, dass das nur in pubertären Fantasien klappte. Oder vielleicht doch Augenzwinkern?

Ich entschied mich dazu, ihr nach dem Treffen in einer E-Mail mitzuteilen, dass ich grundsätzlich zu körperlicher Liebe bereit wäre. Welche Worte ich wählte, weiß ich nicht mehr, aber egal wie ich es formuliert hatte – zusammen mit dem selbstgemalten Bild, das ich ihr zum Date mitgebracht hatte, und meinem vor Komplexen strotzenden Auftreten muss ich wohl einen relativ schrägen Eindruck gemacht haben. Zumindest tat sie in ihrer Antwort so, als hätte sie meine Anfrage überlesen, eine ausgesprochen höfliche Frau.

Mit der Zeit wurde ich bei Dates etwas entspannter und ließ auch erst mal meine selbstgemalten Bilder zu Hause. Ein sehr schönes Treffen hatte ich zum Beispiel mit Sabine, in dem Irish Pub, der in den letzten Wochen zum Schauplatz meiner regelmäßigen Besäufnisse geworden war. Bei einer anderen Gelegenheit knutschten wir ein wenig rum, aber sie wollte nichts Oberflächliches, und ich nichts Tiefgehendes. Trotzdem ist daraus eine Freundschaft geworden. Inzwischen ist sie verheiratet, hat ein Kind und wohnt bei mir um die Ecke. Hin und wieder treffe ich sie zufällig auf der Straße, ich weiß gar nicht, ob ihr bewusst ist, dass sie eine meiner langjährigsten Bekannten meiner Post-Zeugen-Zeit ist.

Es hatte doch immer geheißen, dass die Weltmenschen im Wesentlichen nichts anderes machen, als sich durch die Gegend zu vögeln. Warum zum Henker merkte ich davon bislang nichts? Ich wollte nichts unversucht lassen bei meinem Bemühen, eine neue Partnerin zu finden – ob für's Bett oder für's Leben war mir inzwischen schon fast egal. Ich brauchte einfach eine Frau. Daher wandte ich mich auch »christlichen« Singleportalen zu, in der Hoffnung auf Frauen, mit denen mich doch etwas mehr verband als mit taffen Karrieretypen. Ich lernte Elena kennen, eine der schönsten Frauen, die ich je gesehen habe. Sie arbeitete als Lehrerin in Essen, also in meiner alten Heimatecke. Wir trafen uns einige Male, während ich auf Urlaub in Duisburg war, und beim zweiten Date kamen wir uns schon körperlich näher. Wir küssten uns und waren ziemlich verliebt. Allerdings war sie auch sehr christlich orientiert. Ich war erst wenige Wochen in Freiheit, vor allem in Bezug auf meinen Glauben, bei dem ich zu diesem Zeitpunkt noch gar nicht so sicher war, wie er neuerdings überhaupt aussah. Und nun sah ich mich schon wieder mit einem Glaubenskorsett konfrontiert, das kaum Freiraum für Individualität zuließ. Das konnte natürlich nicht auf Dauer gutgehen. Spätestens als Elena sagte: »Solange du das Glaubensbekenntnis beten kannst, ist alles gut.«, fühlte es sich wieder so an, als sei die Zuneigung eines Menschen von meinem Glauben abhängig. Ich beendete das mit Elena nach einigen Wochen. Zwar auf dämliche und unwürdige Weise, aber ich war froh, dass ich in der Lage war zu spüren, was ich nicht wollte. Das war ein völlig neues Gefühl. Und klar wurde mir auch, dass ich nicht nochmal bis zur Heirat warten wollte, bevor ich mit einer Frau schlief.

Was uns zu Andrea führt, die ich auch in dem Münchner Singleportal kennenlernte. Sie kam zum ersten Date extra aus Rosenheim angereist, gute sechzig Kilometer entfernt. Wir aßen im schummrigsten Restaurant, das ich finden konnte, zu Abend. Später wollte ich sie zu ihrem Zug begleiten, aber am Bahnsteig stellten wir fest, dass wir ihn um wenige Minuten verpasst hatten. Ich kann nicht mehr genau sagen, ob ich es war, der unbewusst dafür gesorgt hatte, dass wir spät dran waren, oder sie oder wir beide oder ob es wirklich nur Pech gewesen war. Jedenfalls bot ich ihr einen Schlafplatz in meinem kleinen WG-Zimmerchen an. Kurz gesagt: Nach Sandra war Andrea die zweite Frau, mit der ich schlief. Solch eine Bestätigung als Mann hatte ich dringend gebraucht. Allerdings war zu diesem Zeitpunkt meine Psyche noch nicht in der Lage, diese Bestätigung in einen gesunden Kontext zu rücken. Mir war nicht klar, dass mein Wert als Mensch nicht davon abhing, ob ich mit einer Frau schlief oder nicht. Nach all der Ablehnung, die ich durch die engsten Vertrauten in meinem Leben in den letzten Wochen erfahren hatte, tat mir dieses Angenommenwerden als Liebhaber unheimlich gut. Dass das aber auf Dauer nicht reichen würde, das verstand ich da noch nicht.

Ich hatte Andrea offen kommuniziert, dass die Chancen auf etwas Festes mit mir sehr schlecht stünden. Das gebot mir wohl mein *biblisch geschultes Gewissen:* Wenn ich schon unehelichen Sex hatte, dann wenigstens, ohne jemandem damit falsche Hoffnungen zu machen. Als ich sie aber mal zusammen mit ein paar Leuten, die ich in der Zwischenzeit kennengelernt hatte, nach München zum Grillen einlud und es klar war, dass eine andere Frau dabei sein würde, die ich sexuell attraktiv fand, beendete sie unser Verhältnis mit der wohl rhetorisch gemeinten Frage: »Hast du einen Knall?«

Es schien, als wäre mir die Fähigkeit zum Hineindenken in andere völlig abhanden gekommen. Vielleicht hatte ich sie auch nie erlernt. Denn bis zu meinem Ausstieg war es eigentlich unnötig gewesen, die Perspektive einer anderen Person einzunehmen: Der »Wachtturm« hatte mir stets verraten, wie und was die Menschen um mich herum dachten. Was die Weltmenschen dachten, war eh klar: Sie waren fixiert auf die Befriedigung eigener Bedürfnisse, zu keinem moralisch wertvollen Gedanken fähig, reine Missionierungsobjekte. Was meine Ehefrau als vorbildliche christliche Frau gedacht hatte, wusste ich auch. Das stand auch im »Wachtturm«. Was Gott dachte sowieso. Und ich – ich dachte in der Regel das, was man von mir erwartete.

Und nun hatte ich alle Freiheit, zu tun und zu lassen und zu denken, was ich wollte. Ein Gespür dafür zu bekommen, welche Wirkung das, was ich tat, auf andere hatte – davon war ich noch meilenweit entfernt. Andrea war nicht die einzige Frau, die darunter in den nächsten Monaten zu leiden hatte.

~

Abgesehen von Frauen sehnte ich mich nach Gemeinschaft. Ich wollte wieder Teil von etwas sein, einem Zusammenschluss von Leuten, die gewisse Ideale miteinander teilten. Durch Zufall stieß ich auf die Münchner »Couchsurfing«-Community. »Couchsurfing« fand ich toll. Wildfremden Menschen Gastfreundschaft erweisen, ohne etwas dafür zu verlangen. Praktisch wie Christen, nur halt ohne Religion. Meine ersten Coummunity-Meetings, die immer dienstags in wechselnden Münchner Kneipen stattfanden, genoss ich sehr. Ich lernte einige tolle Menschen kennen, mit denen ich teilweise heute noch befreundet bin. Von der Unverbindlichkeit anderer hingegen war ich derart abgeschreckt, dass ich dann immer seltener zu den Meetings ging. Mit Unverbindlichkeit kam ich überhaupt nicht klar. Vor allem, weil ich mich dann sofort wieder als Mensch abgelehnt fühlte. Es konnte passieren, dass ich mich mit jemandem unterhielt und gleich in ein tiefes emotionales Loch fiel, wenn mein Gegenüber sich nach einer Weile einem anderen Gesprächspartner zuwandte. War ich es nicht wert, dass man sich mit mir länger als drei Minuten unterhielt? Wie konnte ich es auch wert sein, wenn mein Predigtdienstbericht oder meine Vorrechte in der Versammlung nicht mehr zählten, um mich zu definieren? Wenn sich jemand ausschließlich mit mir als Person abgeben sollte?

~

Seit ich als kleiner Junge miterlebt hatte, wie die Feuerwehr nach einem Unwetter anrückte, um die Kellerräume des Hauses, in dem wir wohnten, auszupumpen, hegte ich große Verehrung für die heroisch anmutende Kluft der Feuerwehrmänner und ihre schönen roten Fahrzeuge. Diese Faszination hatte all die Jahrzehnte über angehalten und mit ihr der Wunsch, einmal selbst in solch einer Uniform zu stecken, mit Blaulicht durch die Stadt zum nächsten Brand zu rasen und Teil der verschworenen Feuerwehrler-Gemeinschaft zu sein.

Als Zeuge Jehovas war die Realisierung dieses Wunsches immer weit entfernt gewesen. Der Beruf des Feuerwehrmanns war zu schwer mit dem Dasein als Allgemeiner Pionier zu vereinbaren, schon allein aufgrund der Arbeitszeiten. Eine Zusammenkunft wegen der Arbeit verpassen zu müssen, diese Vorstellung wäre damals für mich undenkbar gewesen. Nun aber schien die Zeit gekommen, mir endlich diesen lang gehegten Traum zu erfüllen – zumindest die Freiwillige Feuerwehr sollte es werden. Vielleicht würden meine neuen Kameraden ja auch die Gemeinschaft werden, die ich mir jetzt so sehr wünschte.

Aber bald wurden auch hier meine vermutlich zu hohen Erwartungen nicht erfüllt. Obwohl ich über mehrere Monate hinweg regelmäßig zu den Übungen gegangen war und schließlich meinen Schein zum »Truppmann I« gemacht hatte, bot mir niemand die Blutsbrüderschaft an.

Trotzdem war das eine wahnsinnig aufregende Zeit. Ein Kindheitstraum war in Erfüllung gegangen, auch wenn ich – abgesehen von einer Großübung, bei der die Räumung des Schwabinger Krankenhauses simuliert wurde, und nur einer einzigen echten Blaulichtfahrt – niemals wirklich in die Nähe eines Brandes oder auch nur eines Kätzchens in Not kam.

~

Schon bald nach meinem Ausschluss Anfang 2010 entschied ich mich auch, meinen ehemaligen Erzfeinden eine Chance zu geben: anderen Christen. Zwar war mir noch nicht klar, wie wir uns auf theologischem Feld annähern könnten, zu sehr hatte ich noch die Zeugen-Jehovas-Lehren verinnerlicht, aber ich hoffte, in ihnen Menschen zu finden, mit denen ich den größten gemeinsamen Nenner zu haben schien.

Ich suchte im Internet nach Begriffen wie »Christliche Gemeinschaft München« und stieß irgendwann auf das ICF, kurz für »International Christian Fellowship«, eine junge evangelische Freikirche mit Wurzeln in der Schweiz. Auf deren Website fand ich einige Audio-Podcasts, und gleich die erste Predigt, in die ich reinhörte, haute mich um. Das war so spontan, so locker und leicht und lebensnah, und der Typ kannte sich auch noch in der Bibel aus! Das musste ich mir unbedingt mal aus der Nähe anschauen.

Damals hatte das ICF das Kino am Sendlinger Tor für sonntagvormittags angemietet, um die Gottesdienste abzuhalten. Ich nahm meinen Mut zusammen und betrat das Foyer. Keine Minute später wurde ich von einer gewissen Doro freundlich und unaufdringlich angesprochen. Was für tolle Leute! Die Räumlichkeiten des zur Kirche umfunktionierten Kinos waren gefüllt mit normal wirkenden, unverkrampften und Freude ausstrahlenden jungen Menschen. Ich spürte, dass wir eine Menge gemeinsam hatten und fühlte mich an die angenehmen Aspekte meiner Vergangenheit erinnert, dieses Brennen für gemeinsame Ideale, selbstlose Freundlichkeit und Verbindlichkeit.

Als der Gottesdienst losging, war ich zunächst sehr überrascht: Da stand eine Band auf der Bühne mit allem Drum und Dran, E-Gitarren, Schlagzeug, Lichtshow, die Leute tanzten zur Musik, rissen die Arme hoch – bei den Zeugen Jehovas war das etwas, nun ja, nüchterner abgelaufen.

Ein Pastor, der, wie sich später herausstellte, jünger war als ich, hielt die Predigt, und wieder war es die Art und Weise, bibel- aber trotzdem lebensnah, die mich ansprach. Noch etwas haute mich vom Hocker: Die Leute im ICF dachten sich offenbar nichts dabei, zu Jesus zu beten. Zu Jesus! Das war für mich genauso schlimm, wie wenn ein Katholik zu Maria beten würde oder ein Atheist zum Spaghettimonster. Nur Jehova ist Gott, deshalb

216

darf man nur zu ihm beten, Jesus ist doch nur der Sohn Gottes, wieso sagt denen das niemand? Ich versuchte, mir nichts anmerken zu lassen, aber das war schon harter Tobak für mich.

Nach dem Gottesdienst wurde ich schon wieder besonders freundlich angesprochen, diesmal von Gregor, dem Gitarristen. Das war der große Unterschied zum Königreichssaal: Ich spürte aufrichtige Menschlichkeit, ein warmes Interesse, ohne Hintergedanken an ein möglichst schnelles Aufnehmen eines Heimbibelstudiums oder das vorsichtige Heranführen an irgendwelche Verpflichtungen.

Ich fühlte mich ein wenig zu Hause.

Deswegen war es für mich auch eine Selbstverständlichkeit mitanzupacken, und ich half mit, die Räumlichkeit wieder in ein Kino zu verwandeln. Das Gefühl hatte ich so vermisst, Teil einer selbstlos agierenden Gemeinschaft zu sein, einem gemeinsamen höheren Ideal folgend.

Wie dieses Ideal für mich genau aussah, das war mir noch nicht klar. Die Existenz Gottes stand für mich außer Frage, aber dass die Leute um mich herum so ganz andere Vorstellungen von Gott hatten als ich, Jehova contra Jesus, das wurmte mich zutiefst. So sehr, dass ich einige Tage später dem Pastor eine E-Mail schickte, in der ich wissen wollte, ob ich auch im ICF willkommen wäre, wenn ich weiterhin an Jehova glauben und die Dreieinigkeit ablehnen würde. Natürlich war ich willkommen. Das waren ja schließlich keine Zeugen Jehovas. Jedenfalls war ich so positiv berührt, dass ich buchstäblich die Tage zählte, bis wieder Sonntag, bis wieder ICF-Zeit war.

Ich schnupperte auch in andere Freikirchen rein, aber oft hatte ich das Gefühl, in einen Königreichssaal zu spazieren, was stets meine Magengegend zusammenkrampfen ließ. Das Gefühl von verkrusteten Gemeindestrukturen umfing mich, von Zwängen, vom Fehlen jeglicher Individualität. Das ICF war mein Ding, weil es mir eben nicht das Gefühl vermittelte, mich einer Organisation zu verpflichten, sondern gemeinsam mit Gleichgesinnten Gott näherzukommen.

Gott. Wer oder was das jetzt genau war oder was er oder sie oder es so denken musste, wenn er oder sie oder es mein derzeitiges Leben betrachtete, wusste ich nicht. Aber mir war ganz tief im Herzen klar, dass Gott da war und es gut mit mir meinte.

~

Mein erstes Ostern verbrachte ich bei einer Einkehr in einem evangelisch-lutherischen Kloster in Halle an der Saale; eine Bekannte hatte mich darauf gebracht. Das war typisch für mich: Wenn ich die Möglichkeit hatte, etwas Neues in Bezug auf meinen Glauben zu erkunden und zu erleben, dann bevorzugte ich stets die volle Dröhnung.

Gleich am Gründonnerstag ging es los mit einer Fußwaschung. Die vier Brüder, die dort im Kloster lebten, mahnten uns Besucher, uns ja vorher nicht die Füße zu waschen, denn sonst wäre der Sinn der Aktion verfehlt. Als wir dann da saßen, ergriff ich als Erster die Initiative und wusch Bruder Markus die Füße, einem ehrwürdigen Mönch weit über siebzig. Was für eine intime und zärtliche Handlung, einem relativ Fremden die Füße zu waschen! Bruder Markus revanchierte sich gleich und wusch mir ebenfalls die Füße. Keine leichte Sache, diese Geste auch anzunehmen, und ich bekam eine Ahnung davon, was es für Jesu Jünger bedeutet haben muss, von ihrem Meister die Füße gewaschen zu bekommen.

Von Donnerstagabend bis Samstagmittag schwiegen und fasteten wir – eine erstaunliche Erfahrung. Auch der Sonntagsgottesdienst in aller Herrgottsfrühe in einer romanischen Basilika aus dem zwölften Jahrhundert beeindruckte mich zutiefst. Mein erstes Ostern war also auf jeden Fall ein absolutes Highlight. Die sogenannte Gedächtnismahlfeier oder Abendmahlsfeier, den Ostern-Ersatz der Zeugen Jehovas, vermisste ich nicht im Geringsten. »Nichts gegessen, nichts getrunken. Eine ziemliche scheiß Party, so ein Abendmahl«, so wurden diese Veranstaltungen mal ganz treffend beschrieben.[25]

~

Irgendwann kam ich auf den grandiosen Gedanken, den »Roulette-Trick«, den ich während meiner Klinikzeit im Casino in Bad Wiessee mit gewissem Erfolg angewandt hatte, nun im großen Stil auszubauen. Ich fuhr morgens mit dem Bus von München nach Bad Wiessee, hockte mich an den Roulette-Automaten im Erdgeschoss und verbrachte Stunde um Stunde damit, mit kleinen Einsätzen auf Schwarz oder Rot zu setzen. Kam die jeweils andere Farbe, verdoppelte ich den Einsatz und setzte wieder auf dieselbe Farbe. An zwei Tagen ging das gut, und ich ging beide Male mit vierhundert Euro Gewinn nach Hause. Beim dritten Mal allerdings wurde ich zu gierig und begann mit einem zu hohen Anfangseinsatz. Ich hätte an das Spiel mit dem Schachbrett und den Reiskörnern denken sollen und daran, wie schnell man bei Verdopplung des Einsatzes an die Grenzen des eigenen Budgets stößt. Irgendwann kam einfach zu oft hintereinander Rot und ich hatte nicht mehr genug Kapital, um meinen Einsatz verdoppeln zu können und auf Schwarz zu hoffen. »*Ticketicketicketick ...*« Ich werde das Geräusch des Automaten nie vergessen, als er meinen Einsatz einsackte und mir eine »Null« als Guthaben präsentierte.

Auch so ein Problem, das zumindest zum Teil auf meine Vergangenheit zurückzuführen war: Ich hatte nie gelernt, mit Geld umzugehen. Meine Beziehung dazu war mein Leben lang verzerrt gewesen durch die Aussicht auf die »Neue Welt«: Warum jetzt noch verantwortungsvoll mit Geld umgehen lernen, wenn es im Paradies eh keins mehr gibt? Es war so eine Mischung, zum einen war mir Geld immer egal gewesen, vor allem aus dem eben genannten Grund, zum anderen wollte ich, wenn es denn schon sein musste, möglichst viel davon mit möglichst wenig Aufwand. Noch zu Zeugen-Jehovas-Zeiten hatte ich sogar manchmal verbotenerweise einen Lottoschein abgegeben – was Grund genug für einen Gemeinschaftsentzug gewesen wäre. Das Lotto-Glück blieb mir allerdings stets verwehrt, und auch der »Roulette-Trick« war nun erst einmal abgehakt.

Das Rauchen musste ich natürlich auch mal ausprobieren. Es war mir, abgesehen von den gesundheitlichen Aspekten und der Tatsache, dass Jehova das Rauchen als »Befleckung des Fleisches« auf Schärfste verurteilte, immer schon doof vorgekommen, vor allem wenn ich an das viele Geld dachte, das die Leute in Zigaretten investierten. In der Klinik war viel geraucht worden, und einmal hätte ich fast an Sandras Zigarette gezogen, als wir im Schützenverein beim Bier zusammensaßen. Die Hemmschwelle war allerdings berghoch. Schon der erste Zug würde mich bis ans Lebensende unweigerlich süchtig machen, so war meine Vorstellung. Trotzdem, ich musste es wagen.

Als ich im Supermarkt in das Tabakregal griff, fühlte es sich an, als stünde die Zeit still und alle Kunden und Kassierer würden den Atem anhalten und mir dabei zuschauen, wie ich wahllos eine Packung Zigaretten herausnahm und aufs Kassenband legte. Ich meinte wirklich, den Atem meines Hintermannes im Nacken zu spüren. Was wohl die Leute denken mochten? *Schau ihn dir an, den Raucher! Ist ganz scharf darauf, sein Fleisch zu beflecken! Dass er Jehova traurig macht, daran scheint er keinen Gedanken zu verschwenden!* Ich war heilfroh, als ich dann wieder daheim in meiner WG war. Ich öffnete das Fenster in meinem Zimmer, nahm die Zigarette zur Hand und zückte ein Feuerzeug. Wie das ging mit dem Anzünden der Zigarette hatte ich schon dutzendfach bei anderen gesehen und ahmte es erfolgreich nach. Das Rauchen selbst hätte man mir allerdings zeigen müssen – erst Monate später erfuhr ich, dass ich im Grunde nur gepafft hatte.

An den ersten Lungenzug einige Zeit später erinnere ich mich nur zu gut, so sehr haute er mich aus den Socken. Inzwischen rauche ich gelegentlich in Gesellschaft nach ein paar Bierchen, zuweilen auch alleine auf meinem Balkon. Aber immer noch so selten, dass nur wenige Züge genügen, um mir einen gehörigen Nikotin-Flash zu bescheren – ein tolles Gefühl. Nur Zigarren gehen nicht. Von denen bekomme ich gleich eine Mandelentzündung.

~

Mit Sina hatte ich nur noch sporadisch schriftlichen Kontakt. Für sie stand außer Frage, dass sie Jehova treu bleiben und die Organisation niemals verlassen würde, vor allem nicht für mich. Ich täte ihr leid, sagte sie mal zu mir. Wir reichten die Scheidung ein und beauftragten einen Rechtsanwalt. Da wir nicht viel besaßen, gestaltete sich die Trennungsphase finanziell gesehen relativ unkompliziert. Ich zahlte ihr knapp neunzig Euro Unterhalt und übernahm die gemeinsamen Schulden, die zum größten Teil ohnehin auf meinem Mist gewachsen waren.

Da ich immer noch krankgeschrieben war und weiterhin Krankengeld bezog, wurde es schon eng mit dem Geld, vor allem weil meine abendlichen Sauftouren kräftig zu Buche schlugen.

Sobald das Organisatorische zwischen Sina und mir geklärt war, machte sie mir verständlich, dass sie keinen weiteren Kontakt wünschte, was mir ja auch einleuchtete. Zweimal jedoch begegneten wir uns zufällig im Supermarkt, und obwohl wir nur wenige Meter voneinander entfernt standen und uns in die Augen schauten, erwiderte sie meinen Gruß nicht mehr. Ganz Zeuge Jehovas halt. Es war schon seltsam: Die Frau, mit der ich sieben Jahre lang mein Leben geteilt hatte, sagte nicht einmal mehr »Hallo«. Das traf mich zutiefst.

Andere Menschen hingegen gewann ich neu. Ich nahm wieder Kontakt auf zu Simon, meinem langjährigsten Freund in Duisburg, dem ja bereits vor einigen Jahren die Gemeinschaft entzogen worden war. Ich bat ihn am Telefon um Verzeihung dafür, dass ich unser Verhältnis von der Organisation hatte beeinflussen lassen. Aber aus seiner Sicht gab es nichts zu verzeihen. Er war einfach nur froh, dass ich es auch raus geschafft hatte.

Andre war inzwischen ebenfalls ausgeschlossen worden. Er hatte drei Termine für sein Rechtskomitee verstreichen lassen – auch eine Variante, für seinen Ausschluss zu sorgen. Als ich mal in Duisburg auf Besuch bei ihm war, klingelte unangekündigt sein Vater an. Ich mochte ihn sehr und hatte immer großen Respekt vor ihm gehabt, da er zusammen mit Andre einige Jahre seine bettlägerige Ehefrau bis zu ihrem Tod voller Hingabe und Liebe zu Hause gepflegt hatte. Als er klingelte, war Andre gerade verhindert, und ich öffnete die Tür. Ich wusste zwar, dass er mich nicht grüßen durfte, aber in dem Moment freute ich mich so, ihn zu sehen, dass ich ihm wie selbstverständlich mit einem Lächeln meine Hand hinhielt. Wie man das halt so macht, unter Menschen. Er schaute an mir vorbei und ließ meine Hand in der Luft schweben. »Ne, lass mal besser«, war sein Kommentar. Einer der Momente, die mich unsagbar wütend und traurig machten.

Manchmal schüttelte ich aber auch einfach nur ungläubig den Kopf, wenn ich mit der Reaktion alter Bekannter auf meinen Ausschluss konfrontiert wurde. Einem Freund, den ich während der Dienstamtlichen Weiterbildung kennengelernt hatte – der Schulung damals im Bethel in Selters –, hatte ich über Facebook mitgeteilt, dass ich ausgeschlossen worden war. Seine Antwort, die recht verspätet eintrudelte, begann mit den Worten: »(ohne Gruß, ich denke, du weißt warum).«

Mein Vater hatte inzwischen seine Briefe eingestellt. Der letzte kam per Übergabe-Einschreiben. So als hoffte er, auf diese Weise später vor dem Jüngsten Gericht beweisen zu können, dass er alles versucht hatte, um mich wieder in die Organisation zurückzuholen. Wieder seitenweise Bibeltexte, ohne irgendeine erkennbare väterliche Emotion. Unterschrieben war der Brief mit seinem zweiten Vornamen, so als wolle er mir vor Augen führen, wie lächerlich es sei, dass ich nun meinen zweiten Vornamen als Rufnamen trug.

Meine Mutter rief nie von sich aus an, es war immer ich, der den Kontakt suchte. Einmal besuchte ich sie in Duisburg, und wir frühstückten gemeinsam in ihrer Wohnung. Sie fragte mich, ob ich mir vorstellen könne, wieder in die Organisation zurückzukommen.

»Mutter, ich komme nicht zurück.«

»Willst du denn deinen Bruder nicht wiedersehen?«

Das war ihre Reaktion. Sie fragte mich allen Ernstes, ob ich Jorim nicht wiedersehen wolle. So als hätte ich mich mit meiner Entscheidung, nicht zu den Zeugen zurückzukehren, auch gleichzeitig dafür entschieden, meinen Bruder aufzugeben. Als würde ich bewusst darauf verzichten, ihn in der Neuen Welt wiederzusehen. Das war der einzige Moment in meinem Leben, in dem ich meiner Mutter gegenüber beinahe ausgerastet wäre.

Zu der Familie mütterlicherseits hatte ich ebenfalls komplett den Kontakt verloren. Ausgerechnet zu dem Teil der Familie, zu dem ich die engste Bindung gehabt hatte. Umso mehr schätzte ich die Familie väterlicherseits, die vollkommen hinter mir stand. Im Sommer fand wieder das alljährliche Familienfest statt – zu dem mein Vater nicht kam, weil er wusste, dass ich dort sein würde. Trotzdem hätte niemand in der Familie von mir verlangt wegzubleiben, um so meinem Vater den Besuch zu ermöglichen. In den folgenden Jahren setzte ich immer alles daran, aus München zum Familienfest anzureisen. Zum einen natürlich, weil ich die Gemeinschaft mit meiner verbliebenen Familie sehr genoss, zum anderen aber auch, um meinem Vater zu zeigen, dass er es war, der sich isolierte. Nicht ich war es, der »Schmach auf Jehovas Namen« lud, sondern wenn überhaupt jemand, dann er.

Ich fühlte mich fürchterlich entwurzelt, weil so vieles, was mir mein Leben lang Halt gegeben hatte, plötzlich nicht mehr da war. Daher versuchte ich, so viele Wurzeln zu reaktivieren, wie ich nur konnte. Ich organisierte von München aus ein Klassentreffen in Duisburg. Es tat unheimlich gut, die Leute von früher wiederzusehen. Leute, die mich auch noch als »Konja« kannten und schätzten und die die Brücke in mein altes Leben schlugen, ohne dass es tiefen Schmerz auslöste. Ali und die anderen Klassenkameraden, sie alle waren froh für mich, dass ich endlich ich selbst sein konnte.

~

Obwohl ich nicht sagen kann, dass ich Mitte 2010 psychisch schon wieder ausreichend stabil war, kam bei meinem Psychiater und mir natürlich die Frage auf, wann ich mich wieder ins Arbeitsleben würde stürzen können. Meine Medikamente waren inzwischen bereits abgesetzt – auf meinen Wunsch hin, weil mir die Nebenwirkungen zu sehr zu schaffen machten. Meine Krankenkasse gab zu verstehen, dass sie von mir vor meiner erneuten Arbeitsaufnahme einen weiteren mehrwöchigen Klinikaufenthalt erwartete, um einem Rückfall in psychische Instabilität vorzubeugen. Mein Psychiater war ganz anderer Meinung: Ich sei genug gefestigt, um wieder berufliche Verantwortung zu übernehmen, es wäre sogar nötig, um mein Wohlbefinden zu steigern und bald wieder ins Leben zurückzufinden.

Ich war ein wenig hin- und hergerissen, da ich mir nicht sicher war, wie viel ich mir zumuten konnte. Ich hatte mich ja noch nie in so einer Lebensphase erlebt und verfügte nicht gerade über ausgeprägtes Selbstvertrauen in Bezug auf das eigenverantwortliche Bewältigen von Lebenskrisen.

Die Differenzen mit der Krankenkasse eskalierten derart, dass die Fortzahlung meines Krankengeldes von einem erneuten Klinikaufenthalt abhängig gemacht wurde. So kam es, dass ich nach etwa einem Jahr Krankschreibung von einem Tag auf den anderen wieder zu hundert Prozent in die Arbeitswelt einstieg. Was die schlimmste berufliche Phase meines Lebens einleitete.

Ich hatte zwischenzeitlich mit meiner Vorgesetzten vereinbart, dass ich innerhalb des Amtes die Stelle wechseln würde, weg von der Buchhaltung, aber noch hing ich drin. Im Bereich der Spendenverwaltung, für die ich verantwortlich gewesen war, ging es drunter und drüber, zumal schon vor meiner Krankschreibung der Wurm drin gewesen war. Zwar hatten meine Kollegen ihr Bestes getan, meine Abwesenheit zu kompensieren, aber mein Vorgesetzter hatte den Bereich in dem Jahr derart vor sich hin dümpeln lassen, dass vorne und hinten nichts mehr stimmte. Die nächsten vier Wochen verbrachte ich damit, den Käse wieder einigermaßen hinzubiegen, allerdings nur mäßig erfolgreich. Ich war einfach zu lange raus gewesen aus einer Thematik, die mir ohnehin schon schwer genug fiel. Als ich dann doch endlich die Stelle wechselte, übergab ich meinen Arbeitsbereich in äußerst fragwürdigem Zustand, aber mehr war einfach nicht zu machen gewesen. Die Quittung dafür war dann die schlechteste Beurteilung in meinem gesamten bisherigen Berufsleben. Manche Sätze darin klangen so, als wäre ich geistig leicht bis mittelstark zurückgeblieben. Das empfand ich damals als höchst ungerecht, aber ich wollte lieber das unerfreuliche Kapitel »Buchhaltung« möglichst schnell abschließen, als gegen die Beurteilung anzugehen. Beruflich konnte es also nur noch bergauf gehen, und tatsächlich war meine nächste Stelle dann eine der besten, die ich je hatte, nicht zuletzt wegen meiner neuen Vorgesetzten, die menschlich wie dienstlich einsame Spitze war.

Mein Psychiater hatte trotz meines etwas unglücklichen Wiedereinstiegs unterm Strich recht behalten: Es tat gut, wieder zu arbeiten. Nicht zuletzt, weil ich nun nicht mehr bei meinen Dates rumdrucksen musste, wenn es um meinen Job ging und warum ich so viel Freizeit hatte. Mein Selbstwertgefühl stieg langsam, aber sicher. Ich war immer noch in Therapie und hatte das auch nach wie vor bitter nötig. Mein Therapeut hörte sich Stunde um Stunde geduldig an, wie ich mich durch mein neues Leben hangelte.

Das Thema Sex empfand ich allerdings als höchst verwirrend. Es war für mich und scheinbar in der Welt um mich herum einfach allgegenwärtig und hatte mich schier überwältigt. Wie ging das noch mal, eine Frau kennenzulernen, ohne spätestens nach dem dritten Treffen im Bett zu landen? Durfte man auch mal nein zum Sex sagen? Wäre ich dann immer noch ein Mann? Wie viel Sex ist eigentlich normal, wenn man in keiner festen Beziehung ist? Oder ist das dann gar kein normaler Sex mehr? Gab es auch nichtreligiöse Menschen, die nicht ständig an Sex dachten? Und überhaupt, die Religion. Konnte man Christ sein und trotzdem Sex außerhalb der Ehe haben? Jedenfalls fühlte ich mich immer öfter immer mehr fehl am Platz, wenn ich ins ICF ging. Ich war doch sicher hier der einzige, der Sex außerhalb der Ehe hatte. Oder?

~

227

Das Oktoberfest 2010 war das erste, das ich als Nicht-zeuge erlebte. Es war ein einziger Rausch, sowohl was den Alkohol als auch alles andere betraf. Einen Abend war ich mit zwei Freundinnen, die ich im Irish Pub kennengelernt hatte, und einem ihrer Kumpels unterwegs. Irgendwann ließ ich sie stehen, um mich einmal komplett durchs ganze Bierzelt zu flirten. Als ich zurückkam, war die eine Freundin schon verschwunden, offensichtlich angewidert von meinem Verhalten. Fünf Minuten später brach ich in Tränen aus, mitten im Bierzelt. Ich war total überfordert von allem – von mir, von Frauen, von Sex, von Liebe, von meinem Bedürfnis, angenommen und geliebt zu werden. Die beiden trösteten mich, was mir aber nur kurz über das Gefühl des Verlorenseins hinweghalf.

Ein Resultat meines Flirt-Anfalls dieses Abends war die Telefonnummer von Manuela, die ich einige Tage später wiedertraf. Sie wohnte nur drei Minuten von mir entfernt und lud mich zu sich zum Essen ein. Wir landeten gleich in ihrem Bett. Was war das nur, dass man immer sofort miteinander schlief? In der darauffolgenden Zeit sahen wir uns gelegentlich. Einmal brachte ich sie nach Hause, und sie bot mir noch einen Kaffee an. Es gab keinen Kaffee, und ich weiß noch, dass mich das ein wenig enttäuschte.

Eines Abends war ich auf dem Nachhauseweg, als ich kurz vor meiner Haustür eine SMS von Manuela bekam. Ob ich noch bei ihr vorbeikommen wolle. Was ja nur eine Sache von über die Straße und um die Ecke gehen gewesen wäre. Und ich antwortete mit nein.

Jahre später las ich einen Satz, der gut ausdrückt, was in jenem Moment passiert war: »Freiheit bedeutet, ohne das auszukommen, wonach ich verlange, und dennoch zufrieden zu sein.«[26]

Ich fühlte mich wieder souverän, wieder Herr meiner selbst, ich hatte die Fähigkeit, nein zu sagen, nicht verlernt. Aber nun war es ein anderes Nein als noch zu Zeugen-Zeiten. Nun war es selbstbestimmt, das Ergebnis eines Abwägens und nicht gesteuert von Furcht vor irgendwelchen Konsequenzen. Ich spürte, dass es mich nicht glücklich machen würde, wenn es so weiterlief wie bisher, und ich entschied mich für einen anderen Weg. Ich wusste plötzlich glasklar, dass weder mein Glück noch meine Identität als Mensch und insbesondere als Mann von meiner Sexualität abhing. Und nie wieder sollte eine Frau dafür herhalten müssen, dass ich eine Bestätigung als Mann brauchte.

Ab diesem Abend ging es bergauf.

~

Im Dezember 2010 feierte ich zum ersten Mal meinen Geburtstag. Ich reservierte einen Tisch in meinem Lieblings-Pub und lud alle neuen Freunde ein, die ich hatte. Ich bekam einen ganzen Tisch voll! Das war ein irres Gefühl, so im Mittelpunkt zu stehen, völlig ungewohnt. Die Leute waren hier, weil sie mich mochten, ganz unabhängig davon, was ich glaubte oder nicht glaubte. Einen schöneren Geburtstag hätte man sich nicht wünschen können.

Das darauffolgende Weihnachten verbrachte ich mit Freunden vom ICF. Abgesehen vom Heiligabend in der Frauenkirche, als mich der Erzbischof fast über den Haufen gerannt hätte, war das mein erstes richtiges Weihnachten. So mit allem Drum und Dran: Geschenken, Weihnachtsbaum, Liedern, Gedichten. Ich genoss es sehr. Wobei ich nicht sagen kann, dass ich mich zu diesem Anlass Gott verbundener gefühlt hätte als sonst. Aber als traditionelles, soziales Event fand ich es klasse. Sehr erleichternd war es auch für mich, an der Supermarktkasse nicht mehr rumdrucksen zu müssen, wenn die Kassiererin »Frohe Weihnachten!« wünschte. Da musste man als Zeuge Jehovas höllisch aufpassen, dass einem nicht ein »Gleichfalls!« über die Lippen rutschte und man damit den Anschein erweckte, man würde ebenfalls diesen heidnischen Feiertag begehen. Jetzt sage ich gerne und von Herzen »Gleichfalls!«, denn jedes Mal ist es ein Ausdruck meiner Freiheit, wenn ich das tue.

Zwischen den Jahren veranstaltete das ICF in München ein eigenes Musical, das von der Schweizer ICF-Zentrale inszeniert wurde. Die Story war etwas schräg, aber es gab da einen Moment, der einen tiefen Eindruck bei mir hinterlassen sollte. Gegen Ende wurde die Handlung unterbrochen und der Pastor aus der Schweiz betrat die Bühne. Er gab eine kleine Predigt zum Besten und fing an, ein Gebet zu sprechen. Mittendrin sagte er, jeder Besucher solle für sich Gott um ein persönliches Wunder bitten. Ich machte mit und betete für das Gefühl, vollkommen angenommen und geliebt zu sein. Schwer zu beschreiben, aber irgendwie machte es in dem Moment klick. Ob es einfach nur ein psychologischer Trick war oder ob mich da tatsächlich jemand erhört hatte – ich spürte plötzlich, wie sich ein wohliger Frieden in mir ausbreitete, eine Zuversicht, ein Vertrauen in Gott und die Welt und in mich.

Mein erstes Silvester verlief sehr ambivalent. Es war ein Riesenspaß, zum ersten Mal in meinem Leben nach Herzenslust rumzuböllern. Wir waren mit ein paar Freunden auf dem Olympiaberg, und es fühlte sich so an, als stünde man mitten *im* Feuerwerk. Später gingen wir noch in einen Club, wo ich einen Rückfall in alte Verhaltensmuster erlebte. Ich dachte wieder, ich sei nichts wert, wenn ich nicht mit einer Frau anbandeln konnte. Kurz bevor der Club schloss, knutschte ich dann noch an der Bar rum, als plötzlich ein Typ mit traurigem Blick neben uns stand. Was er denn so blöd schaue, wollte ich wissen. Ich weiß nicht genau, ob das der Freund der Frau war oder ob er sich einfach nur Hoffnungen wegen ihr machte. Jedenfalls wurde mir erst einige Zeit später klar, wie bescheuert und egozentrisch ich mich da im Club verhalten hatte.

Es lag also immer noch ein weiter Weg vor mir, bis ich ganz bei mir angekommen sein würde.

~

Eine große Sehnsucht nach Leben hatte mich erfüllt, wozu auch gehörte, dass ich mehr wissen wollte. Die Schule vor dem Abitur abzubrechen, war mir damals mit sechzehn Jahren leicht gefallen, aber schon einige Jahre später, während ich in der Berufsausbildung war, flammte immer wieder der Wunsch nach mehr Bildung auf. Das lag auch an meinem Kollegen Pascal, der parallel zur Berufsausbildung in der Abendschule sein Abitur nachholte, was mich damals stark beeindruckt hatte. Einmal hatte er mich sogar zum Schnuppern mit in den Unterricht genommen, das war ein tolles Gefühl. Aber höhere Bildung passte damals nicht in mein Lebenskonzept.

Elisabeth, eine sehr gute Freundin, die ich damals über die Couchsurfing-Community kennengelernt hatte, nahm in der Zeit kurz nach meinem Ausstieg deutlich meinen »Hunger nach Wissen« wahr, wie sie es später formulierte. Sie verstand es auf liebevolle Art, dieses Bedürfnis zu unterstützen und mich zu Abitur und Studium zu ermutigen, wofür ich ihr immer noch unsagbar dankbar bin.

Ich spürte also immer deutlicher, dass es Zeit war, endlich Abitur zu machen. Ich wollte mehr wissen, und ich wollte ein Blatt Papier haben, auf dem stand, dass ich die Allgemeine Hochschulreife besaß.

Im Internet stieß ich auf die Website einer Abendschule, die die Vorbereitung auf die sogenannte Begabtenabiturprüfung für Berufstätige anbot. Vier Semester Schule, bis man die Prüfung in sieben Fächern direkt beim Kultusministerium ablegte, einschließlich eines frei wählbaren wissenschaftlichen Faches. Das klang nach einer Menge Spaß! Von Februar 2011 an besuchte ich also die Abendschule neben dem Vollzeitjob in der Stadtverwaltung. Zeit für eine regelmäßige Therapie blieb nun nicht mehr, sodass ich sie nach über zwei Jahren abbrach.

Die Kombination aus Job und Abendschule war natürlich bisweilen sehr anstrengend, aber ich liebte es. Sehr engagiertes Lehrpersonal, eine tolle Klassengemeinschaft, und Wissen, Wissen, Wissen. Ich sog alles auf wie ein Schwamm; sogar Fächer wie Mathematik und Biologie, die mir wahrlich nicht leicht von der Hand gingen, schloss ich ins Herz, was nicht zuletzt den Lehrerinnen dieser Fächer geschuldet war. Und Geschichte! Zwar wusste ich bis dahin grob über wichtige Ereignisse der europäischen Vergangenheit Bescheid, aber viele Zusammenhänge wurden mir erst jetzt klar. Ich hätte einfach auch schon früher mal statt »Wachtturm« und »Erwachet!« ein Geschichtsbuch zur Hand nehmen sollen.

Ich kann mich noch an einen heißen Sommertag erinnern, einen Freitag, wie wir da am Abend in der Deutschstunde hockten, uns die »Iphigenie auf Tauris«

auf der Zunge zergehen ließen und ich von vollkommener Glückseligkeit erfüllt war. Ich hätte nirgendwo anders sein wollen.

Gerade in Biologie hatte ich mir bewusst vorgenommen, mal die Gegenseite zu Wort kommen zu lassen bei der Frage Schöpfung versus Evolution. Mein bisheriger Input in dieser Angelegenheit war die längste Zeit meines Lebens recht einseitig gewesen, und ich freute mich darauf, mal möglichst unvoreingenommen auch die andere Seite zu beleuchten. In einer der ersten Biologiestunden saß ich allerdings vor einem Blatt Papier, auf dem der Aufbau einer menschlichen Zelle dargestellt war, schüttelte ungläubig den Kopf und dachte mir: »Das kann mir doch keiner erzählen, dass sich so eine Zelle niemand ausgedacht haben soll!« So nett der Unterricht auch gewesen sein mochte, die großen Fragen über den Ursprung des Lebens konnte er mir nicht befriedigend beantworten.

In der Abendschule wurde ich auch zum ersten Mal zum Klassensprecher gewählt. Dieses Amt war mir als Zeuge Jehovas seit der Grundschule stets verwehrt geblieben, da die Organisation es als unzulässige Verletzung der »politischen Neutralität« eines wahren Christen ansieht. Nun war ich also Klassensprecher – wenn meine Mitschüler geahnt hätten, wie glücklich sie mich durch ihre Wahl machten!

Gleich am ersten Tag der Abendschule verliebte ich mich in Ina, eine Mitschülerin. Da ich wusste, dass wir uns über längere Zeit regelmäßig sehen würden, ließ ich es für meine Verhältnisse ganz vorsichtig angehen. Eines Abends gingen wir allerdings mit ein paar Leuten aus der Klasse was trinken, und irgendwie ergab es sich, dass Ina und ich gleichzeitig den Heimweg antraten. Ich hatte leicht einen sitzen und versuchte, sie in einem grell erleuchteten Baustellentunnel zu küssen. Der Ort war so unromantisch, dass er mir aus irgendeinem Grund wiederum höchst romantisch vorkam, und ich ging davon aus, dass Ina dies ähnlich sehen musste. Sie wich meinem Kuss allerdings aus. Trotzdem umarmten wir uns einige Minuten lang, immer noch in dem fiesen Tunnel stehend. Sie murmelte etwas, das bei mir als »... noch nicht bereit« ankam, sodass ich dachte, es sei nur eine Frage der Zeit, bis ich Inas Herz für mich gewinnen könnte.

So baggerte ich sie die folgenden drei Monate ganz behutsam an. Ich war ganz stolz darauf, dass ich mich so zurückhalten konnte. Außer bei einer Gelegenheit, als wir im Englischen Garten saßen, ich meine Gitarre dabeihatte und ihr ein für sie geschriebenes Lied vorsang. Das war ihr etwas unangenehm, was allerdings auch am Text gelegen haben könnte. (»Oh-ho Iiina, von Hollywood bis Chiiina, sollen's alle wissen, ich hab mein Herz an dich verlor'n!«) Und dass ich ihr einmal eine neue Gitarre schenkte, das war vielleicht auch ein wenig *too much*.

Eines warmen Tages einige Wochen später jedoch lagen wir zusammen auf der Wiese bei den Pinakotheken, und ich zeigte ihr, was wir gerade in Mathe durchnahmen, da sie einige Stunden verpasst hatte. Sie verrechnete sich bei einer Aufgabe, und ich küsste sie auf die Wange und meinte, das wäre ab jetzt die Strafe für jeden Rechenfehler. Zwei Minuten später lagen wir uns in den Armen und küssten uns zärtlich, und zwar nicht nur auf die Wange. Ich konnte es kaum glauben – endlich hatten sich meine vorsichtigen Bemühungen ausgezahlt! Als der Himmel zuzog, gingen wir in die Neue Pinakothek und turtelten uns von Gemälde zu Gemälde. Doch schon am nächsten Tag wirkte sie in der Abendschule wieder

sehr distanziert, bis sie mir eine Woche später verkünde-
te, dass es mit uns nichts würde, da sie sich nicht verliebt
habe. Es folgte der schlimmste Liebeskummer meines
Lebens, der sicher zwei, drei Monate anhielt. Dass wir
uns trotz ihrer Absage weiterhin regelmäßig in der Schule sahen, machte die Sache nicht besser.

Doch so schlimm sich dieser Zustand auch anfühlte – es war gut, überhaupt etwas zu spüren, ganz im Ge-
gensatz zu der traurigen Lethargie, die ich in den letzten
Monaten meines Daseins als Zeuge Jehovas empfunden
hatte. Ich empfing jedes Gefühl und jede Erfahrung mit
offenen Armen. Das, was ich erlebte, ließ mich immer
mehr ich selbst werden. Konja oder Simon oder Konja
Simon, wie auch immer, ich war nicht länger ein mehr
oder weniger gut funktionierender Einheits-Zeuge.

Coldplay schienen ihren Song »Fix you« genau für
mich geschrieben zu haben: »*Lights will guide you home /
And ignite your bones / And I will try to fix you*«. Ich spürte Leben in meinen Knochen, ich wusste, jemand meinte
es gut mit mir und führte mich durch diese unglaublich
verwirrende und intensive Lebensphase. Und tief in mir
drin wurde ich langsam wieder heil.

~

Nach anderthalb Jahren in der WG im Münchner Norden zog ich in eine kleine Wohnung in der Nähe des
Westparks. Dreiunddreißig Quadratmeter, Wohnküche,
Balkon – alles, was mir an einer Wohnung wichtig ist,
und dann noch für einen Spottpreis. Ich bin immer noch
jeden Tag dankbar für meine Bude.

Im Herbst desselben Jahres lernte ich dann über ein
christliches Partnerportal Melanie kennen. Es funkte

gleich beim ersten Date, sodass wir das zweite direkt auf den nächsten Tag legten. Schnell war klar, dass das was werden würde mit uns. Sie wohnte etwa siebzig Kilometer von München entfernt, und so sahen wir uns meist am Wochenende. Meine erste richtige Beziehung nach meiner Ehe! Wir verstanden uns gut, vor allem weil wir viel mit- und übereinander lachen konnten. Ihre Familie war sehr herzlich und nahm mich mit offenen Armen auf. Wenn es mal knirschte, lag das meistens an meiner Zeugen-Vergangenheit. Melanie war durch ihre Erziehung tief verwurzelt im christlichen Glauben, der mir aber oft zu einengend war. Wenn ich dann etwas provokante theologische Thesen aufstellte, konnte das zu Spannungen zwischen uns führen. Aber abgesehen davon hatten wir eine glückliche Zeit miteinander.

~

Der Kontakt zu meiner Mutter, die nach wie vor in Duisburg lebte, verlief sehr schleppend. Wenn wir miteinander telefonierten, war immer ich es, der angerufen hatte. Nach einem Telefonat mit ihr war ich total verdutzt. Hatte sie mir eigentlich eine einzige Frage gestellt? Und hatte sie mich gegrüßt? Beim nächsten Mal machte ich die Probe aufs Exempel. Tatsächlich, sie sagte weder »Hallo« noch »Grüß dich« noch sonst irgendetwas, das einer Grußformel ähnlich kam. War sie etwa inzwischen auf den Trichter gekommen, mich als einen Ausgeschlossenen nicht mehr grüßen zu dürfen? Und sie stellte mir tatsächlich keine einzige Frage, etwa wie es mir oder meiner Freundin ging oder wie es in meinem Leben so lief. Um ihr die Absurdität unseres Gesprächs vor Augen zu führen, fragte ich sie ebenfalls nichts – daher verlief das

Telefonat im Wesentlichen so, dass sie einfach irgendetwas von sich erzählte und wir uns nach höchstens zehn Minuten voneinander verabschiedeten. Das war wahrlich das bizarrste Telefongespräch, das ich je geführt habe. Es stimmte mich traurig. Dass meine Mutter nun zurückruderte, obwohl sie ja eigentlich Kontakt zu mir hatte haben wollen, war nicht zu übersehen. Es schien, als hätte ihr jemand eingebläut, wie sie sich eigentlich einem Ausgeschlossenen gegenüber verhalten müsste, auch wenn es der eigene Sohn war. Und wenn sie schon mit mir telefonieren wollte, dann durfte sie mich zumindest nicht grüßen oder nicht durch Fragen andeuten, sie würde meinen neuen Lebenswandel gutheißen.

Wieder zogen die Monate nach unserem letzten Gespräch ins Land, wieder meldete sich meine Mutter nicht von sich aus. Irgendwann im Sommer 2012 meinte Melanie dann, ich solle sie doch einfach mal anrufen, sie würde sich doch sicher freuen. Also rief ich meine Mutter an – wieder kein Gruß, keine Frage von ihr. Es stellte sich heraus, dass sie nur wenige Wochen zuvor zusammen mit ihrer Schwester den großen Zeugen-Jehovas-Kongress im Münchner Olympiastadion besucht hatte.

»Mutter, ist das dein Ernst? Du bist in München und meldest dich nicht bei mir? Du sagst, du willst Kontakt zu mir, aber rufst nie an, und wenn wir miteinander sprechen, grüßt du mich nicht und stellst mir keine einzige Frage. Kontakt haben stelle ich mir anders vor!«

»Ja, tut mir leid, das war inkonsequent von mir«, versuchte sie zu erklären. »Ich dachte, wir könnten Kontakt halten, aber es geht einfach nicht. Da ist die Organisation ganz klar, auch bei Familienangehörigen. Deswegen muss ich jetzt konsequent sein und den Kontakt zu dir abbrechen.«

Mir war, als wäre mein Herz schockgefrostet worden, wie so ein Fischfilet auf einem isländischen Trawler, irgendwo im Nordmeer.

»Mutter, ist dir klar, dass du mich nicht wiedersiehst?«

»Ja.«

Was hätte man da noch erwidern können? Meine eigene Mutter erklärte mir am Telefon, dass sie mich nicht wiedersehen wolle. Sie stünde zwischen ihren zwei Söhnen, sagte sie. Sie wolle jetzt lieber Jehova treu sein und den Kontakt zu mir abbrechen, dafür aber die Aussicht haben, Jorim in der Auferstehung wiederzusehen. Der Kontakt zu mir war es ihr nicht wert, die Ewigkeit zusammen mit meinem Bruder aufs Spiel zu setzen.

Mir fiel absolut nichts mehr dazu ein. Ich konnte ohnehin kaum noch sprechen, so geschockt war ich. Das Schlimme daran war ja, dass es auch noch so schlüssig klang. Aus Sicht eines Zeugen Jehovas. Aber auf der menschlichen Seite, auf der Ebene Mutter-Sohn, war das das Schlimmste, was ich mir hätte vorstellen können. In meinen Grundfesten war ich erschüttert, meine Mutter sagte sich los von mir. Mein Vater hatte ja schon vor einiger Zeit den Kontakt abgebrochen, aber die Mutter, das war noch mal eine ganz andere Liga. Die Frau, die mich geboren hatte, entschied sich gegen mich.

So als hätte sie mich abgetrieben, mitten im Leben.

Wir legten auf. Das war vor über vier Jahren, und seitdem habe ich nichts mehr von ihr gehört.

Melanie hatte sich auch nicht träumen lassen, dass das Telefonat mit meiner Mutter so enden würde. Ich war froh, sie und ihre Familie zu haben; sie fingen mich auf. Und auch der Austausch mit Simon und Andre in Duisburg half ungemein. Die Gefühle, die der Kontaktabbruch meiner Eltern hervorrief, konnten sie am besten nachempfinden, auch wenn ihre Situation nicht völlig identisch mit meiner war.

~

Mit meinem Glauben ging es auf und ab. Mal fühlte ich mich wie ein Christ, mal wie ein Agnostiker, mal wie irgendwas dazwischen oder gar nichts. Und trotz allem gab es da zu jeder Zeit diese feste Bindung zu der Instanz, die ich mir als Gott vorstellte.

»Jehova«, das war mir längst klar geworden, war nichts weiter als ein Konstrukt der »Wachtturm-Gesellschaft«, um totale Kontrolle über die eigenen Leute auszuüben, und letztlich nur ein Synonym für die Organisation. Ich kannte »Jehova« in- und auswendig und wusste, dass das nicht Gott sein konnte.

Jehova möchte, dass ich wieder zu seinem Volk zurückkehre, damit ich meinen Bruder in der neuen Welt wiedersehen kann? Darauf fiel ich nicht mehr rein. Ich war auf der Suche nach dem Gott, der alle Bilder und Vorstellungen sprengt, der über »Organisation«, »Kirche« und »Berichtszetteln« stand. Ich wollte eine lebendige Verbindung zum Urheber des Lebens, alles andere interessierte mich nicht mehr. Deswegen wurde ich auch immer gelassener in der Frage der Dreieinigkeit. Letztlich war sie auch nur ein Bild und nicht in der Lage, Gott völlig zufriedenstellend darzustellen. Ich flippte also immer seltener aus, wenn jemand zu Jesus betete.

Mit religiösen Institutionen tat ich mich schwer. Mit dem ICF in München fuhr ich auf Halbmast, und mit der Gemeinde, in der Melanie groß geworden war, konnte ich nur wenig anfangen. Die Predigten dort klangen oft so, als beschränke sich die frohe Botschaft auf die Tatsache, dass man sich schlecht fühlen darf, weil man ein Sünder ist. Vieles erinnerte mich an die Zeugen Jehovas. Und Schuldgefühle, die wollte ich mir wahrlich nicht mehr einreden lassen.

In diese Zeit fiel auch ein weiteres, aus meiner Sicht wichtiges Statement gegen die »Wachtturm«-Ideologie: meine erste Blutspende. Die Zeugen Jehovas lehnen die Verwendung von Blut, auch von Eigenblut, zu jeglichen und damit auch medizinischen und potenziell lebenserhaltenden Zwecken kategorisch ab. Sie halten Blut für ein heiliges Symbol für das Leben, verkennen dabei aber die Tatsache, dass das Leben an sich wertvoller und heiliger ist als es das Symbol jemals sein kann. Mir war diese Blutspende sehr wichtig, und sie erschien mir als ein passendes Zeichen dafür, dass sich meine Perspektive immer mehr in gesunde – und damit menschliche und verantwortungsbewusste – Bahnen bewegte.

In der Abendschule lief es super. Nach dem zweiten Semester kam die Englischlehrerin auf mich zu und fragte mich, ob ich mir vorstellen könnte, ein Semester früher als regulär in die Abiturprüfung zu gehen. In Englisch und Deutsch war ich gut aufgestellt, nur in Mathe hakte es, aber mir gefiel diese Herausforderung. Ich sparte mir daraufhin den Bio-, Deutsch- und Englischunterricht und folgte praktisch meiner Mathelehrerin auf Schritt und Tritt. Zehn Stunden Mathe in der Woche, und das nun an fünf Abenden, das haute ganz schön rein!

Eine Besonderheit an der Begabtenabiturprüfung war ja, dass man sich ein wissenschaftliches Fach auswählen durfte und mit dem entsprechenden Professor den Prüfungsstoff aushandeln musste. Ich entschied mich für das Fach, das für mich am naheliegendsten war: Religionswissenschaft. Für die schriftliche Prüfung einigte ich mich mit dem Prof auf das Thema »Zeugen Jehovas« – da sparte ich mir also auch das Büffeln. Biologie und Geschichte lernte ich hauptsächlich mit Büchern und Videos, das ging ganz wunderbar.

Im Herbst 2012 war es dann so weit: schriftliche Abiturprüfung! Deutsch, Englisch und die Zeugen Jehovas. Unter die letztgenannte Arbeit schrieb der Prof später die Bemerkung »beeindruckendes Detailwissen«, welches natürlich nicht von ungefähr kam. Irgendwann danach gab es noch vier mündliche Prüfungen. Am besten davon lief erwartungsgemäß die in Religionswissenschaft, Thema: der Apostel Paulus. Der Herr Professor hob vergnügt einen halben Zentimeter von seinem Stuhl ab, als ich ihm sagen konnte, dass das Kapitel 15 im ersten Korintherbrief das Kapitel war, in dem Paulus vor allem über die Auferstehung schrieb. Damit hatte er wohl trotz des guten Verlaufs der Prüfung nicht gerechnet, und es versetzte ihn in höchste Verzückung, was sich dann auch in meiner Note niederschlug. Zumindest dafür war also meine Vergangenheit nützlich gewesen. Der Professor meinte bei der Verabschiedung, ich solle doch Religionswissenschaft studieren, ich hätte das Zeug dazu. Wie mich das ehrte!

In Mathe hätte dann nicht viel gefehlt und ich wäre durchgerasselt. Da saß ich zwischen den zwei Prüfern und musste eine Kurvendiskussion durchführen. Mein Gehirn fühlte sich an wie Kaugummi, ich hatte schlecht geschlafen, und es war einfach noch zu früh am Tag für Mathe. Mit fünf Punkten bestand ich gerade so.

Zu meinem Geburtstag einige Wochen später erhielt ich dann mein Zeugnis: bestanden mit eins komma sieben, trotz Mathe! Das war die größte Leistung meines Lebens bis dahin, und ich war unglaublich stolz. Sehr schade, dass meine Eltern davon nichts mitbekamen. Vielleicht wären sie auch ein wenig stolz gewesen.

Kurz nach meinem Abitur trennten Melanie und ich uns. Wir hatten viele glückliche Momente zusammen gehabt, aber für die gemeinsame Lebensplanung passte es einfach nicht gut genug. Wir sind immer noch befreundet, worüber ich sehr froh bin.

Nun war ich also wieder Single, hatte das Abitur in der Tasche – was sollte als Nächstes passieren? Da ging doch noch was! Zurück in die Heimat? Endlich wieder in die Nähe von Andre und Simon! Aber Duisburg? Ich war mir nicht sicher, ob ich bereits meinen Frieden mit der Stadt gemacht hatte. Mit meiner Duisburger Vergangenheit.

Trotzdem schaute ich nach Stellenanzeigen im Duisburger Raum, und tatsächlich, die Uni Düsseldorf suchte jemanden für die Verwaltung. Ich bewarb mich und wurde zum Vorstellungsgespräch eingeladen. Wie ich dann schließlich so über den Campus lief und mir den Weg durch die Studenten bahnte, wurde mir immer klarer, dass ich es viel anziehender fand, als Student auf dem Weg zu einer Vorlesung zu sein als zum Vorstellungsgespräch für eine Verwaltungsstelle.

Als ich in der Bewerbungsrunde dann zum Einstieg gefragt wurde, warum ich denn gerne diese Stelle haben wolle, lag mir auf der Zunge: »Junge, die olle Stelle kannst du behalten, *studieren* will ich!«, aber ich konnte es mir gerade noch verkneifen. Unter erheblichem Kraftaufwand ließ ich mir eine passendere Antwort einfallen. Trotzdem hatte es in dem Moment mal wieder klick gemacht. Ich wusste plötzlich, dass ich unbedingt Student sein wollte.

Mit der Abendschulklasse waren wir bei einem Tag der offenen Tür in der Ludwig-Maximilians-Universität

in München gewesen, und die Atmosphäre, die altehr-
würdigen Räumlichkeiten und die Bildung, die die Luft
erfüllte, in all das hatte ich mich gleich verliebt. In dem
Moment wünschte ich mir, mal durch den Lichthof im
Hauptgebäude zu laufen und sagen zu können: »Ich
komme zu spät zur Vorlesung!«

Das war also der nächste Wunsch, den ich mir erfüllen wollte. Aber was studieren? Als Erstes kam mir gleich
Lehramt in den Sinn, ich ahnte, dass mir das im Blut lag,
schließlich war mein Vater Lehrer gewesen, so wie der
Großteil der Familie väterlicherseits. Andererseits war
ich mir nicht sicher, ob mein Nervenkostüm dafür geschaffen war. Aber eine prägende Rolle im Leben junger
Menschen zu spielen, der Gedanke gefiel mir. Wie schön
das wäre, wenn jemand im Erwachsenenalter an mich
zurückdenken und sagen würde: »Der Rohde damals,
das war kein *komplettes* Arschloch!«

Aber welches Lehramt? Gymnasium schied aus, mit
den versnobten und besserwisserischen Rotzlöffeln wollte ich nichts zu tun haben. Realschule? Hauptschule?
Meine Wahl fiel auf Grundschule. Das Studium schien
vom Aufwand her überschaubar zu sein, und die kleinen
Racker konnte ich mir am ehesten als Klientel vorstellen.

So bewarb ich mich auf einen Studienplatz an der
LMU für Lehramt Grundschule – und erhielt eine Zu-
sage. Die Anstrengungen beim Abitur hatten sich also
gelohnt, und ich war sehr glücklich, als ich die Aufforde-
rung zur Einschreibung in den Händen hielt.

Ich, Student! An der LMU! Der absolute Wahnsinn.
Beim Einschreibungstermin wurde mir klar, dass ich die
nächsten Jahre hauptsächlich von höchstens zwanzig-
jährigen Mädels umgeben sein würde, die alle praktisch
identisch oder zumindest verdammt ähnlich aussahen,

und ich wusste noch nicht, ob ich deswegen lachen oder weinen sollte.

Mit dem Job musste ich mir natürlich etwas einfallen lassen. Zu dem Fachbereich, in dem ich arbeitete, gehörten auch sogenannte Wohnprojekte für junge Flüchtlinge, und ich wusste, dass sich ein Großteil meiner Kolleginnen mit der Arbeit dort ihr Studium finanziert hatten. Die Arbeitszeiten kollidierten nicht oder kaum mit den Unizeiten, weil man unter der Woche erst ab nachmittags und ansonsten nachts und am Wochenende arbeitete. Man konnte die Arbeitszeit zuweilen zum Lernen nutzen, und der Verdienst war auch noch recht gut.

So wechselte ich also in solch ein Wohnprojekt und wurde »Pförtner mit Sonderaufgaben«. Immer wenn ich dann später meinen Beruf nannte, glaubte mir kaum jemand, dass das wirklich so hieß. Aber letztlich traf es der Titel sehr gut – die meiste Zeit saß man eben an der Pforte, und die Sonderaufgaben bestanden hauptsächlich in der Betreuung der etwa vierundzwanzig Bewohner, wenn die Sozialpädagogen nicht im Haus waren. Unsere Jungs kamen aus Somalia, Afghanistan, Irak und Syrien, fast alle im Alter von achtzehn bis vierundzwanzig Jahren. Es war eine erfüllende Arbeit. Da die Bewohner in der Regel mehrere Jahre blieben, konnte ein entsprechend vertrautes Verhältnis entstehen.

Nur selten wurde es richtig unerfreulich. In den zweieinhalb Jahren, die ich dort arbeitete, erlebte ich drei Gewaltausbrüche, die es in sich hatten. Da wird einem schon anders, wenn man sich plötzlich mitten in einer Schlägerei wiederfindet. Nur ein einziges Mal richtete sich die Aggression gegen mich, und das war dann später auch der ausschlaggebende Grund für mich, die Arbeit zu wechseln. Aber wie gesagt, das war die Ausnahme. Ich gab viel Nachhilfe, hörte viel zu, gab Hilfestellung bei Behördenpost oder Liebeskummer. Größtenteils ganz feine Jungs, die ich dort kennenlernen durfte.

Kurz vor Beginn meines Studiums gab es einen weiteren Meilenstein in meinem Leben: Ich gab zum ersten Mal meinen Wahlzettel ab, und zwar bei der Bundestagswahl. Ich war in der Vergangenheit schon öfter Wahlhelfer gewesen, durch meine Tätigkeit als städtischer Angestellter kam ich immer wieder in den Genuss. Als Zeuge Jehovas durfte ich mich aber selbst nicht an Wahlen beteiligen – als Ausdruck meiner damaligen »politischen Neutralität«, die mir die Organisation gebot. Wenn ich dann also als Wahlhelfer im Wahllokal hockte und dem spärlichen Wählerstrom bei der Stimmabgabe zusah, dachte ich oft bei mir: »Kapier ich nicht, warum nicht mehr Leute zur Wahl gehen. Ich würde gern wählen, aber darf nicht, und die Leute dürfen, aber wollen nicht.« Bei der Bundestagswahl 2013 war ich wieder Wahlhelfer, aber nun genoss ich es, voller Stolz meinen eigenen Stimmzettel in die Wahlurne zu werfen. Ich gehe immer noch gerne wählen, wenngleich ich das politische System in Deutschland heute deutlich differenzierter sehe als damals bei meiner ersten Wahl.

~

Ich hatte mich in der Uni zu einem »Ersti-Wochenende« angemeldet, das ich mit zwei Dutzend Kommilitonen in Alt-Ötting verbrachte. Da nicht nur das Grundschullehramt vertreten war, waren sogar auch Jungs dabei. Natürlich war ich mit sechsunddreißig der mit Abstand Älteste in der Runde. Es gab zwar deswegen einige Scherze auf meine Kosten, aber im Allgemeinen fühlte ich mich gut integriert. Ich hatte auch etwas auf wilde Studentenpartys spekuliert, aber das Wochenende verlief recht gesittet.

In der Woche darauf ging es los mit dem Studium, erst mal die sogenannte Orientierungsphase, in der wir mit den Örtlichkeiten und den Abläufen in der Uni vertraut gemacht wurden. Gottseidank lief mir bei dem vielen jungen Gemüse schon früh Georg über den Weg, auch ein »Ersti« für Grundschullehramt, im selben Alter wie ich und heute einer meiner besten Freunde. Später fanden sich noch zwei weitere Männer im gestandenen Alter, Martin und Andreas. Die Altherrenriege saß natürlich immer zusammen, das muss ein Anblick gewesen sein, unter den gefühlt tausend blutjungen Mädels im Hörsaal.

Schon bald stand mein erstes Praktikum an, das man in verschiedenen Schularten absolvieren musste. Ich entschied mich zunächst für die Hauptschule, das wollte ich unbedingt mal erlebt haben. Ich wurde einer fünften Klasse zugeteilt und musste am ersten Morgen feststellen, dass sich die Lehrerin um einige Minuten verspätete, da es Probleme mit der S-Bahn gab. Da stand ich also zum allerersten Mal vor einer Klasse, mutterseelenallein, mindestens fünfundzwanzig neugierige Augenpaare auf mich gerichtet. Die Kinder brauchten mit Sicherheit keine zehn Sekunden, um zu begreifen, dass sie von mir nichts zu befürchten hatten. Als es unruhig wurde, weil ich überhaupt keinen Plan hatte, was ich mit ihnen anstellen sollte, ließ ich alle nacheinander ihre Namen aufsagen, um Zeit zu schinden. Plötzlich stand ein Mädchen auf und versicherte mir glaubhaft, dass es starke Bauchschmerzen hätte. Ich fragte es, ob es denn heute schon anständig auf Toilette war, was es verneinte. »Ich geh mit!«, quietschte ihre Sitznachbarin, und schon waren die zwei verschwunden. Ich hoffte inständig, sie lebend wiederzusehen und ahnte gleichzeitig, dass ich innerhalb kürzester Zeit zum Spielball der Kinder geworden war. Das konnte ja was werden mit meinem Lehrer-Dasein!

In der Woche durfte ich auch in zwei sogenannten Übergangsklassen hospitieren, deren Schülerinnen und Schüler die Gemeinsamkeit hatten, kein Deutsch zu können. In der einen Klasse war es immer mucksmäuschenstill, was wohl daran lag, dass die Kinder sich untereinander kaum verständigen konnten. Aber alle hängten sich mächtig rein!

Später war ich noch in der Inklusionsklasse einer Grundschule eingesetzt, in der sieben von zwanzig Kinder sonderpädagogischen Förderbedarf hatten. Ich merkte gleich, dass es mir die Spezialkinder angetan hatten. Besonders mit einem Jungen mit Down-Syndrom verstand ich mich gut, wir hatten uns beide gleich ins Herz geschlossen. Als ich mich von ihm verabschieden musste, hatte ich fast Tränen in den Augen.

Außerdem verliebte ich mich in eine Lehrerin. Wir wechselten nicht ein Wort miteinander, und so konnte ich gerade noch ihren Namen rauskriegen, ohne Verdacht zu erregen, aber ich schaffte es nicht, ihr näherzukommen. Nach dem Praktikum musste ich mir also etwas einfallen lassen und entschied mich dagegen, ihr mal nach Unterrichtsschluss vor der Schule aufzulauern. Ich schrieb ihr stattdessen einen Brief, den ich natürlich zu ihren Händen an die Schule adressieren musste, und hoffte inständig, dass er auch wirklich bei ihr ankam. Es dauerte eine Weile, aber dann erhielt ich eine Antwort, von Hand mit lila Tinte geschrieben. Wir hatten zuvor nur einmal kurz Augenkontakt gehabt, aber angeblich erinnerte sie sich an mich. Sie fand das süß mit meinem Brief, sei jedoch seit vier Jahren in einer Beziehung. Aber ich solle doch mal bei ihr vorbeischauen, wenn ich wieder in der Schule wäre. Was für mich überhaupt nicht in Frage kam – wie peinlich wäre das denn gewesen!

In Bayern muss man beim Studium des Grundschullehramts ein »Unterrichtsfach« wählen. Das ist natürlich Quatsch, da man als Grundschullehrkraft sowieso alles lehren muss, was anfällt, und man das Unterrichtsfach auf einem Level studiert, das so niemals in der Schule Anwendung finden wird, zumindest größtenteils. Ich hatte Sozialkunde gewählt, bestehend aus Politik, Soziologie und Geschichte. So studierte ich im ersten Semester Politik, ganz normal mit den anderen Bachelor-Studenten. Das war irre interessant, aber ich traute mich meist nicht, den anderen gegenüber meinen Studiengang zu erwähnen. Politik für Grundschullehramt, das klang einfach zu schräg.

In der Mitte des Semesters wurde für die Politik-Leute eine Studienfahrt nach Berlin angeboten. Da war ich sofort dabei, das erste Mal nach Berlin! Dort angekommen war ich allerdings etwas enttäuscht, zu sehr erinnerte mich die Schmuddeligkeit an meine Heimatstadt Duisburg. Wobei das Flair natürlich nicht zu vergleichen war, da hatte Berlin einfach leicht die Nase vorn.

Wir klapperten fast jede politisch relevante Institution ab, von Bundestag bis Bundeskanzleramt – ein Riesenerlebnis. Für mich war es so, als würde ich die Welt kennenlernen, obwohl es sich ja eigentlich »nur« um die Hauptstadt des eigenen Landes handelte. Das »eigene« Land, so war es mir früher nie vorgekommen. Man schwebte als Zeuge Jehovas einfach dermaßen in anderen Sphären, dass man überhaupt keinen echten Blick hatte für sich und seine Umgebung. Dafür, dass man Teil der Gesellschaft war und damit auch Verantwortung trug, der man allerdings nicht gerecht wurde, wenn man stundenlang Zettelchen voll von »Wachtturm«-Ideologie verteilte. Ich fühlte mich immer mehr im Hier und Jetzt angekommen, als echter Mensch unter anderen echten Menschen.

Was ich in Berlin auf jeden Fall besichtigen wollte, war das Pergamonmuseum. Ich erinnerte mich an die Erzählungen meines Vaters aus dessen Studienzeit, wie sehr ihn dieses Museum beeindruckt hatte. Nichts Geringeres als das original babylonische Ischtar-Tor gab es dort zu sehen, das Tor, durch das die biblischen Israeliten seinerzeit schreiten mussten, um ihre Gefangenschaft in Babylon anzutreten. Meine Kommilitonen waren nicht für einen Museumsbesuch zu begeistern, und so stand ich schließlich alleine vor dem Tor, worüber ich dann auch ganz froh war, denn mir kamen die Tränen, so ergriffen war ich von dem Anblick.

In einer anderen Ecke des Museums entdeckte ich eine Tonscherbe, auf der mein Name zu lesen war: »Konja«. Es wurde dort der jüdische König aus der Bibel erwähnt, nach dem ich benannt bin. Das erinnerte mich daran, dass ich die Bibel, egal welche Rolle sie künftig in meinem Leben spielen sollte, nicht einfach als Märchenbuch abtun konnte. Historisch ist sie in weiten Teilen gut belegt, das sah ich hier mit eigenen Augen.

Da mir das Fach Politik zu wenig mit dem Grundschulalltag zu tun zu haben schien, wechselte ich im zweiten Semester zu Deutsch als Zweitsprache, was den Nachteil hatte, dass ich mit dem Studium des Unterrichtsfaches ins Hintertreffen geriet. Aber auch das war nicht das Wahre, ich sah mich immer weniger als Klassenlehrer, der zwanzig Kindern den Zehnerübergang erklärt, sondern eher als Spezialisten, der seinen Fokus auf Kinder mit besonderen Bedürfnissen legt. Ich wechselte also wieder, diesmal sogar das Studienfach, zu Lehramt für Sonderpädagogik, Fachrichtung Geistigbehindertenpädagogik. Und stellte fest, dass ich nun also beruflich genau bei dem gelandet war, was mein Vater auch gemacht hatte.

Die Geistigbehindertenpädagogik faszinierte mich vor allem wegen meiner Cousine Katja, einer Autistin. Ich hatte sie während eines Urlaubs in der Provence besser kennengelernt, als ich sechzehn war. Nach dem Tod meines Bruders kümmerten sich Katjas Eltern, meine Tante Ulla und mein Onkel Hans, um mich und nahmen mich mit in den Urlaub; wir hatten damals eine unvergesslich schöne Zeit zusammen. Katja hatte bis zum Alter von dreiundzwanzig als geistig behindert gegolten, bis eine ihrer Lehrerinnen herausfand, dass sie in Wirklichkeit hochintelligent ist. Im Rückblick betrachtet war das schon echt verrückt, damals im Urlaub, noch bevor ihre hohe Intelligenz entdeckt worden war: Immer wenn Tante Ulla und Onkel Hans nicht wollten, dass Katja etwas von ihrer Unterhaltung mitbekam, redeten sie auf Französisch miteinander, nicht ahnend, dass Katja die Sprache seit ihrem fünften Lebensjahr perfekt beherrschte. Sie hätten übrigens auch englisch, arabisch, italienisch, russisch oder suaheli miteinander sprechen können, Katja hätte sie trotzdem verstanden. Sie hat auch ein Buch über ihre Geschichte geschrieben, »Ich Igelkind«, absolut lesenswert.

~

Mitte 2015, einige Wochen vor dem geplanten alljährlichen Familienfest, bekam ich eine SMS von meinem Onkel Reiner: »Dein Vater möchte gerne Kontakt, ruf ihn bitte an.« Hoffnung keimte in mir auf, wobei ich mich schon aus reinem Selbstschutz bemühte, die Erwartungen nicht davongaloppieren zu lassen. Ich rief also meinen Vater an. Zum ersten Mal seit über fünf Jahren hörte ich seine Stimme. Er klang vertraut und erfreulicherweise wie ein Vater, nicht wie ein Zeuge Jehovas. Tatsächlich wirkte der Beginn unseres Gesprächs so, als wäre nie was gewesen. Wie es mir denn ginge, was ich so mache – Fragen, die ein Vater seinem Sohn stellt, den er seit Jahren nicht mehr gesprochen hatte, weil sein Telefon kaputt war. Wir quatschten einfach miteinander, ich erzählte von meinem Leben, er von seinem, ich erkundigte mich nach Leuten, die ich noch aus alten Zeiten kannte. Seine freudige Reaktion auf mein Nachfragen kam mir dann doch komisch vor, und noch im Laufe des Gesprächs verstand ich. Mein Vater suchte nach einer Rechtfertigung für seine Kontaktaufnahme. So als stünde ein unausgesprochener Deal im Raum: Wenn ich Interesse an meiner alten Zeugen-Welt zeigte, könnte er vor sich oder seiner Zeugen-Gemeinde oder vor Jehova rechtfertigen, dass er seinen ausgeschlossenen Sohn kontaktierte. Was ihm eigentlich nach wie vor verboten war. Ich ließ mich bis zu einem gewissen Grad auf den Deal ein, denn ich war ja tatsächlich interessiert an dem Wohlergehen meiner alten Bekannten. Trotzdem wollte ich meinem Vater keine Hoffnung auf meine Rückkehr machen. Das bevorstehende Familienfest kam zur Sprache. Ob er kommen würde, fragte ich, und wusste doch, dass er die letzten Jahre eben nicht gekommen war, weil ich da war. Das würde sich noch zeigen, meinte er, aber nach dem Verlauf unseres Gesprächs wäre er zuversichtlich. Mir war es plötzlich auch ein wenig egal, ob sich mein Vater Hoffnungen machte oder nicht, das war ja schließlich seine Sache. Ich jedenfalls wollte ihn einfach wiedersehen.

Als ich aufgelegt hatte, war ich erst mal baff. Mein Vater. Und ich. Telefoniert. Einfach so.

Ich fragte mich, ob ihm seine Frau nun die Hölle heiß machen würde. Mein Vater hatte einige Jahre nach der Scheidung von meiner Mutter wieder geheiratet, Christine, eigentlich eine ganz passable Frau. Allerdings nur, solange man selbst braver Zeuge Jehovas war. Ich erinnere mich, dass Christine einmal kurz nach meinem Ausschluss angerufen hatte, da wohnte ich noch bei Sina, ein paar Wochen vor meinem Umzug in das WG-Zimmer. Ich nahm ab, und sie fragte, ob sie bitte mal Sina sprechen dürfe. Hinterher stellte sich heraus, dass sie lediglich mitteilen wollte, dass eine Operation, der sich mein Vater hatte unterziehen müssen, gut verlaufen war. Das konnte sie mir natürlich nicht persönlich sagen. Ich war ja ausgeschlossen.

An religiöser Engstirnigkeit war Christine also kaum zu überbieten, und ich konnte mir nur schwer vorstellen, wie Vater es geschafft hatte, das Telefonat mit mir überhaupt vor ihr durchzukriegen. Jedenfalls hatte er es geschafft, und ich war froh darüber. Auch wenn ich, wie erwähnt, Hoffnung in Bezug auf eine Normalisierung unseres Verhältnisses kaum zuließ.

Einige Tage später kam es dann erneut zum Telefonat, bei dem nichts mehr zu hören war von der väterlichen Unbeschwertheit des letzten Gesprächs. Mein Vater klang wie ein getriebenes Tier, als stünde Christine oder der Kreisaufseher oder die Leitende Körperschaft neben ihm und drückte eine Ausgabe des »Wachtturms« an seine Schläfe. Er würde nicht zum Familienfest kommen. Es blieb dabei: Solange ich ausgeschlossen sei und nicht zumindest ansatzweise signalisieren würde, dass ich eine Rückkehr in die Organisation anstrebte, sei an Gemeinschaft nicht zu denken. Diese Worte trafen mich wie ein Schlag in die Magengrube, obwohl ich mir ja bewusst keine großen Hoffnungen gemacht hatte. Warum man sich denn nicht einfach wie Vater und Sohn begegnen und religiöse Fragen außen vor lassen könne, fragte ich. Die darauf folgenden Worte meines Vaters werde ich nie vergessen, er schrie sie fast in den Hörer: »Es gibt nur eine Wahrheit! Und du kanntest die Wahrheit!« Es klang, als wäre sich mein Vater in diesem Moment seiner Machtlosigkeit bewusst geworden. Es gab für ihn keinen Weg, mich zurückzuholen. Keinen Bibeltext, den er zitieren, keinen Absatz, den er aus dem »Wachtturm« vorlesen konnte. Es blieb ihm nichts, als mich anzubrüllen und »die Wahrheit« zu beschwören, als könnte mich das vielleicht doch noch zur Besinnung bringen. Ich blieb ruhig und sagte diesen einen Satz, den ich mir eines Nachts unbewusst zurechtgelegt hatte, für genau dieses Gespräch, für diesen Moment.

»Vater, sag mir eins. Du verlierst einen Sohn, und den anderen gibst du freiwillig auf. Sag mir, ist das von Gott, oder vom Teufel?«

Es knackte in der Leitung. Mein Vater hatte aufgelegt. Vielleicht hatte auch Christine den Finger auf die Gabel gelegt. Wie auch immer, dies war das letzte Mal, dass ich mit meinem Vater gesprochen habe. Auch wenn es schön war, ihn mal wieder gehört zu haben – diese zwei Gespräche hätte man sich auch sparen können.

~

Das einzige, was mir den Spaß am Studium verderben konnte, waren die Prüfungen. Die Zeiten, in denen man das Lehramtsstudium auf einer Pobacke absitzen konnte, waren offensichtlich längst vorüber. Und die vorlesungsfreien Zeiten bestanden hauptsächlich aus dem Anfertigen von Seminararbeiten und dem Absolvieren von Praktika. Und das alles neben einer 40-Stunden-Woche im Wohnprojekt – ich pfiff immer mehr aus dem letzten Loch.

Zudem hatte sich meine Perspektive auf den Beruf im Laufe der Zeit verändert. Zu Beginn fand ich die Aussicht verlockend, sich nach dem Studium nicht viele Gedanken über die berufliche Laufbahn machen zu müssen. Als Lehrer war der Weg ja entsprechend vorgezeichnet, ein Schritt würde den nächsten ergeben. Vielleicht war diese Denke auch meiner Vergangenheit geschuldet, schließlich war ich nichts anderes gewohnt als ein vermeintlich sicheres und klar abgestecktes Umfeld.

Irgendwann jedoch empfand ich diese Perspektive als einengend. Nicht mehr hinziehen, wohin man wollte, nicht mehr freinehmen, wann man wollte – natürlich hatte das Lehrerdasein auch Vorteile, aber die fielen für mich persönlich nicht mehr ausreichend ins Gewicht. Außerdem war das Studium ja nicht ausschließlich einem Berufsziel entsprungen, sondern vor allem dem Wunsch, das Abenteuer Studium an der LMU zu erleben. Und nun fühlte es sich nach fünf Semestern so an, als sei dieser Wunsch bereits in Erfüllung gegangen.

Auf alle Fälle hätte ich meine Arbeitszeit reduzieren müssen, um weiter studieren zu können, und das hätte mich gewurmt, da ich immer noch auf einem Haufen Schulden saß und auch auf keinen Fall neue machen wollte. Kräftemäßig konnte es jedenfalls so nicht weitergehen. Zusammen mit der Abendschule hatte ich die letzten viereinhalb Jahre mit kaum etwas anderem als Arbeiten und Lernen verbracht. Mein Sozialleben war kaum existent. Durch den Job im Wohnprojekt hatte ich praktisch von Montag bis Sonntag nur zwei Abende frei, und Wochenend-Feeling hatte ich schon ewig nicht mehr gehabt, weil meine freien Tage selten hintereinander lagen. Kurz gesagt, ich war am Ende meiner Kräfte und musste die Reißleine ziehen.

Aber auch das war eine interessante Erfahrung: mich selbst dabei zu erleben, wie ich mich an die Grenze der eigenen Leistungsfähigkeit herantastete. Und bedauern tat ich sowieso nichts, das Studium hat sich trotz allem gelohnt. So viele liebe Menschen habe ich kennengelernt, so wertvolle Freundschaften geschlossen, so viel gelernt, so viele Erfolgserlebnisse gehabt – und so unglaublich tolle Kinder erlebt, auch wenn sie mal volle Glasflaschen oder meine Brille quer durchs Klassenzimmer warfen.

Ich wickelte das Studium Anfang 2016 ab und bemühte mich darum, wieder in den Verwaltungsdienst aufgenommen zu werden. Das gelang schneller als gedacht, und so saß ich bald wieder in einem Büro vor einem Computer – das hätte ich mir zwar noch vor einiger Zeit nicht träumen lassen, aber es fühlte sich gut an. Einfach nur arbeiten. Das erschien mir nach den anstrengenden letzten Jahren fast wie Urlaub. Jeden Abend, jedes Wochenende, jeden Feiertag frei, der absolute Wahnsinn. Ich nutzte diese neu gewonnene Freiheit, um zu reisen; im Jahr 2016 bin ich mehr gereist als in den fünf Jahren davor zusammen: Kopenhagen, Fehmarn, Hamburg, Italien, Österreich, Oslo, Schweden. Und ich bin noch lange nicht fertig damit, aber erst will ich dieses Buch zu Ende schreiben.

Wenn das geschafft ist, fängt für mich wieder einmal ein neues Kapitel an. Eines mit mehr innerer Ruhe, mit dem Gefühl, auf dem richtigen Weg zu sein, wobei gar nicht ganz klar ist, wo genau dieser hinführen wird. Aber auch mit der gelassenen Erkenntnis, dass man das gar nicht immer so genau wissen muss. Ein Kapitel, in dem immer mehr Frieden einkehrt: mit mir, mit meinem alten Leben und mit meinem neuen Leben.

III. Konja Simon

Nun ist es etwas kompliziert mit meinem Namen. Die Menschen, die mich vor dem Ausstieg bereits kannten, kennen mich unter dem Namen »Konja«, und die, denen ich danach begegnete, unter »Simon«. Vor einiger Zeit lernte ich eine Frau kennen, die, als sie von meinem früheren Namen erfuhr, anfing, mich »Konja Simon« zu nennen, das gefiel mir irgendwie. »Konja« ist nach wie vor vertrauter für mich, da ich nun mal die ersten dreiunddreißig Jahre meines Lebens auf diesen Namen hörte. Aber »Simon« hat nach wie vor eine Menge Vorteile. Letztlich kann mich jeder so nennen, wie er mag, Hauptsache, er grüßt mich und spricht mit mir.

Manchmal werde ich gefragt, wie es inzwischen mit meinem Glauben steht. Der Glaube ist für mich nach wie vor ein Prozess, der immer mehr an Nuancen gewinnt und oft durch Erlebnisse und neue Erkenntnisse geprägt wird. Solch ein Erlebnis war zum Beispiel ein Gastvortrag, den ich während meiner Studienzeit an der LMU hörte. Professor Thomas Schimmer von der Universität Karlsruhe sprach zum Thema »Der Urknall und die Gottesfrage«, faszinierend und großartig vorgetragen. Besonders anschaulich stellte er dar, dass die Feinabstimmung der fundamentalen Kräfte und der Naturkonstanten so präzise sind wie ein Scharfschütze sein müsste, der ein ein Zentimeter großes Ziel treffen soll, das sich am anderen Ende des beobachtbaren Universums befindet. Diese unvorstellbar große Präzision führte ihn zu den Fragen: »Ist das Universum von jemanden bis ins kleinste Detail so inszeniert und konstruiert worden, nur damit *wir* leben können? Ein ganzes Universum – extra für uns?« Dass ein Professor für angewandte Physik überhaupt solche Fragen in den Raum warf, beeindruckte mich zutiefst.

Später wurde sein Vortrag die reinste Predigt, er sprach von Gott und Jesus und meinte, nicht wir müssten Gott finden, sondern er uns undsoweiter, und ich dachte ich hör nicht richtig, ich kam mir vor wie in der Kirche und nicht wie in der Uni. Nach seinem Vortrag gab es eine Fragerunde, und ich wollte gerne wissen, wie er denn ausgerechnet auf den biblischen Gott käme, es gäbe doch auch genug andere religiöse Konzepte zur Frage des Ursprungs des Lebens. Seine Antwort war so ehrlich wie entwaffnend: Das biblisch-christliche Konzept, nämlich dass die Liebe Gottes zum Menschen für das Universum verantwortlich ist, sei für ihn das schlüssigste und annehmbarste. Und in dem Moment spürte ich, dass der Herr Professor und ich uns mehr oder weniger einig waren.

Das ist das, was ich in der Natur um mich herum sehe, und das, was ich sah, als ich im Bio-Unterricht in der Abendschule das Blatt Papier mit dem Aufbau der menschlichen Zelle vor mir hatte: Ich bin mir sicher, dass sich das alles jemand ausgedacht haben muss, der es grundsätzlich sehr, sehr gut mit uns Menschen meint. Die göttliche Liebe verstehe ich als ein universales Prinzip, und ich sehe es als meine Aufgabe an, diese Liebe widerzuspiegeln, ganz so, wie Jesus selbst die Bedeutung der Heiligen Schrift zusammenfasste: Gott lieben, den Nächsten lieben, sich selbst lieben. Da ist er – der Sinn des Lebens. Ich kann nur sagen, dass ich mich am glücklichsten fühle, wenn ich mich an dieses Prinzip halte.

Als ich damals in dem Hotel in Island gearbeitet hatte, lag eines Tages in der Mitarbeiterküche die Firmenzeitung aus, in der einer der Topmanager gefragt wurde, was er seinen Untergebenen mit auf den Weg geben wolle. Er gab den Rat, den Kunden immer so zu behandeln, wie man selbst behandelt werden will. Es wäre wahrscheinlich unsexy gewesen, an dieser Stelle Jesus Christus zu zitieren, aber der Spruch stammt eigentlich von ihm. Die Goldene Regel: Behandle andere so, wie du selbst behandelt werden willst.[27] Das muss man sich mal vorstellen, wie es auf der Welt aussähe, wenn alle nach dieser Maxime handeln würden.

Ich liebe Gott, ich liebe Jesus, ich liebe die Bibel. Das war schon immer so und wird auch so bleiben. Mehr weiß ich nicht, und das ist auch völlig okay für mich. Ich glaube inzwischen, das gehört zum Menschsein dazu: Anerkennen, was man alles nicht weiß und wahrscheinlich auch nie wissen wird, und dabei gelassen und zufrieden zu sein. Für mich sind die Zeiten vorbei, in denen ich als Zeuge Jehovas zumindest aus meiner damaligen Sicht auf jede Frage immer eine »Antwort« parat hatte und mich dabei fühlte, als hätte ich die Weisheit mit Löffeln gefressen.

Was geschieht nach dem Tod? Auch so eine Frage. Zu dem Thema steht natürlich einiges in der Bibel, und trotzdem gibt es dazu so viel Uneinigkeit. Seien wir doch mal ehrlich, die einzige Möglichkeit herauszufinden, was beim Tod geschieht oder nicht geschieht, ist, selbst zu sterben. Und bis dahin halte ich es für müßig, mir darüber den Kopf zu zerbrechen.

Zu leben, und im Sinne Gottes wirklich und wahrhaftig Mensch zu sein, damit bin ich absolut ausgelastet, und zwar im Hier und Jetzt. Als Zeuge lebte ich immer schon so halb in der Neuen Welt, irgendwo in der Zukunft, und war todunglücklich dabei, weil ich völlig am Leben vorbeilebte. »Alles, was deine Hand zu tun findet, das tu mit all deiner Kraft.«[28] »Lehre uns bedenken, dass wir sterben müssen, auf dass wir klug werden.«[29] Das sind zwei Bibeltexte, die mir in den letzten Jahren halfen, mir meiner Vergänglichkeit bewusst zu sein, im Heute zu leben und das Beste daraus zu machen.

Ich liebe übrigens auch die Wissenschaft, und das ist für mich nicht im Geringsten ein Widerspruch, so wie bereits Max Planck sagte: »Religion und Naturwissenschaft schließen sich nicht aus, wie heutzutage manche glauben und fürchten, sondern sie ergänzen und bedingen einander.« Aber was ich oft vermisse, ist die Fähigkeit der Wissenschaft, eben auch anzuerkennen, was sie nicht weiß und wahrscheinlich nie wissen wird.

Ein weiterer schöner Satz in dem bereits zitierten Gastvortrag lautete: »Das für uns sichtbare Universum umfasst nur circa vier Prozent der Masse, der Rest entfällt auf dunkle Materie und dunkle Energie.« Und: »Wir wissen sehr viel über die vier Prozent. Über die sechsundneunzig Prozent wissen wir fast nichts.«[30]

Und ganz ehrlich, solange die Wissenschaft nicht in der Lage ist, abschließend zu klären, warum wir Schrumpelfinger bekommen, wenn wir lange in der Badewanne sitzen, nehme ich ihr einfach nicht ab, sie wüsste zweifelsfrei, wie das Leben entstanden ist.

Die Sexualität ist so eine Sache. Ich finde sie am schönsten, wenn man sie mit jemandem teilt, den man liebt. Ich bin damals jungfräulich in die Ehe gegangen, habe sieben Jahre mit einer Frau zusammengelebt, mit der ich nicht geschlafen habe, aber ganz ehrlich, ich würde wieder warten bis zur Heirat. Ganz einfach, weil ich die Ehe für den geeigneten Rahmen für Sexualität halte. Für mich sollte Sex den Grad der Beziehung zwischen zwei Menschen ausdrücken. Und nur, wenn zwei Menschen sich ganz füreinander entschieden haben, dies auch nach außen symbolisieren und gemeinsam die

Verantwortung für pozentiell entstehendes neues Leben übernehmen wollen und können, ist in meinen Augen Sex ein adäquater Weg, um einander tiefste Zuneigung zum Ausdruck zu bringen. Und das sage ich nicht, weil ich es im »Wachtturm« gelesen hätte oder in der Bibel oder weil mir das irgendein Pastor eingebläut hätte, sondern weil es meine ureigenste Überzeugung ist, die ich im Laufe der letzten Jahre gewonnen habe, größtenteils durch eigene Erfahrung. Natürlich hat eine Ehe nur so viel Wert, wie beide Partner ihr beimessen und sie mit Leben erfüllen. Aber wenn zwei Menschen an die Ehe glauben und ohne Hintertürchen in sie investieren, dann gibt es aus meiner Sicht keinen schöneren Zustand, in dem sie sich befinden können.

Es ist für mich ein bisschen so wie mit Europa: Die europäischen Staaten können freundschaftlich verbunden sein, in friedlicher Nachbarschaft koexistieren, sich nichts Böses wollen, alles wunderbar, aber erst Symbole, Bündnisse und Verträge machen diese Verbindung zu etwas Besonderem, wobei letztlich erst Taten zeigen, wie viel diese dann tatsächlich wert sind.

Das Schöne ist, ich brauche nicht mehr zu predigen oder andere von irgendetwas zu überzeugen. Ich stelle nur fest, was mich am glücklichsten macht und versuche, entsprechend zu leben, mehr nicht.

Meine Zeugen-Vergangenheit hat mich natürlich geprägt und ist manchmal mehr, manchmal weniger präsent. Es kommt vor, dass sich alles in mir zusammenkrampft, wenn mein Blick auf eine Klingeltafel außen an einem Haus fällt, bis mir im nächsten Moment der beruhigende Gedanke kommt: »Du musst da jetzt nicht anklingeln.« Oder das mulmige Gefühl, durch fremde Treppenhäuser zu gehen, bis mir klar wird, dass ich mir nicht noch schnell einen Bibelvers aus den Fingern saugen muss.

Manchmal fällt es mir immer noch schwer zu glauben, dass mich jemand mag, auch ohne dass ich etwas dafür tue. Zu lange in meinem Leben war Akzeptiertwerden und Anerkennung von Leistung und dem äußerlichen Bild abhängig, das ich unter größter Kraftanstrengung so lange Zeit aufrecht erhalten musste.

Theologische Konstrukte anzunehmen, die sich für mich nicht authentisch anfühlen, oder »zu einer Kirche zu gehören«, all das werde ich wahrscheinlich zu Lebzeiten nicht mehr hinbekommen.

Narben bleiben. Der Moment, in dem ich Jorim im Krankenwagen sah und der Notarzt seine Hand auf meine Schulter legte. Der Moment, in dem ich das Telefon auflegte, nachdem ich mich zum letzten Mal von meiner Mutter verabschiedet hatte. Die Momente, in denen vertraute Menschen mir den Gruß verweigerten und durch mich hindurchsahen, als wäre ich Luft.

Ich habe mich dagegen entschieden, deswegen verbittert oder allzu traurig zu sein. Dafür ist mir mein Leben zu schade. Und dafür ist es zu schön. Ich habe einfach viel zu viele schöne Dinge erlebt und viel zu viel Liebe in mir drin, als dass ich irgendjemandem dauerhaft böse sein könnte. Selbst der »Wachtturm-Gesellschaft« nicht. Was nicht heißt, dass ich nicht heute noch den Laden dicht machen würde, wenn ich könnte. Und auch meinen Eltern nicht. Obwohl ich es einfach zum Heulen finde, dass es so ist, wie es ist.

Eine eigene Familie gründen, das ist mir noch ein Herzenswunsch. Und meinen Bruder wiedersehen, unter welchen Umständen auch immer. Aber auch da mache ich mir überhaupt keine Sorgen.

Nächsten Monat feiere ich meinen vierzigsten Geburtstag. Und kann schon aus Platzgründen gar nicht alle einladen, die mir am Herzen liegen, was mich sehr glücklich macht. So viele alte und so viele neue Freundschaften, ganz unabhängig von dem, was ich glaube oder nicht glaube. Menschen, die mich mögen und schätzen, so wie ich bin. *Weil* ich so bin, wie ich bin. Wir werden viel über gemeinsam Erlebtes lachen, wir werden viel trinken und tanzen. Es wird mir wahrscheinlich erst wieder etwas unangenehm sein, so im Mittelpunkt zu stehen, Geburtstage sind immer noch ungewohnt. Aber irgendwann im Laufe des Abends werde ich wieder einen dieser besonderen Momente verspüren, einen der Momente, in denen ich mein Glück nicht fassen kann. Und in denen mich die wärmende Gewissheit umfängt, angekommen zu sein. Angekommen, im Leben.

Nachwort

Konja Simon Rohde treffe ich zum ersten Mal an einem Herbstabend 2012 in der Duisburger Cocktailbar »Goldengrün«, die mittlerweile leider nicht mehr existiert. Damals stellt er sich noch als Simon vor. Seinen ersten Namen Konja, einen seltenen biblischen Namen, hat er zu dem Zeitpunkt abgelegt. Simon beziehungsweise Konja erzählt mir im Laufe des Abends, dass er bei den Zeugen Jehovas war und erst seit kurzer Zeit da raus ist, und ich kann noch nicht erfassen, was das für ihn bedeutet. Dass er jetzt hier sitzt, mitten unter Weltmenschen, als einer von ihnen Bier trinkt, lacht, einfach einen schönen Abend hat. Simon hat eine sehr ruhige und dennoch spannende Art zu erzählen, ein bisschen hat er was von einem Pfarrer, so wie ich mir einen vorstelle, denn ich habe mit Kirche nichts am Hut. Und ein bisschen erinnert er mich an meinen früheren Philosophielehrer, der sehr beliebt war bei uns Schülern. Er berichtet von einer Kindheit als Außenseiter im von Arbeitern und Migranten geprägten Duisburger Norden, von der Grundschule, in der er es durch sein künstlerisches Talent und seinen Stolz trotzdem schafft, beliebt zu sein. Es sind traurige und urkomische Szenen einer Kindheit, die er schildert, etwa wie er im Religionsunterricht auf Geheiß der Eltern Ohrenstöpsel trägt, um ja keinen Quatsch hören zu müssen. Später als Jugendlicher sind es traumatisierende Erlebnisse und familiäre Katastrophen, die immer in irgendeiner Weise mit der Zugehörigkeit zu den Zeugen Jehovas zu tun haben. Erst als es fast zu spät ist, schafft er es, seine Welt, wie er sie bisher kennt, zu verlassen und komplett neu anzufangen.

An dem Abend in der Duisburger Cocktailbar ist er Mitte dreißig und erzählt mir, dass er gerne studieren möchte und dass er kürzlich zum ersten Mal seinen Geburtstag gefeiert hat.

Konja Simon Rohde und sein Lebensweg gehen mir nicht mehr aus dem Kopf. Berufskrankheit. Das ist doch eine Geschichte!

Einige Monate später schicke ich in Stichworten ein Exposé an den Mercator-Verlag. Weihnachten 2013 unterzeichnen wir den Vertrag für ein Buch über sein Leben in der Sekte und über den schleichenden Ausstieg. Es folgen viele Mails, einiges Hin und Her zwischen Duisburg und München, wo er seit Mitte 2001 lebt, und lange Gespräche, unter anderem auf einem zum buddhistischen Zentrum umgebauten Bauernhof am Niederrhein. Eigentlich sollte ich alles aufschreiben, aber mir wird klar, dass das nichts wird. Es ist sein Leben, er muss das Buch selbst schreiben, und ich helfe hier und da, ergänze und sammle Fakten rund um die Zeugen Jehovas. Im April 2015 sollte das Buch bereits erscheinen, doch Konja Simon war in seinem Studium sehr eingespannt, und er merkte, dass dieses Buch auch den Abschluss eines langen Heilungsprozesses darstellen würde. Mal eben so sein Leben verarbeiten, das braucht halt Zeit. Im Sommer 2015 dann bekamen wir die Nachfrage vom Verlag, ob wir das Projekt eingestellt hätten. Das spornte Konja Simon und mich an, »Ausstieg ins Leben« endlich weiter voranzutreiben. Einige Wochen später rief Simon mich an. Er hatte sich auf einer Berghütte verbarrikadiert und an einem Wochenende 40 Seiten runtergeschrieben. Der Damm war gebrochen. Ich für meinen Teil beschloss, mir die Zeugen Jehovas einfach mal genauer anzusehen und nahm an einem Sommer-Kongress im Duisburger Wedau-Stadion teil. Das Stadion war voller adrett gekleideter Menschen, es waren Tausende. Irgendwie kam ich mir sofort schmuddelig vor in meiner zerschlissenen Jeans und den Schweißflecken unter den Armen. Ich fühlte mich ziemlich beobachtet. Ich hatte auch keine Bibel und keine Wasserflasche dabei, so wie die anderen. Die brüteten stundenlang in der Hitze auf den Stadionrängen, nahmen ab und zu einen Schluck Wasser, blätterten in ihren mit Post-its zugepflasterten Bibeln und lauschten den Vorträgen und Aufführungen unten auf dem Rasen. Ich hatte nach einer Stunde genug und verließ die Veranstaltung, so öde fand ich das alles, und so unangenehm war die Hitze. Für agnostisch bis atheistisch eingestellte Menschen wie mich ist es schwierig zu verstehen, wie man sich so was freiwillig antun kann, wie solche religiösen Organisationen überhaupt Mitglieder für sich gewinnen können. Ihre Heilsversprechen wirken auf mich unglaubwürdig, doch anscheinend müssen nur die Rahmenbedingungen stimmen, wie mir der Münchner Sektenexperte Dieter Rohmann einige Monate vorher am Telefon erklärt. Er hilft mir, das Wesen von Kulten – also den pseudo- oder neu-religiösen Gemeinschaften, die wir umgangssprachlich als Sekten bezeichnen – zu verstehen. Rohmann war in den 1970er Jahren selbst in einer Sekte, den »Kindern Gottes«, und hilft heute anderen dabei auszusteigen.

Bei der weiteren Recherche zu den Zeugen Jehovas beginne ich, die Welt, in der Konja Simon groß geworden ist, noch besser zu verstehen. Das Bild der dauerlächelnden »Wachtturm«-Verteiler in der Fußgängerzone oder des Überraschungsbesuchs am Sonntagmorgen weicht einem anderen. Wieso klingeln sie schon so früh morgens an fremden Haustüren? Weil sie mich retten wollen. Die Zeugen Jehovas sind davon überzeugt, dass die Welt bald untergeht, in einem finalen Krieg Gottes, dem Harmagedon. Danach kommen 144.000 Auserwählte ins Paradies in den Himmel, und der Rest darf im Paradies auf Erden leben. Da nur die Zeugen Jehovas die einzig wahre Religion haben, müssen sie die anderen bekehren. Was für ein Stress, was für eine Last! Die derzeitige Weltlage, die gefühlte und reale Bedrohung durch Terror und Krieg spielt den Zeugen Jehovas sicherlich in die Hände. Ich könnte mir vorstellen, dass sie gerade wieder einen ziemlichen Zulauf haben. Auch Konja Simon erzählt mir an einem Abend im Frühjahr 2015 – meine Tochter Lily ist gerade erst ein paar Wochen alt –, dass es Zeiten gab, in denen er manchmal schwankte und zweifelte, vielleicht doch den einzig richtigen Glauben verlassen zu haben. Die Anschläge in Paris auf die Redaktion von Charlie Hebdo liegen da erst ein paar Wochen zurück. Ich kann das, vollgepumpt mit Mutterhormonen, zum ersten Mal wirklich verstehen. Diese existenzielle Angst. Deswegen bin ich froh und auch beeindruckt, dass Konja Simon seinen Weg weitergegangen ist und es durch seine Beharrlichkeit und seinen Mut, seine reflektierte und offene Art geschafft hat, »clean« zu bleiben. Bei den Zeugen Jehovas nicht mehr mitzumachen, gleicht nämlich einem sozialen Entzug. Es bedeutet von jetzt auf gleich den Verlust aller sozialen Kontakte und den Einsturz der Welt, in der man bisher gut gelebt hat und die man als die richtige gekannt hat. Die Abtrünnigen werden geächtet, niemand aus der Gemeinschaft darf mehr mit ihnen sprechen, selbst die eigenen Eltern und Geschwister nicht, selbst Ehepartner nicht. Offiziell wird dieses Prozedere verneint, aber jeder Aussteiger erlebt diese Ausgrenzung am eigenen

Leib. Sie werden geschnitten, wie Luft behandelt, und der Verlust aller sozialen Kontakte ist vermutlich das Schlimmste, was diese Gemeinschaft ihren Mitgliedern antun kann. Zu seinen Eltern hat Konja Simon bis heute keinen Kontakt. Aber dafür hat er endlich ein eigenes Leben, mit tollen Freunden, mit Wein, Weib und Gesang und all den anderen wunderschönen Dingen, die für ihn einst verboten waren, das Leben aber doch erst so richtig lebenswert machen. Für dieses neue Leben wünsche ich ihm von Herzen nur das Allerbeste.

Heiligenhaus, im Januar 2017
Simone Lankhorst

Interview mit dem Diplom-Psychologen
Dieter Rohmann

Herr Rohmann, zunächst einmal ganz naiv gefragt: Was ist eine Sekte, und wie erkenne ich sie?
Der Begriff Sekte bedeutet ja Abspaltung einer Kirche und wird eigentlich nicht mehr verwendet, man spricht von neureligiösen Bewegungen oder von Kulten. Das liegt einfach daran, dass viele dieser Kulte Neuschöpfungen sind, aber auch daran, dass der Begriff »Sekte« wertet: Die meisten Menschen denken dabei direkt an »Scientology«. Da haben wir dann eine Schieflage, denn es gibt so viele Kultgemeinschaften, die nicht weniger problematisch sind als Scientology, aber niemand hält sie für gefährlich. Religionspsychologen und Soziologen sagen daher heute: neureligiöse Gemeinschaften.

Neureligiöse Gemeinschaft hört sich aber seriös an.
Der Begriff ist wertfrei, und man kann erst einmal gucken: Was machen die genau. Wenn wir von vornherein »Sekte« sagen, geben wir der Gemeinschaft recht. Denn sie predigen ja die ganze Zeit: Die Außenwelt ist böse. Wir müssen ihnen zunächst auf Augenhöhe und den Mitgliedern vor allem mit Respekt begegnen. Wenn wir die Zeugen Jehovas nehmen, muss man wertfrei festhalten: Das ist eine Religionsgemeinschaft. Die Aussteiger sagen ja auch: Da war nicht alles schlecht. Es ist eben nie alles schlecht. Die Frage ist: Inwieweit ist die Organisation dazu nützlich, mich zu Offenheit, Freundschaft und Toleranz zu befähigen, bringt sie mich weiter in der Welt? Und wenn wir diese Schablone auf die Zeugen Jehovas anlegen, stellen wir fest: gar nicht. Denn die Brüder und Schwestern dürfen keinen Anteil an der Welt

273

haben, keine Freundschaften pflegen mit den Menschen, die nicht ihren Glauben teilen. Jetzt haben wir ein elitäres System, dass andere Menschen klein, dumm und böse macht.

Die Zeugen Jehovas wirken immer so freundlich, nett und gut gekleidet. Ein Irrtum also?
Ich gebrauche da immer das Bild des Janunskopfes. Das Gesicht, das die Zeugen Jehovas nach außen zeigen, ist sanftmütig, fromm und nett. Die Bedingungen innerhalb der Zeugen Jehovas sind knallhart. Wehe, die Spielregeln werden nicht eingehalten.

Es mag arrogant klingen, aber für eher nüchtern und säkular eingestellte Menschen klingen die Heilsversprechen der Zeugen Jehovas nicht glücksverheißend, sondern eher naiv. Wieso fühlen sich trotzdem so viele Menschen davon angesprochen?
Man muss immer unterscheiden, ob jemand hineingeboren wurde oder später dazukommt. Die meisten Menschen, die sich solchen Gemeinschaften später anschließen, tun das in Krisenzeiten. Tod eines geliebten Menschen, Misserfolg im Studium oder Beruf, oder die Partnerschaft ist zerbrochen. Kulte bieten auf jede Frage eine Antwort. Egal wie schräg sie sein mag, sie ist eine Antwort! Dadurch bekommt der Suchende schon nach kurzer Zeit das Gefühl, angekommen zu sein, eine geistige Heimat gefunden zu haben. Der Preis dafür ist sehr hoch. Er muss absoluten Gehorsam an den Tag legen. Der komplette Alltag ist reglementiert. Wie er sich kleidet, wie er liebt, wie er sich ernährt, wie er feiert, alles. Zeugen Jehovas dürfen auch nicht wählen, sie dürfen

kein Teil der Welt sein, sie dürfen kein Ehrenamt annehmen, keinen Kontakt zu »Weltmenschen« haben.

Das macht natürlich einen Ausstieg fast unmöglich, wenn das ganze Sozialleben nur innerhalb der Gemeinschaft stattfindet.
Genau. Viele Zeugen Jehovas haben innerlich schon gekündigt. Gehen nicht mehr in die Versammlung, predigen nicht mehr an der Tür. Aber sie dürfen weiterhin Kontakt zu Freunden und Verwandten haben, was sie nicht dürfen, wenn sie aussteigen. Dann nämlich droht die soziale Isolation. Das ist einer meiner Hauptvorwürfe gegen die Zeugen Jehovas, dass sie ihren Mitgliedern nicht erlauben, eine Entscheidung zu treffen, die von der Gemeinschaft wegführt. Ich kenne auch kaum eine Gemeinschaft, bei der so viel »geflunkert« wird wie bei den Zeugen Jehovas, bei dem Stundensoll des Predigtdienstes etwa. Es geht immer darum, den Schein zu wahren. Und solange man sich nicht hat taufen lassen, geht das auch. Nach der Taufe allerdings werden die Daumenschrauben gewaltig angezogen. Die Taufe ist natürlich »freiwillig«, der Druck aber sehr hoch, etwa für Kinder von Zeugen Jehovas. Wenn es den Eltern nicht gelingt, dass sich ihre Kinder taufen lassen, fällt das negativ auf sie zurück.

Was muss gegeben sein, um den Ausstieg auch wirklich zu schaffen?
Die Aussteiger schaffen Fakten, damit sie gehen können oder rausgeschmissen werden, denn sie können ja nicht einfach kündigen. Sie gehen Umwege. Denn es ist für Zeugen Jehovas besonders schwierig, da sie

keine Streitkultur haben, sie haben nie gelernt, sich für ihre eigene Meinung einzusetzen oder mit Konflikten umzugehen. Sie glauben, dass es immer nur eine richtige Lösung für ein Problem gibt, und sie haben schreckliche Angst, Fehler zu machen. Sie haben eine sogenannte Ich-Störung. Denn die Ehre gebührt immer nur Jehova, niemals ihnen selbst. Außerdem sind die Zeugen Jehovas defizitorientiert. Sie konzentrieren sich auf alles Schlechte in der Welt, immer auf das, was nicht funktioniert. Über den Tsunami 2004 in Thailand etwa haben sich die Zeugen Jehovas gefreut, denn bei solchen Katastrophen ist Harmagedon, also die letzte Schlacht auf Erden, nicht mehr weit und ihr Glaube bestätigt.

Der besagt, dass nur die 144.000 Auserwählten im Paradies leben werden und der Rest der Zeugen Jehovas auf einer ewig friedlichen Erde. Allerdings fühlen sich mittlerweile mehr Zeugen Jehovas »auserwählt« als es tatsächlich Plätze im Paradies gibt. Ein absoluter Widerspruch, der Außenstehende schmunzeln lässt.
Die Zahl 144.000 ist biblisch begründet. Dadurch kommen sie aus der Nummer nicht raus, auch wenn sich mittlerweile schon deutlich mehr Zeugen Jehovas auserwählt fühlen! Im Übrigen glauben auch andere Kulte an diese Zahl, etwa die »Kinder Gottes«, die sich heute »Die Familie« nennen.

Eine Hippie-Sekte, der Sie selbst Ende der 1970er Jahre für ein halbes Jahr angehörten. Wie kam es dazu?
Ich war auf der Suche. Ich war 18 Jahre alt und verzweifelt. Ich nahm Drogen, LSD, andere psychotropische Substanzen, habe viel gekifft. Und zwei meiner Freunde

sind dann auf Drogen gestorben. Das hat mich wach-
gerüttelt, und ich habe von einem Tag auf den anderen
aufgehört, Drogen zu nehmen. Aber das Loch in meinem Bauch, mein Bedürfnis nach Sinn, war dann wieder da. In dieser Zeit begegnete mir ein Bekannter, der
bei den Kindern Gottes war. Über ihn kam ich in die
Gemeinschaft rein. Die Kinder Gottes waren meine Er-
satzdroge sozusagen. Mit ihnen bin ich nach Kathmandu
in Nepal gegangen und später nach Indien. Dort habe
ich vier Jahre gelebt, und in Indien bin ich auch ausgestiegen. Die Kinder Gottes sind dadurch bekannt geworden, dass sie ihre Frauen im Namen Jesu Christi auf den
Strich schickten, quasi christliche Prostitution betrieben.
Und sie haben wie die Zeugen Jehovas einen Endzeitpro-
pheten, sehnen den Weltuntergang herbei. Ich bin dann
ausgestiegen, als mir klar wurde, dass Wasser gepredigt,
aber Wein getrunken wird. Dass sich die Führer selber
gar nicht an die Regeln halten. In meinen Aussteiger-
Workshops zeige ich manchmal Poster und Bilder der
Kinder Gottes, die noch in meinem Archiv rumliegen,
und Zeugen-Jehovas-Aussteiger brauchen dann immer
eine Weile, um zu verstehen, dass es nicht ihre Darstellungen sind. Es ist der genau gleiche Comic-Stil, dieselbe kitschige Darstellung von Leid, Familie, Paradies
und dem Lamm, das neben dem Löwen liegt, an einem
rauschenden Bach. Das überrascht die Aussteiger immer
sehr, denn sie wachsen ja in dem »Wissen« auf, den einzigen und wahren Glauben zu besitzen.

**Wie können es Aussteiger dann überhaupt schaffen,
sich in unserer komplexen Welt zurechtzufinden und
selbstbestimmt zu leben?**
Das ist ein ganz wichtiger Punkt. Denn die Kultmitglie-

der wachsen monokausal auf: Immer eine Antwort auf eine Frage. Eine Wahrheit. Ich mache ihnen in meiner Arbeit spielerisch klar, etwa durch optische Täuschungen, dass es immer mehrere Möglichkeiten gibt und jeder Mensch auch getäuscht werden kann. Das muss trainiert werden wie ein Muskel. Gerade Aussteiger der Zeugen Jehovas fragen oft: Wie kann ich Freunde finden? Denn es gibt für sie ja keine Mission mehr; die Motivation, auf andere Menschen zuzugehen, war ja immer, sie zu retten. Zu erkennen, dass sie als Mensch wertvoll sind, unabhängig davon, was sie glauben, das ist ein Prozess, durch den jeder Aussteiger durch muss.

Wie hoch ist die Rückfallquote bei Aussteigern?
Rückfälle kenne ich aus meiner Arbeit nicht, und ich mache das seit 33 Jahren. Ich weiß, dass es das gibt, aber es sind wenige.

Und die Suizidrate?
Die ist nicht höher als im Rest der Gesellschaft. Das ist ein Ammenmärchen.

Gibt es bestimmte Phasen, die jeder Aussteiger durchläuft?
Viele Ex-Zeugen versuchen, den Ausstieg immer wieder zu rechtfertigen. Ganz häufig ist da auch Wut und Sarkasmus gegenüber den Zeugen Jehovas. Und danach folgt oft Wut gegen sich selbst: Wieso war ich so doof, wieso bin ich nicht früher raus? Für mich ist ganz wichtig in meiner Arbeit, dass die Aussteiger lernen, ihre Zeit in dem Kult als Teil ihrer Biografie anzunehmen. Da war nicht alles schlecht, aber vieles war mies. Erst wenn das geschieht, können sie wirklich frei leben. Je mehr sie ler-

nen, sich selbst zu vertrauen, sich selbst anzunehmen, desto weniger hat die ehemalige Gemeinschaft Einfluss auf ihr Denken und Fühlen. Ich weiß auch, dass immer wenn es schlechte Nachrichten gibt, Krieg und Katastrophenmeldungen, dass die Aussteiger dann wieder zweifeln: Habe ich den wahren Glauben verlassen, kommt jetzt der Weltuntergang, die Johannisoffenbarung? Ich rate ihnen dann immer, sich zu informieren, denn man kann das Weltgeschehen nur verstehen, wenn man die historischen Zusammenhänge kennt. Ich rege dann an, dass sie sich weiterbilden, ob durch Literatur, in der VHS oder über die Bundeszentrale für politische Bildung. Also objektiv, ohne Wertung, ohne politische Färbung. Was die Aussteiger auch lernen müssen, ist, dass es immer schlechte Nachrichten geben wird, aber dass sie gewichten müssen. Die Aussage »20 Prozent der Menschen sind krank« bedeutet eben auch: »80 Prozent sind gesund!« Gerade Zeugen Jehovas nehmen aber nur selektiv wahr, nur das, was nicht funktioniert.

Besonders schwierig für Menschen, die in die Zeugen-Jehovas-Gemeinschaft hineingeboren werden, ist nach ihrem Ausstieg der Kontaktabbruch mit den Eltern. Können Sie erklären, was in den Eltern vorgeht, wieso sie den Kontakt abbrechen?
Natürlich sind die zerrissen. Ich muss auch betonen: Zeugen Jehovas sind gute Menschen. Idealisten, die für eine perfekte Welt antreten. Die Eltern lieben ihre Kinder wie alle anderen auch. Aber: Sie fühlen sich einem höheren Wesen, hier eben Jehova, mehr verpflichtet als dem eigenen Fleisch und Blut. Oft betteln die Eltern auch regelrecht: »Lass Dich nicht ausschließen.« Also sündige weiter, aber bleib drin, damit wir uns weiter sehen kön-

nen. Diesen Spagat sind Zeugen Jehovas gewohnt, alles ist dort mehr Schein als Sein.

Die Zeugen Jehovas sind in allen Bundesländern bis auf NRW bereits als Kirche anerkannt. Wie konnte es dazu kommen?
Nein, das sind sie nicht, das ist falsch. Sie sind als Körperschaft des öffentlichen Rechts eingetragen, wie die neuapostolische Kirche auch oder der Bund für Geistesfreiheit in Bayern. Das sind Atheisten! Die Zeugen Jehovas sagen selber natürlich, sie wären als Kirche anerkannt, aber das stimmt nicht. Sie sind einfach nur ein Verein, da geht es um rechtliche Dinge.

Viele Kulte orientieren sich an der Bibel, sind im weitesten Sinne »christlich«. Wie sieht das in anderen Religionen aus, dem Islam, dem Buddhismus?
Die meisten Kulte sind ein Potpourri aus allem, haben eine Patchwork-Religiosität. Sie bedienen sich bei der Anthroposophie, der Theosophie, im Buddhismus, Hinduismus, im Schamanismus. Manchmal habe ich das Gefühl, je weiter weg, desto besser. Und wenn das nicht funktioniert, dann haben wir immer noch die Ufo-Gläubigen. Was sie alle gemeinsam haben: Das Individuum spielt keine Rolle, sondern immer nur die vermeintliche Wahrheit und absoluter Gehorsam einem höheren Wesen gegenüber.

(Das Interview führte Simone Lankhorst am 20. Januar 2015)

Daten und Fakten zu den Zeugen Jehovas

Bei den Zeugen Jehovas handelt es sich um eine Religionsgemeinschaft, die vom nahe bevorstehenden Ende der Welt (Harmagedon) überzeugt ist sowie davon, dass anschließend an diesen Krieg Gottes 144.000 Auserwählte aus ihren Reihen das Himmelreich erlangen werden, während die breite Masse ihrer Anhänger ewig im Paradies auf Erden leben darf. Bis dahin gilt es, so viele Menschen wie möglich zu retten – durch Bekehrung. Deswegen missionieren die Zeugen Jehovas an Haustüren oder zunehmend an Infoständen in den Städten.

Nach eigenen Angaben auf der offiziellen Homepage www.jw.org gibt es weltweit 8,3 Millionen Zeugen Jehovas in 240 Ländern. Die Weltzentrale der Zeugen Jehovas (englisch: Jehovah's Witnesses) sitzt seit 2016 in Warwick, Rhode Island. Vorher war sie in Brooklyn, New York, angesiedelt. Mit dem Verkauf ihrer Grundstücke in Brooklyn haben die Zeugen Jehovas nach Schätzungen rund eine Milliarde Dollar verdient. Einige Experten sehen dies als Zeichen dafür, dass den Zeugen Jehovas die Mitglieder ausgehen, denn die Gemeinschaft finanziert sich ausschließlich über Spenden ihrer Mitglieder.

In Deutschland leben 220.000 Zeugen Jehovas, davon die meisten in Nordrhein-Westfalen (35.000). Diese Zahl bestätigt auch die Staatskanzlei Düsseldorf. Für die einzelnen Städte liegen der Staatskanzlei jedoch keine Angaben vor. Auf Anfrage in der Zentrale der Zeugen Jehovas in Deutschland in Selters/Taunus, leben in Duisburg derzeit etwa 900 aktiv missionierende Zeugen Jehovas. Nur diese tauchen in der internen Statistik auf, da sie über ihre Missionstätigkeit Bericht erstatten müssen, erklärt Pressesprecher Wolfram Slupina: »Die tatsächliche Mitgliederzahl liegt deutlich höher, da jemand nach § 14 StRG Mitglied wird, wenn er als Zeuge Jehovas getauft wurde und mit einer Versammlung in Deutschland verbunden ist. Stellt ein Mitglied seinen Missionsdienst ein, aus welchen Gründen auch immer, beispielsweise alters- oder gesundheitsbedingt, so taucht es zwar nicht mehr in der Statistik auf, ist aber immer noch Mitglied der Religionsgemeinschaft.«

Am 1. Februar 2006 haben die Zeugen Jehovas vor dem Bundesverwaltungsgericht Berlin die Anerkennung als Körperschaft des öffentlichen Rechts erstritten; den Status erhielten sie sukzessive auch in den anderen Bundesländern. Am 22. Januar 2017 wurde der Organisation auch in Nordrhein-Westfalen der Status der Körperschaft des öffentlichen Rechts verliehen. Dadurch fallen die Zeugen Jehovas nicht mehr zwingend unter das Vereinsrecht. Das bringt ihnen interne Kostenersparnisse, da die einzelnen Gemeinden nicht mehr als selbstständige Vereine betrachtet werden. Die Zeugen Jehovas könnten nun auch Gebäude widmen, Dienstherren als Beamte einstellen oder Steuern erheben. Letzteres tun sie auf keinen Fall, da dies ihrem biblischen Verständnis widerspricht. Es könnte auch noch andere Gründe geben: »Für Aussteiger wird es schwieriger sein, die Zeugen Jehovas zu verklagen, wenn sie den Status der Körperschaft des öffentlichen Rechts haben«, vermutet Peter Eigner, der selbst vor 20 Jahren ausgestiegen ist und heute ehrenamtlich Aussteiger berät, unter anderem über das Netzwerk Sektenausstieg (www.sektenausstieg.net/kontakt). Weitere Anlauf-

adressen für Aussteiger und die, die es werden wollen,
gibt es bei der Sekten-Info Nordrhein-Westfalen e.V.
(www.sekten-info-nrw.de).

Nachweise

1   »Der Wachtturm«, Ausgabe vom 15.04.2004, Seite 21
2   http://www.jw.org/de/jehovas-zeugen/haeufig-gestellte-fragen/
    wer-gerettet/
3   »Der Wachtturm«, Ausgabe vom 01.10.1994
4   »Bewahrt euch in Gottes Liebe«, Kapitel 7, Seite 85, »Wacht-
    turm-Gesellschaft« 2008, Kursivschrift durch den Autor
5   Offenbarung 17,3-6
6   Matthäus 10,22
7   Daniel, Kapitel 10
8   »Geister von Verstorbenen – können sie dir helfen oder dir
    schaden? Gibt es sie wirklich?«, »Wachtturm-Gesellschaft«
    1991
9   Buschmann, Michael: Rock im Rückwärtsgang. Manipulation
    durch »backward masking«. Asslar 1987
10 »Mache deine Jugend zu einem Erfolg«, Seite 21/22, »Wacht-
    turm-Gesellschaft« 1976
11 »Fragen junger Leute – praktische Antworten«, »Wachtturm-
    Gesellschaft« 1989, 2011
12 2. Samuel, Kapitel 16
13 Richter, Kapitel 4
14 4. Mose, Kapitel 25
15 Richter, Kapitel 3
16 Richter, Kapitel 19
17 Johannes 6,68
18 Jakobus 4,4
19 »Der Wachtturm«, Ausgabe vom 15.01.2014, Seite 19
20 »Der Wachtturm«, Ausgabe vom 01.10.2002, Seite 14
21 1. Korinter 15,33
22 Jesus in Matthäus 12,30
23 Paulus in 1. Korinther 10,21
24 Jakobus 4,4
25 http://www.ruhrbarone.de/die-zeugen-jehovas-sind-die-
    besten-menschen-der-welt/2092, zuletzt aufgerufen am
    24.1.2017
26 Bell, Rob: »Sex. Gott. Worum es eigentlich geht.« Gießen, 2008
27 Matthäus 7,12; Lukas 6,31
28 Prediger 9,10
29 Psalm 90,12
30 Professor Wolfgang Hillebrandt, Max-Planck-Institut für
    Astrophysik, Garching

Ein besonders herzliches Dankeschön an:

Simone, ohne die dieses Buch nicht entstanden wäre.
Susanne Nagels für ihr Vertrauen und ihre Geduld.
Tina, Melanie S., Andrea, Andi B., Simon, Tom und
Judith S. für ihren Input.

(Konja Simon Rohde)

Informationen zu unseren Büchern und Autoren finden Sie unter **www.mercator-verlag.de**.